物流主管职业技能大课包

【图表学习+流程规范+岗位实操】

配送主管实操范例

常见问题与经典案例

陈明星 主编

·北 京·

图书在版编目（CIP）数据

配送主管实操范例/陈明星主编．
北京：中国经济出版社，2017.7
ISBN 978-7-5136-4576-8

Ⅰ.①配… Ⅱ.①陈… Ⅲ.①企业管理—物资配送—手册 Ⅳ.①F273.4-62

中国版本图书馆 CIP 数据核字（2017）第 007443 号

责任编辑　夏军城
责任印制　马小宾
封面设计　任燕飞

出版发行　中国经济出版社
印 刷 者　北京力信诚印刷有限公司
经 销 者　各地新华书店
开　　本　787mm×1092mm　1/16
印　　张　19.5
字　　数　370 千字
版　　次　2017 年 7 月第 1 版
印　　次　2017 年 7 月第 1 次
定　　价　48.00 元
广告经营许可证　京西工商广字第 8179 号

中国经济出版社　**网址** www.economyph.com　**社址** 北京市西城区百万庄北街 3 号　**邮编** 100037
本版图书如存在印装质量问题，请与本社发行中心联系调换（联系电话：010-68330607）

序

从事物流工作多年，对物流业有较深的了解。随着“互联网＋物流”时代的到来，80%以上的物流同业者都面临行业整体升级的挑战。其中，“规范化管理”是行业升级的核心要务。

物流工作规范化是提高行业整体效率与效益的载体；没有规范化的物流，必然在市场大潮中溃败。

笔者在参见诸多物流公司，尤其是欧美物流行业发展历程及现代物流企业的最新操作手法之后，有了更新的认识和实操具体方案。借此时机，决定将多年的工作经验总结出来，分享给同行朋友们。

在构思本系列图书时，思想中已经很明晰地决定以“规范化管理”这个物流核心要务为主题，作为贯穿全书的线索。没想到的是，在创作过程中，如葡萄藤蔓般，勾连出很多实际工作中的细节，让我很是兴奋。如果说，规范化管理是贯穿全书的魂，那么本系列图书中每一个工作案例及解决方案都是构成这个魂的基因，它们都是实实在在的。

本系列图书大体以案例再现、解读与阐述、关键点提示来展开。阅读本书，你会发现工作中经常出现的疑惑，在这里已有清晰的解决方案。同时，会让我们的工作水平节节升高。全书以工作场景案例为切入点展开阐述，每个案例及相关解读与阐述，都是工作中经常遇到的问题。为让读者朋友能以最短时间、最方便、最舒服的方式理解掌握，我们在全书的架构尤其案例的设定方面，进行了许多探索思考，相信能对你的实践工作有所帮助。

翻开该系列图书，一定不会令你失望，因为这是笔者多年的经验总结和实践提炼。

2017. 6

第一章 合理化运输

第二章 国际运输管理

第三章 配送作业管理

第四章 配送中心运营管理

第五章 运输配送物流系统搭建与管理

第六章 供应链架构与设计

第七章 供应链信息系统运营管理

第八章 供应链全体系管理与控制

第一章 合理化运输

创造物品空间效用和时间效用是物流系统两项最主要的功能，它们分别通过运输和存储来实现。运输作为物流的核心功能之一，其成本几乎占物流总成本的一半。近年来，物流成本被公认为企业的又一大“利润源”，被专家称为“第三大利润源泉”。如何对运输进行科学管理才能实现效益最高、成本最低呢？这里面其实是大有学问的。

运输成本是物流成本的一大要素。选择恰当、合理的运输方式，提高运输工具的装载运率，通过直达运输、直拨运输、减少动力投入和先行流通加工等方法，都能极大地降低运输成本。运用现代化运输技术和运输工具，（如集装箱运输等）能在很大程度上降低运输成本等。另外，减少运输事故损失也是运输成本管理的重要内容。

1.1 合理化运输

典型问题及案例

龙骏物流合理化运输

广东龙骏物流合理化运输。在经营方向上主要做到了以下几点：

1. 结点建设

（1）建立卡车货物集散调配中心：经济总量增加，给城市间、区域间的物流提出了越来越高的要求，而货物集散中心恰恰是实现城市货物集散的基础设施，龙骏公司利用地处高速公路和国道的地理优势，建立了为公共服务的卡车货物集散中心。其作用是利用货物集散中心给生产企业提供运输服务、存储服务及其他物流服务；利用互联网与生产企业、流通企业（含商流、物流企业）结成合作伙伴，建立信息网络并通过网络结成联盟形成批量物流资源。

（2）建设物流中心：由于国内物流结点建设滞后，而政府和企业对其需求日益增大，所以龙骏物流公司在各地寻找合作伙伴，以建立不同模式的物流结点，最终通过信息平台将各地结点编织成遍及全国的物流网络。

2. 输出物流管理

从目前我国的现状来看，大多数生产企业的物流管理处于一种粗放状态，为尽快扭转这一局面，除提供物流设施服务外，龙骏公司还为企业提供物流系统的设计、建设、管理服务以及物流系统软件的开发、运作、销售及培训等物流输出管理服务，通过推广软件及输出管理方式，与对象企业结盟，最终建成遍布全国的物流连锁网络。龙骏公司认为这种服务类似房地产开发商与物业管理公司之间的业务关系。

解读与阐述

运输是物流系统中一个涉及面很广的复杂系统，其中任何一个子系统的工作质量和功能状态都将影响全局。因此，必须对整个运输过程进行系统研究，找出不合理因素，实现系统最优化，从而最大限度地节约成本。

而现实情况是，很多企业都存在不合理运输的现象。

常见的九种不合理运输，如表1－1所示：

表1－1　常见不合理运输方式

条　目	内　容
对流运输	又称“相向运输”或“交错运输”，指同一种货物在同一条线路上或平行线路上做相对方向运送，而与对方运程的全部或一部分发生重叠交错的运输。
空驶	是指空车无货载行驶，可以说是不合理运输的最严重形式。
迂回运输	是舍近求远的一种运输方式，本来可以选择短距离运输，却选择路程较长的路线运输的一种不合理形式。
重复运输	本来可以直接将货物运到目的地，但未到达目的地就将货物卸下，再重复装运送达目的地。
倒流运输	是指货物从销售地或中转地向产地或者起运地回流的一种不合理运输现象。
过远运输	是指调运物资舍近求远。
运力选择不当	未对各种运输工具的优势进行比较，而不正确地运用运输工具造成的不合理现象。
托运方式选择不当	对于货主而言，可以选择最合理的托运方式却未选择，从而造成运力浪费及费用支出增大的一种不合理运输。
超限运输	这种运输超过规定的长度、宽度、高度和重量，容易引起货物损坏、车辆受损和公路路面及公路设施的破坏，还可能会造成严重的安全事故。也是当前表现突出的不合理运输。

合理化运输措施

根据上面的几种不合理因素，我们可以采取以下措施来优化自己的运输系统：

（1）提高运输工具实载率。提高实载率的作用在于：充分利用运输工具的额定能力，减少车船空驶和不满载行驶的时间，减少浪费。根据统计，汽车运输的实载率每下降1%，每吨货百公里的油耗约上升1%～2%。

（2）混合配送减少动力投入。当前，国内外采用的混合配送形式，就是将多家需要的货和一家需要的多种货实行配装，以实现容积和载重的充分合理运用。另外，在铁路运输中，采用整车运输、合装整车、整车分卸及整车零卸等具体措施，都是提高实载率的有效措施。

（3）实现减少动力投入、增加运输能力的有效措施的合理化。这种合理化的要点是少投入、多产出，走高效益之路。国内外在这方面的有效措施有：

①满载超轴法：其中“超轴”的含义就是在机车动力允许的情况下，多加挂车皮。

②水运拖排和拖带法：指竹、木等物资的运输，利用竹、木本身浮力，不用运输工具载运，采取拖带法运输，可省去运输工具本身的动力消耗从而实现合理化。例如，将无动力驳船编成斗定队形，一般是纵列，用拖轮拖带行驶，比一般船舶载乘运输运量大。

③顶推法：是我国内河货运采用的一种有效方法。将内河驳船编成一定队形，由机动船顶推前进的航行方法。其优点是航行阻力小，顶推量大，速度较快，运输成本很低。

④汽车挂车法：汽车挂车的原理和船舶拖带、火车加挂基本相同，都是在充分利用动力能力的基础上，增加运输能力。

（4）借助社会化的运输体系：利用社会资源，将一些运输服务外包或者和其他企业合作。因为在社会化运输体系中，多式联运体系是水平较高的方式。联运方式充分利用社会各种运输系统，通过协议进行一票到底的运输，在近年来受到很多企业的青睐。

（5）开展中短距离铁路、公路分流运输：其要点是在公路运输经济里程范围内，或经过论证超出通常平均经济里程范围，也尽量选用公路运输。

（6）发展直达运输：直达运输是追求运输合理化的重要形式，其要点是通过减少中转过载换载次数，提高运输速度，节省装卸费用，降低中转货损。

（7）配载运输：充分利用运输工具、载重量和容积，合理安排装载的货物及载运方法的运输方式。配载运输也是提高运输工具实载率的有效形式。

（8）发展特殊运输技术和运输工具：随着运输技术的发展，人们发明了很多特殊运输工具。比如罐车解决了粉状、液态物运输损耗大和安全性差等方面的问题；袋鼠式车皮、大型半挂车解决了大型设备整体运输的问题；滚装船解决了车载货的运输问题等。

（9）通过流通和进一步加工使运输合理化。有不少产品，由于产品本身形态及特性等问题，很难实现运输的合理化，如果进行适当加工，就能够有效地解决一部分运输问题。

当然，上述方法只是一部分，具体采用哪种方法还要根据自己的实际情况灵活选择。

关键点提示

为了实现运输合理化，须掌握以下几点：

1. 了解自己企业存在哪些不合理运输现象
2. 采取措施使运输合理化
3. 注意运输合理化的关键影响因素

1.2 运输方式定性分析

典型问题及案例

FedEx 运输方式的选择

总部位于美国田纳西州的 FedEx 是全球规模最大的快递公司之一，到 2012 年在全球 214 个国家和地区通过 366 座机场经营快运业务，它的物流网络覆盖了占全世界 90% 的国家和地区。

该公司拥有营运货机 643 架、货车 43 000 辆、全球员工 138 000 人，为全球用户提供 24 ~ 48 小时的门到门配送服务。FedEx 的全球投递地点超过 42 969 个，全球平均处理货件量每天超过 310 万件，运输量每天大约 9 400 吨，航空货运量每天大约 260 吨。

FedEx 十分重视对运输方式的选择，它专门有一套信息系统统一管理全球的运输网点，优化自己的运输系统，根据客户的需求选择不同的运输方式，每年可以节约数亿美元的运输成本。

解读与阐述

一个现代化的综合运输体系是由五种主要的运输方式及各种相应的配套设施组成的，这五种主要运输方式是铁路运输、公路运输、水路运输、航空运输和管道运输。每一种运输方式都有各自的特点和竞争优势。定性分析就是根据五种运输方式的主要经济特征做出判定：运输速度、运输工具容量和线路、运输能力、运输成本和环境影响。它的优点是简单、实用；对管理者的经验要求不高。具体操作方法如表 1－2 所示：

表 1－2 运输方式定性分析规范

条 目	内 容
铁路运输	铁路运输一般有如下特点:运输批量大、范围广，运输速度较快，运输费用较低，受天气影响小;但手续较烦琐，占用土地多。 它的运输速度为 80 ~ 160 公里/小时;载重量很大，一般可以达到 3 000 吨;成本相对比较低，而且我国铁路网十分发达，是我国主要的运输工具综合以上特点，铁路适用于大宗、笨重物资和杂件货等中长途运输;运输距离一般在 800 ~ 2 500公里内最佳，如运输距离在 800 公里内应首先考虑公路运输。
公路运输	公路运输的特点:机动灵活，适应性强、短途运输速度快、能源消耗大、成本高、对空气污染大及占用土地多。 一个国家的公路网一般是最发达的运输系统，机动灵活性是公路运输的最大特点，公路的运输速度为 80 ~ 120 公里/小时。 与铁路相比，公路运输成本高，对环境污染大，主要包括大气污染、噪声污染等。 所以，适合短途运输(距离一般在 800 公里内)、零担运输、门到门运输。 特别是同省内城市之间或者同城内的货物运输，比如现在的货物配送、速递业务等都是采用公路运输方式。
水路运输	水路运输的特点:运输能力大、成本低廉、速度慢、连续性差、能源消耗及土地占用都较少。 河运速度为 8 ~ 20 公里/小时，海运为 10 ~ 25 公里/小时。 水路运输的载重能力最大，从几千吨到几十万吨的船舶都有，但速度相对来说比较慢，需要时间较长。 所以，水路运输适合于中长途大宗货物运输、海运，特别是国际货物运输。 很多国际货物运输都是通过海运进行的。
航空运输	航空运输的特点: 主要是速度快和成本高;而且对环境污染严重。 航空速度为 900 ~ 1 000 公里/小时;运输途径也比较局限。 因此，一般用于中长途及贵重货物运输、保鲜货物运输;对时间要求比较急的贵重或者小件商品一般也用航空运输，比如现在的速递业务等。
管道运输	管道运输是一种新型的运输工具，它具有运输能力大、占用土地少、成本低和连续性强等特点。 管道运输一般用于长期稳定的流体、气体及浆化固体运输，比如石油和天然气的运输等。

上述方法只是作为参考，由于运输的需求千差万别，具体环境不尽相同；具体采用什么方法还要具体问题具体分析。因此，很多时候是多种方式结合使用。

关键点提示

根据具体情况选择合理的运输方式，主要运输方式包括：

1. 铁路运输
2. 公路运输
3. 水路运输
4. 航空运输
5. 管道运输

1.3 运输方式定量分析

典型问题及案例

费率运达时间表和利润表的选择

某制造商分别从两个供应商那里买了共3 000个配件，每个配件单价100元。目前，这3 000个配件是由两个供应商平均提供，用铁路、公路和航空三种运输方式，若以铁路运输方式为基准，规定供应商缩短运输时间，则可以多得交易份额，每缩短一天，可以从交易量中多赚到5%的份额，即150个配件。供应商从每个配件中可赚取占配件（不包括运输费用）20%的利润。请在竞争环境下讨论供应商做何选择？

各种费率和运达时间如表1－3所示：

表1－3　各种运输方式的费率及运达时间

运输方式	运费率（元/件）	运达时间（天）
铁路	2.5	7
公路	6.00	4
航空	10.35	2

供应商A使用不同运输方式的利润比较如表1－4所示：

表1－4　不同运输方式的利润

运输方式	配件销售量（个）	毛利（元）	运输成本核算（元）	净利润（元）
铁路	1 500	30 000	－3 750	26 250
公路	1 950	39 000	－11 700	27 300
航空	2 250	45 000	－23 288	21 712

供应商A考虑，如果运输方式从铁路转到公路运输或航空运输是否有利可图。根据利润比较表，显然公路运输利润最大，但如果考虑服务水平因素，则显然航空运输速度最快。如果竞争不激烈，则供应商应当选择公路运输；如果竞争激烈，供应商A还要密切注意供应商B可能做出的竞争反应：有可能B选择铁路或航空运输，从而使服务水平高于自己，对客户有更大的吸引力；B也有可能将客户抢走，那么A的利润就是零。

因此，A决策时应时刻关注B的一举一动。

解读与阐述

选择运输方式的定性分析法具有简单和实用的特点，被广泛应用。在涉及小规模运输时，借助定性分析，并根据自己的经验，就可以合理地选用运输方式；但当涉及大宗运输货物，并且从两到三种方式中选优时，就要借助定量分析。下面介绍两种常用的定量分析方法：

1. 成本比较法

如果不将运输服务作为竞争手段，使该运输服务的成本与该运输服务水平以及相关间接库存成本之间达到平衡的运输服务就是最佳服务。既能满足客户需求，又能使总成本最低，这就是成本比较法的基本思想。为了进一步说明此种方法，请看下面的例子：

某公司欲将产品从坐落位置A的工厂运往坐落位置B的公司自有仓库，年运量D为700 000件，每件产品的价格C为30元，每年的库存成本I为产品价格的30%。公司希望选择使总成本最小的运输方式。根据估计，运输时间每减少一天，平均库存成本可以减少1%。各种运输服务的有关参数如表1－5所示：

表1－5 各种运输服务的相关参数

运输方式	运输费率（元/件）R	运达时间（天）T	每年运送批次	平均存货量（件）$Q/2$
铁路	0.1	21	10	10000
水路	0.15	14	20	50 000 × 0.93
公路	0.20	5	20	50 000 × 0.84
航空	1.40	2	40	25 000 × 0.81

在途运输的年存货成本为$ICDT/365$，两端储存点的存货成本各为$ICQ/2$，但其中C值有差别，工厂的储存点C为产品的价格，购买者储存点的C为产品价格加上运费之和。

问题：现在有四个运输方案：铁路运输、水路运输、公路运输和航空运输，哪个方案是最优方案？问题解决步骤如下：

（1）根据题目给出的条件核算每种运输方案的成本（见表1－6）。

表1－6　铁路水 路运输成本计算

成本类型	计算方法	运输服务方案	
		铁路运输	水路运输
运输	$R \times D$	0.10 ×700 000＝70 000	0.15 ×700 000＝105 000
在途运输	$ICDT/365$	0.30 ×30 ×700 000 ×21/365＝345 205	0.30 ×30 ×700 000 ×14/365＝241 644
工厂存货	$ICQ/2$	0.30 ×30 ×100 000＝900 000	0.30 ×30 ×50 000 ×0.93＝418 500
仓库存货	$ICQ/2$	0.30 ×30.1 ×100 000＝903 000	0.30 ×30.15 ×50 000 ×0.93＝420 593
总成本	—	2 218 205	1 185 737

（2）从表1－7可以看出四种运输方式总成本最小的是公路运输，为984 821元，与最高的航空1 387 526元相比，节约了402 705元。

表1－7　公路航 空运输成本计算

成本类型	计算方法	运输服务方案	
		公路运输	航空运输
运输	$R \times D$	0.20 ×700 000＝140 000	1.4 ×700 000＝980 000
在途运输	$ICDT/365$	0.30 ×30 ×700 000 ×5/365＝86 301	0.30 ×30 ×700 000 ×14/365＝241 644
工厂存货	$ICQ/2$	0.30 ×30 ×50 000 ×0.84＝378 000	0.30 ×30 ×25 000 ×0.81＝182 250
仓库存货	$ICQ/2$	0.30 ×30.2 ×50 000 ×0.84＝380 520	0.30 ×31.4 ×25 000 ×0.81＝190 755
总成本	—	984 821	1 387 526

2. 竞争因素法

运输方式的选择若直接涉及竞争优势，则应该考虑用竞争因素。竞争可以帮助购买方选择能提供较好运输服务的提供商，这样供应商可以从更大的订单中获取更多利润，从而弥补为了选取更好的运输方式而增加的成本。好的运输方式意味着好的物流服务和更多的利润，因此，物流供应商之间就有了竞争激励。当一个供应商为了争取买方而选择最佳运输方式时，参与竞争的其他供应商也会做出相应调整。

在存在竞争的环境中，我们不能只考虑直接成本，还要考虑运输方式对库存成本、运输绩效对物流渠道成员对其选择的影响。回顾本节案例再现，显然对于供应商A来说，总成本最低的是公路运输，此时利润最大。但如果竞争对手B为了争取同一个客户，采用铁路运输，虽然利润没有公路运输大，但却提升了物流服务水平；B成功地争取到了客户，则A的利润为零。

运用竞争因素法，要注意以下几点：

（1）如果买方和卖方对彼此的成本都有一定的了解，将促进双方的有效合作；将自己的成本信息部分反馈给买方，对自己有利。

（2）在竞争激烈的环境中，买方和供应商都应该采取合理的行动，平衡运输成本和运输服务，以获得最佳收益。

（3）注意价格影响，假如供应商提供的运输服务优于竞争对手，很可能会通过提高产品的价格来弥补（至少部分弥补）增加的成本。所以，作为运输服务的买方要衡量产品价格和运输绩效。

（4）运输费率、产品种类、库存成本的变化和竞争对手的反应增加了问题的难度，涉及多方利益。

总之，竞争因素法更接近实际情况；但与成本法相比，操作性较差。在竞争激烈的环境中，最好用竞争因素法；反之，则用成本法。

关键点提示

运用定量分析法选择运输方式要考虑的问题如下：

1. 如何用成本比较法选择运输方式
2. 如何用竞争因素法选择运输方式
3. 成本比较法和竞争因素法的比较

1.4 运输服务商选择

典型问题及案例

优先选择对象

A 公司在选择运输服务商的过程中进行了精细的科学评价。具体考核有服务质量、价格、速度和服务等指标。操作如下：

假设有四个指标（质量、价格、速度和服务）用来评价供应商，并有四个供应商（S_1、S_2、S_3 和 S_4）可以选择，各权重值可以从下表中查出（0.105、0.300、0.457、0.138）。

项目	S1	S2	S3	S4
价格 P(价格报表/元)	1 600	1 500	2 000	1 800
质量 Q(100 为满分)	80	77	90	88
速度 F(100 为满分)	80	85	94	90
服务 S(100 为满分)	80	78	92	88

根据公式：$T=(K_1\times Q/K_2\times P)+K_3\times F+K_4\times S$

$T_1=(0.105\times 80/0.3\times 1\,600)+0.457\times 80+0.138\times 80=44\,847.6$

$T_2=(0.105\times 77/0.3\times 1\,500)+0.457\times 85+0.138\times 78=40\,474.614$

$T_3=(0.105\times 90/0.3\times 2\,000)+0.457\times 94+0.138\times 92=63\,055.656$

$T_4=(0.105\times 88/0.3\times 1\,800)+0.457\times 90+0.138\times 88=55\,493.274$

通过计算可知，T_3 得分最高，因此供应商 S_3 为优先选择对象，其次是 S_4、S_1 和 S_2。

解读与阐述

由于运输行业竞争激烈，对于同一种运输方式，托运人或货主有机会面对不同的运输服务商。如何在不同的运输服务商中做出正确的决策呢？总体而言有以下几种方法：

1. 服务质量比较法

客户在付出同等运费的情况下，总希望得到最好的服务，因此，服务质量往往成为客户选择不同运输服务商的首要标准。一般要从以下两方面比较：

（1）比较运输质量。不同的运输方式由不同的指标来衡量其服务质量。以海运为例，可以考虑以下几方面来衡量其运输质量：

①该航运公司提供的运输工具。

②该公司所雇用的装卸公司的服务质量。

③该公司所雇用的船员的经验及工作责任心。

④该公司的货物运输控制流程。

（2）比较服务理念。随着服务运输质量的提高，客户对服务的要求也越来越高，因此，在考虑不同运输服务商的服务质量的同时，也要考虑其服务理念。

2. 运输价格比较法

运输服务商为了稳定自己的市场份额，都在努力提高服务质量，而且随着竞争的日趋激烈，对于一些货物来说，不同的运输服务商所提供的服务质量已经趋于相同，因此，运价很容易成为最后的竞争手段。于是，客户在选择运输方式时，如果面对几乎相同的服务质量，或者有些客户对服务质量要求不高时，运输价格就成为一个重要的决策依据。

3. 综合因素法

很多时候，客户在选择运输服务商时会同时考虑多个因素，如服务质量、运输价格、服务商的品牌、服务商的经济实力和服务网点数量等。

可以借助以下公式：

$S=(K_1\times Q/K_2\times P)+K_3\times B+K_4\times N+\cdots+Kn\times O$

其中，S—综合因素；

Kn—不同因素的权数，$n=1$、$2\cdots n$；

Q—服务质量；

P—运输价格；

B—运输服务商的品牌；

C—运输服务商的总资产状况；

N—运输服务商的网点数；

O—其他因素。

对 Q、P、B、C、N 分别请专家打分，得分最高的为优先选用的运输服务商。

4. 层次分析法

层次分析法在许多领域有重要应用，下面通过一个例子来介绍它在选择运输服务商中的应用。

例如，假设有四个指标（速度、价格、服务与质量）用来评价供应商，并有四个供应商（S_1、S_2、S_3 和 S_4）可以考虑，应用层次分析法求解这个问题的评价尺度（中间值 2、4、6、8 介于各评分值之间，见表 1－8）与层次建立如图 1－1 所示：

评价尺度

表 1－8

评价描述	评　分
极端重要	9
很重要	7
明显重要	5
稍微重要	3
重要性相同	1

供应商选择层次

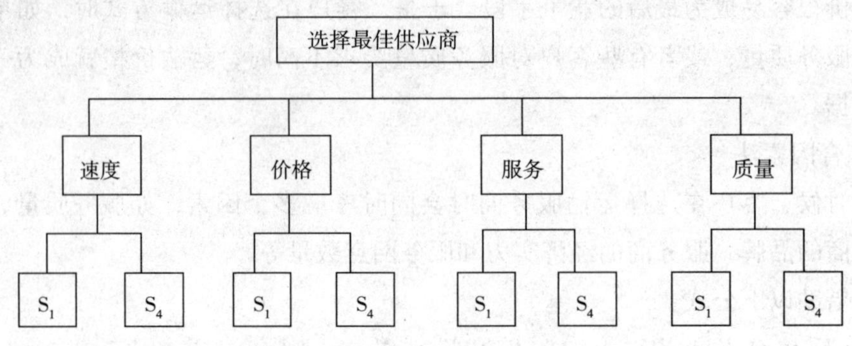

图 1－1

层次分析法的评价尺度与供应商选择层次

下面我们来介绍具体步骤：

（1）先将四个相关指标“速度、价格、服务和质量”两两作比较，项目 i 相对于 j 有一个评分值，项目 j 相对于 i 的评分数为其倒数。得到初始矩阵，如表 1－9 所示，然后按以下三个步骤处理，可得权值：

对矩阵各列求和。

矩阵中每个值除以相应列之和。

计算每行平均值。

处理后的数据见表 1－10，我们得到四个指标的权重。

（2）下一步就是对四个供应商的每个指标进行两两比较，并按上述两个步骤处理所得矩阵，步骤与（1）对四个要素比较相似，只是对每一个指标都要有相应的两两比较。结果见表 1－11，我们可以得出供应商在每个指标下的权重。

（3）层次分析法的最后一步可以总结为如表 1－12 所示内容，这张表展示了总排序结果的计算过程，这个过程被称为简单的加权平均。由于对每一个供应商来说，四个指标的权重都已经求出，四个权重乘以相应的指标权重就可以得出总权重：供应商 S_1 总分为 0.325，被评为最好；其次是 S_4，总分 0.294；然后是 S_2，总分 0.237；S_3 最次，总分 0.144。

两两比较矩阵及评价指标计算：

表 1－9　初始矩阵

	速度	价格	服务	质量
速度	1	2	3	4
价格	1/2	2	3	3

续表

	速度	价格	服务	质量
服务	1/4	1/3	1	2
质量	1/3	1/3	1/2	1
和	25/12	11/3	17/2	9

表 1-10　调整后的矩阵

	速度	价格	服务	质量	权重
速度	12/25	6/11	8/17	3/9	0.457
价格	6/25	3/11	6/17	3/9	0.300
服务	3/25	1/11	2/17	2/9	0.138
质量	4/25	1/11	1/17	1/9	0.105
和	1.000	1.000	1.000	1.000	1.000

表 1-11　供应商层次单排序

	S_1	S_2	S_3	S_4		S_1	S_2	S_3	S_4
	a) 速度指标排序					b）服务指标排序			
S_1	1	5	6	1/3	S_1	1	5	4	8
S_2	1/5	1	2	1/6	S_2	1/5	1	1/2	4
S_3	1/6	1/2	1	1/8	S_3	1/4	2	1	5
S_4	3	6	8	1	S_4	1/8	1/4	1/5	1
权重	0.297	0.087	0.053	0.563	权重	0.597	0.14	0.124	0.05
	c）价格指标排序					d）质量指标排序			
S_1	1	1/3	5	8	S_1	1	3	1/5	1
S_2	3	1	7	9	S_2	1/3	1	1/8	1/3
S_3	1/5	1/7	1	2	S_3	5	8	1	5
S_4	1/8	1/9	1/2	1	S_4	1	3	1/5	1
权重	0.303	0.573	0.078	0.046	权重	0.151	0.060	0.638	0.151

表 1-12　供应商层次总排序

	速度	价格	服务	质量	权重
S_1	0.457 ×0.297	0.3 ×0.303	0.138 ×0.597	0.105 ×0.151	0.325
S_2	0.457 ×0.087	0.3 ×0.573	0.138 ×0.140	0.105 ×0.060	0.237
S_3	0.457 ×0.053	0.3 ×0.078	0.138 ×0.214	0.105 ×0.638	0.144
S_4	0.457 ×0.563	0.3 ×0.046	0.138 ×0.050	0.105 ×0.151	0.294
SUM	—	—	—	—	1

关键点提示

在选择运输服务商时有以下几种方法：

1. 服务质量比较法：比较运输质量和比较服务理念
2. 运输价格比较法
3. 综合因素法
4. 层次分析法

1.5 单个运输起点和终点间的路线选择

典型问题及案例

找寻最佳路径

美国ALK联合公司开发的PC Miler和物流公司开发的COMPUMAP是两种商用软件，可以用在网络中找寻最佳路径。它将美国所有的公路和小城市构成的公路网络输入数据库，用户只要在任一软件中敲入运输的起点和终点，程序就可以马上显示出从起点到终点的确切路线，从而选出最短路径，司机可以知道确切的道路、一条最短路径。它所提供的信息非常详细，在各个交叉路口走哪条路、旅途各程的距离，还可以得出各州内的行车里程数并出具各州的燃油税报告，同时用于核查。

解读与阐述

这类问题是最简单的路线选择问题，在实际生活中也很普遍。

这类问题的解决方法一般采用最短路径法，即通过计算选出一条最短路线。它的计算方法，我们通过一个例子来说明。

例如，有一批货希望通过汽车从北京运到上海，请选择一条最短路径。步骤如下：

1. 建立模型

我们可以画出从北京到上海的公路路线，用点代表经过的县或市，用线代表点的可行通道，并将距离标出，A 为起点，J 为终点。这样我们得到一张北京到上海的高速公路示意图，求出 A 到 J 的最短路线即可。

2. 最短路线

计算步骤参照表1－13。

（1）第一个已解的节点就是起点 A，与 A 直接相连的节点有 B、C、D 点；我们可以看出 B 是距 A 点最近的节点：记为 AB。所以 B 点是下一站的起点。

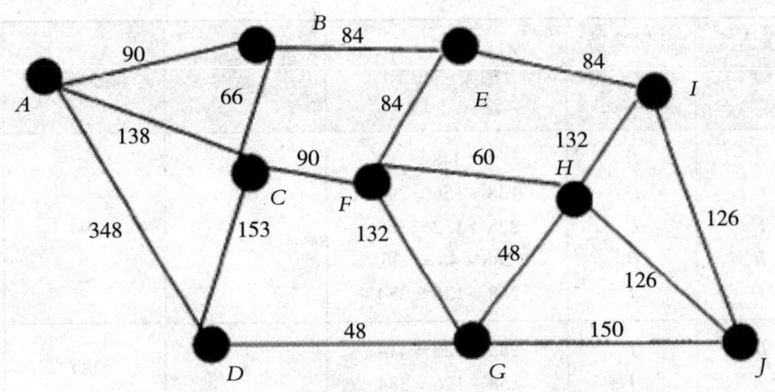

图1－2　北京到上海的高速公路线路

（2）接着我们找距 A、B 点最近的其他点，找到 C 点；从 A 到 C 有 A—C，A—B—C；计算 A—B—C 的距离为156，而 A—C 距离为138。

（3）我们接下来找距离 A、B、C 最近的点，有三个候选点 D、E、F，计算出距离分别为348、174、228，其中 BE 的距离最短，E 点就是第三次迭代的结果。

（4）重复上述过程直到到达终点 J，即第八步，因此，确定出最优路线为 A—B—E—I—J。

表1－13

步骤	直接连接到未解点已解节点	与其直接连接的未解节点	相关总成本	第 n 个最近的节点	最小成本	最新连接
1	A	B	90	B	90	AB *
2	A B	C C	138 90 + 66 = 156	C	138	AC
3	A B	D E	348 90 + 84 = 174	E	174	BE *
4	A C E	D F I	348 138 + 90 = 228 174 + 84 = 258	F	228	CF
5	A C E F	D D I H	348 138 + 156 = 294 174 + 84 = 258 228 + 60 = 288	I	258	EI *
6	A C F I	D D H J	348 138 = 156 = 294 228 + 60 = 228 258 + 126 = 384	H	288	FH

续表

步骤	直接连接到未解点已解节点	与其直接连接的未解节点	相关总成本	第 n 个最近的节点	最小成本	最新连接
7	*A* *C* *F* *H* *I*	*D* *D* *G* *G* *J*	348 138 + 156 = 294 228 + 132 = 360 288 + 48 = 336 258 + 126 = 384	*D*	294	*CD*
8	*H* *I*	*J* *J*	288 + 126 = 414 258 + 126 = 384	*J*	384	*IJ* *

注：* 号表示最小成本线

在节点很多的时候，手工计算比较麻烦，但现在随着计算机技术的广泛应用，最短路径法可以通过计算机编程来解决。所以，只要把所有的路线信息（公路网的节点和节点间的距离）录入数据库，就可以借助计算机计算出所有城市间的距离，从而选择最短路线。

关键点提示

利用最短路径法解决起点和终点间不同路线选择问题的方法有：

1. 利用最短路径法来计算
2. 借助计算机程序来计算

1.6 多个运输起点和终点间的路线选择

典型问题及案例

某玻璃商的路线选择

某玻璃制造商与三个位于不同地点的纯碱供应商签订合同，由它们供给三家工厂，条件是不超过合同所定的数量，但必须满足生产需求。

如下图所示（运费如路径上所示）：

供货计划：

从供应商 A 运输 400 元到工厂 1；

从供应商 B 运输 200 元到工厂 1；

从供应商 B 运输 200 元到工厂 2；

从供应商 B 运输 300 元到工厂 2；

从供应商 C 运输 300 元到工厂 3。

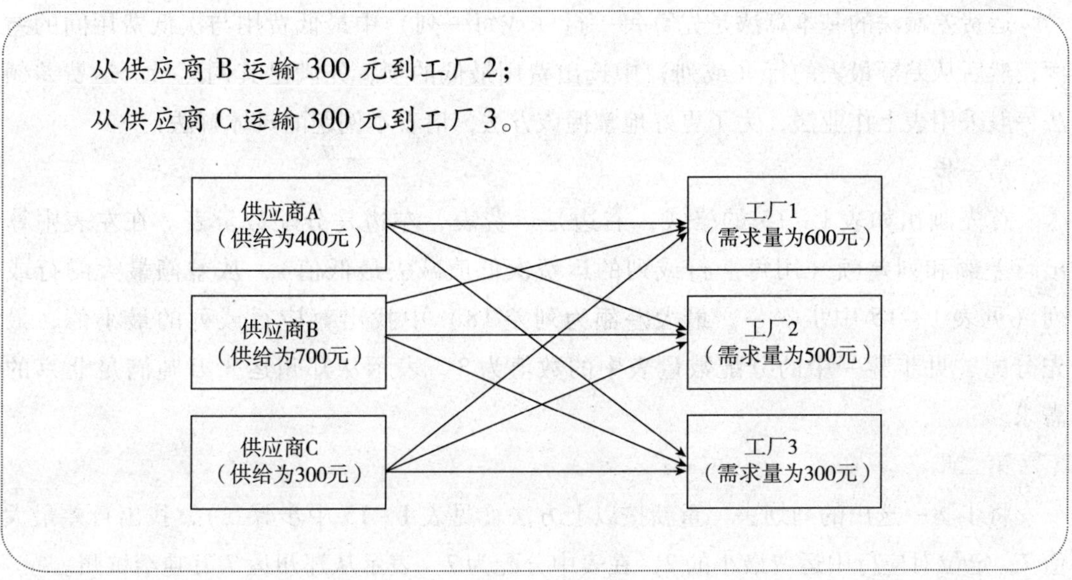

解读与阐述

如果要将货物从多个货源地运送到多个货物需求地，那么怎么选择供货地、目的地之间的最佳路径呢？该问题是运输组织中常见的问题。

请看下面几种情况：

（1）某企业要将济南、郑州和兰州三个工厂生产的钢材运输到北京、上海、西安和杭州，应该选择什么路径组织运输使运费最低？

（2）某大零售商有 3 个大型配送中心在北京、上海和广州，给它在天津、杭州、武汉和南宁四个城市的超市连锁店配货，应该选择什么路径组织运输使运费最低？下面我们用运费差额法来解决这个问题，通过一个例子来说明：

例如，以（1）中的情况为例，我们该选择什么路径来组织运输呢？我们给出它的基本数据（见表 1－14）：

表 1－14　产量、需求量及运费表

	北京	上海	西安	杭州	产量（万吨）
济南	20	11	3	6	5
郑州	5	9	10	2	10
兰州	18	7	4	1	15
需求量（万吨）	3	3	12	12	—
—	—	—	—	—	—
—	—	运费（万元）		—	—

运费差额法的基本算法是先算每一行（或每一列）中最低费用与次低费用间的差额；然后从差额最大的行（或列）中选出费用最低的项，先满足其调运量。运费差额法一般采用表上作业法，为了更好地掌握该方法，请看本例题的具体解法：

第一步

首先画出如表1－15的格式，右边是运费表，左边是分配数量表。在左表中算出行差额和列差额（用每一行或列的运费次低值减去最低值），从差额最大的行或列（见表1－15中步骤一，最大差额为列差18）中找出对应行或列的最小值，最先分配，见步骤一中的分配数量表中的数值为3，表示从郑州运3万吨满足北京的需求。

第二步

将步骤一选出的列划去，重新按以上方法（见表1－15中步骤二），找出行差最大值7，定位对应行中运费最小的2，在表中分配为7，表示从郑州运7万吨给杭州。

第三步

同时把对应的行划去继续算，我们找到1对应的列，在表中分配为5，表示从兰州运5万吨给杭州。以下步骤方法相同直到第五步，算法结束。

结论

根据表1－15中步骤五，我们应该这样组织运输：从郑州运3万吨给北京，运7万吨给杭州；从济南运5万吨给西安；从兰州运3万吨给天津，运7万吨给西安，运5万吨给杭州。总费用为$3\times5+7\times2+3\times5+3\times7+4\times7+5\times1=98$万元，运费最低。

表1－15　运费差额法求得初始方案

	分配数量表						单位运费表					
步骤一	—	—	—	—	—	行差额	—	—	—	—	—	产量
	—	20	11	3	6	3	—	—	—	—	—	5
	—	（5）	9	10	2	3	—	3	—	—	—	10
	—	18	7	4	1	3	—	—	—	—	—	15
	列差额	13	2	1	1	—	销量	3	3	12	12	—
步骤二	—	—	—	—	—	行差额	—	—	—	—	—	产量
	—	—	11	3	6	3	—	—	—	—	—	5
	—	—	9	10	（2）	7	—	3	—	—	7	10
	—	—	7	4	1	3	—	—	—	—	—	15
	列差额	—	2	1	1	—	销量	3	3	12	12	—

续表

分配数量表							单位运费表					
步骤三	—	—	—	—	—	行差额	—	—	—	—	—	产量
	—	—	11	3	6	3	—	—	—	—	—	5
	—	—	—	—	—	—	—	3	—	—	7	10
	—	—	7	4	（1）	3	—	—	—	—	5	15
	列差额	—	—	—	—	—	销量	3	3	12	12	
步骤四	—	—	—	—	—	行差额	—	—	—	—	—	产量
	—	—	11	（3）	—	3	—	—	—	5	—	5
	—	—	—	—	—	—	—	3	—	—	7	10
	—	—	7	4	—	3	—	—	—	—	5	15
	列差额	—	2	1	—	—	销量	3	3	12	12	—
步骤五	—	—	—	—	—	行差额	—	—	—	—	—	产量
	—	—	—	—	—	3	—	—	—	5	—	5
	—	—	—	—	—	—	—	3	—	—	7	10
	—	—	7	4	—	3	—	—	3	7	5	15
	列差额	—	2	1	—	—	销量	3	3	12	12	—

除了运费差额法，还有两种常用的方法：西北角法和最小运费法。它们比运费差额法更简单，但是它们计算出来的总运费要大于运费差额法。也就是说，运费差额法是解决此类问题的最佳方法。

关键点提示

掌握运费差额法需要牢记以下内容：

1. 模型的建立
2. 表上作业法及其基本步骤

1.7 运输计划编制

典型问题及案例

石油公司的运输计划

某大型石油公司为加油站提供补货的配送服务，这些加油站需要某一等级或多个等级的燃油。公司利用特别设计的带隔断的油罐车负责配送，不同油罐车设计不同，可以用来装运不同数量、不同等级的燃油。当地配送中心的调度员每天都会接到本服务区加油站的订单，但订货量和订货地点总在变化。

为此，该公司编制了一套整体规划对20～50个站点的行车路线进行一次性计划，设计该模型主要为了处理最常见的问题。计算时需要从数据库中获取公路的距离、行车路线、现有油罐车和司机等数据，但该模型不能处理所有错综复杂的每日路线安排问题。调度员不能完全依赖这个模型，因为它不可能针对所有的情况设计出相应的路线。首先调度员要查看每天的订单，找出有特别送货要求和特殊情况的订单，包括紧急送货、整车运输和特殊产品。上述情况都要人工设计配送路线，其余任务则交给计算机模拟处理。这样，调度员和计算机互相配合，制定运输计划，它既满足用户需求，又使成本最低。

解读与阐述

运输计划编制就是对车辆运行路线和时间的安排，是车辆运行路线选择问题的延伸。它受到的制约因素更多，比如，①每个停留点规定的提货数量和送货数量；②车辆在线路选择和人员休息前允许行驶的最长时间；③停留点规定的一天内可以进行提货的时间；④可能只允许送货后再提货的时间等。这里的问题是车辆从一个仓库出发，向多个停留点送货，然后在同一天内返回该仓库，要安排一个满意的运行路线和时间。

1. 制定车辆运行路线

编制运输计划首先就是要制定车辆运行路线，采用扫描法制定行车路线的方法。它是路线设计中一种很简单的方法，由两个阶段组成：第一个阶段是将停留点的货运量分配给送货车；第二个阶段是安排停留点在路线上的顺序。

扫描法的步骤可以简述如下：

（1）在地图上或者方格图中确定所有站点（含仓库）的位置。

（2）自仓库开始沿任一方向向外画一条直线。沿着顺时针或者逆时针方向旋转该直线直到与某点相交。同时要考虑如果在某线路上再增加站点，是否会超过车辆的载货能力？如果没有，继续旋转该直线直到与下一个站点相交。再次计算累计货运量是否超过车辆的运载能力（先使用最大的车辆）。如果超过，就去掉最后的站点，并确定路线。最后，从不包含在上一条路线中的站点开始，继续旋转以寻找新路线。直到所有点都被安排在路线中。

（3）排定各路线上每个站点的顺序，使行车路线最短。

看下面的例子：

例如，某公司从其所属仓库用货车到各客户点提货，然后将客户的货物运回仓库，以便集成大批量进行远程运输，全天的提货量见图 1－3（a），我们给出了所有提货点和仓库。

送货车每次可以运送 10 000 件货物。完成一次运行路线一般要一天时间。

请确定：需要多少条路线；每条路线上有哪几个客户点；送货车辆服务有关客户点的顺序。

按上面介绍的扫描法确定路线，如图 1－3（b）所示：

从图 1－3 得出要在一天派出 3 辆车。具体怎么安排出车时间，要仔细制定时间计划。

2. 安排车辆运行时间

利用上述行车路线方法制定路线时，假设对每条路线都只派出一辆车，如果路线较短，那么在剩余的时间里这辆车的利用率就很低。在实际生活中如果完成一条路线后开始另一条路线，那么就可以派一辆车负责第二条路线。

因此，将所有运输路线首尾相连顺序排列，使车辆的空闲时间最短，就可以计算出车辆数量并排出配车计划。

假如某一车有以下 10 条路线的发车时间和到达时间，参考表 1－16 中给出的准确时间，如果我们每条线路安排一辆车，则需要 10 辆车；但我们发现，有些路线比较短，根本用不了一天，因此，根本不需要 10 辆车。那么，如何来制定合理的运输计划使车辆最少？

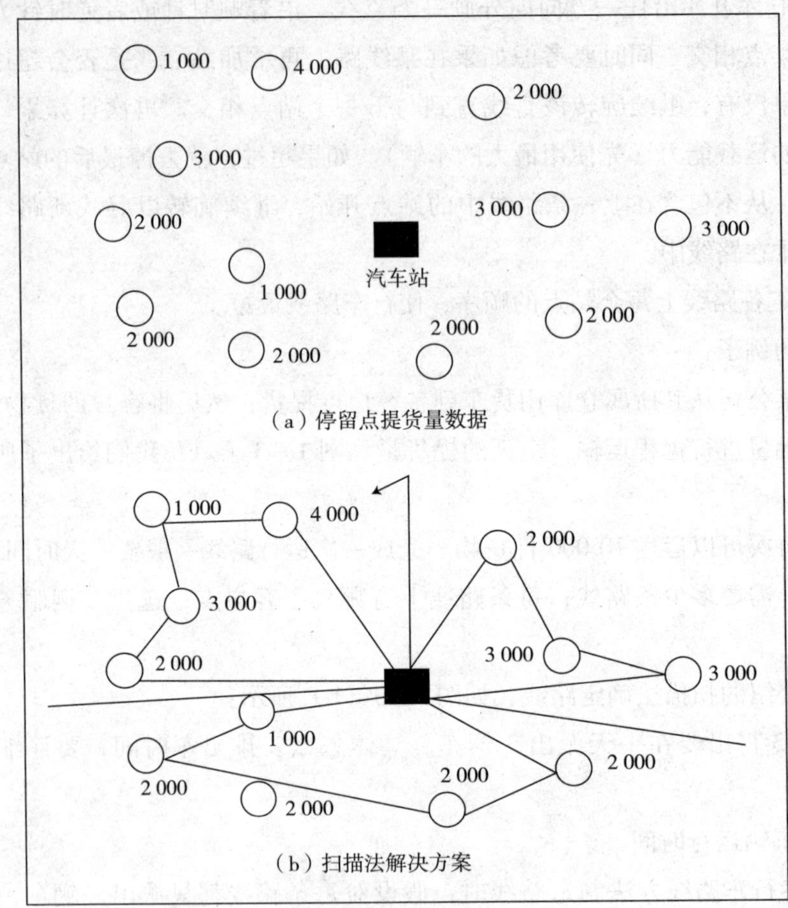

图1-3 扫描法确定路线

表1-16

路线	发车时间	返回时间
1	8:00 AM	10:25 AM
2	9:30 AM	11:45 AM
3	2:00 PM	4:53 PM
4	11:31 AM	3:21 PM
5	8:12 AM	9:52 AM
6	3:03 PM	5:13 PM
7	12:24 PM	2:24 PM
8	1:33 PM	4:33 PM
9	8:00 AM	10:34 AM
10	10:56 AM	2:56 PM

按下面的步骤进行，可以节约大量成本：

（1）将这些路线在一天内按时间进行排序：1、10、6 号线占了一天；9、4 号线占了一天；5、8 号线占了一天；2、7 号线占了一天；只有 3 号线占了半天。

（2）然后如图 1－4 所示画出来，就可以分配车了，从图 1－4 中可以看出只要 5 辆车就可以解决问题。最终就少用了 5 辆车，节约了一半的成本。

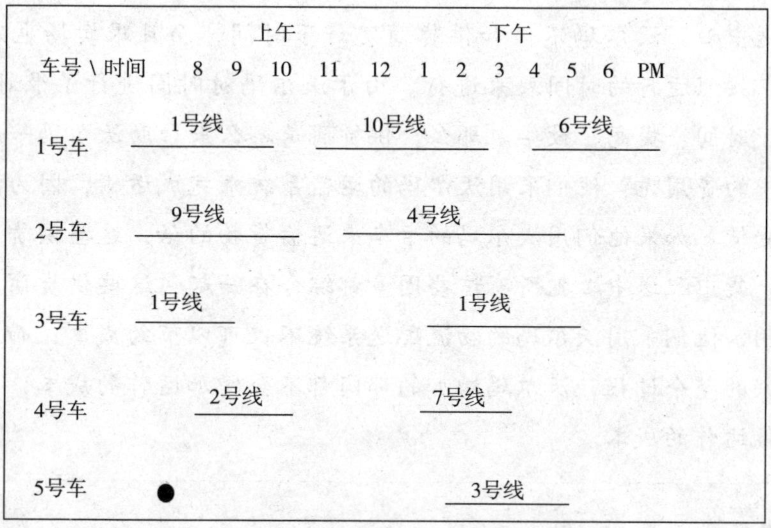

上午　下午

车号 \ 时间　8　9　10　11　12　1　2　3　4　5　6　PM

1号车　1号线　10号线　6号线

2号车　9号线　4号线

3号车　1号线　1号线

4号车　2号线　7号线

5号车　●　3号线

图 1－4　最优运输计划安排

关键点提示

制定运输计划的具体程序，如下：

1. 制定车辆运行路线
2. 安排车辆运行时间

1.8 运输与配送成本控制

典型问题及案例

沃尔玛的运送成本控制

沃尔玛，作为全球最大的零售商，一贯采取成本优先战略。沃尔玛在物流方面投资 1 600 亿美元。在物流运营过程中，要尽可能降低成本，因为降低成本就可以让利于消费者。沃尔玛的经营哲学，就是“以最佳服务，最低的成本，提供最高质量的服务”。

当然沃尔玛公司之所以能把成本控制到这么低主要源于其成本控制理念。那么，沃尔玛在运输方面有一些什么样的战略和策略呢？主要做法是沃尔玛都把卡车装得非常满，所有的产品从卡车的底部一直到最高处都填得满满的。一些商场，虽说只在白天开门，但是物流部门却是24小时不间断地工作。

如果货物晚上送到卖场，商品可以立刻整体卸下来，而不会影响白天的运营。在配送中心，沃尔玛不仅和供货商定好了时间，而且跟卖场也定好了时间，彼此都按照运行的时间表来进行。由于沃尔玛对时间进行了很好的管理，从而节约了时间、提高了效率。那么，供货商是怎么来帮助沃尔玛一起分担整个过程当中的费用呢？他们采用沃尔玛的运输系统来完成运输，因为沃尔玛的运输成本更低。如果他们用沃尔玛的卡车来运输货物的话，这些供货商也可以节省费用。集中配送中心把所有这些因素都综合在一起，这些供货商就可以节省很多费用，他们采用沃尔玛的物流配送系统不仅可以节约成本，而且商品从厂商到货架的整个过程，沃尔玛增加的部门都不会增加运作的成本，合理安排反而会降低运作的成本。

解读与阐述

现代物流已被人们称作"第三大利润源泉"，并且我们知道运输、配送占了所有物流成本的近50%，因此，对运输、配送成本进行控制就很有实际意义。首先来看运输、配送成本的构成，然后再给出具体的控制方法。

1. 运输、配送成本的构成

运输与配送成本通常可以划分为：变动成本、固定成本、联合成本和公共成本四个部分。

（1）变动成本是指与每一次运输和配送直接相关的费用，一般与运输里程和运输量成正比。比如劳动成本、燃料费用和维修保养费用等。它随着运输工具的投入运营而发生变化。

（2）固定成本是指短期内不发生变化，与运输里程和运量没有直接关系的费用，一般包括运输设施、运输工具、信息系统的设立和购置成本等。

（3）联合成本是指由于提供某种特定的运输、配送服务所发生的费用。联合成本对运输费用有很大影响。

（4）公共成本是指承运人代表所有托运人或某个分市场的托运人支付的费用，包括诸如端点站或管理部门之类的费用等。

影响运输、配送成本的主要因素，一般有积载能力、搬运方式、货物易损性和市场因素等。

2. 运输、配送成本的控制

（1）长途运输尽可能采用装载量大的运输工具，提高运输效率。铁路和水路运输工具的运载量大，适于长途运输；但铁路和水路运输有时两端需要转运，反而增加了成本。这时还需要采取集装单元化和标准化包装，提高装卸效率以降低转运成本。

（2）采取共同配送，实现规模效益。由于配送是小批量和多频次的输送，为了实现规模效益，共同配送是一种有效方法。

（3）利用托盘制与联合运输结合的运输方式能提高搬运效率、缩短在途时间，也是一种控制运输成本的重要手段。

（4）提高运输设备的利用率。运输设施的投资较大，如果利用率不高，固定成本分摊过大，就会造成运输、配送成本的增加。无论是物流企业还是非物流企业，提高运输设备的利用率都是降低成本的重要手段。对非物流企业，在自身业务不大的情况下，应采取物流外包或物流租用设备的办法来减少固定资产投入的浪费。

物流企业除了自己购置一部分运输设备外，还应通过租赁运输设备来调节业务量的不平衡，这些都有利于提高运输设备的利用率。

（5）加强网络建设，形成稳定平衡的运输配送体系。现代物流是网络化物流，物流网络可以建立完善的服务体系，提升市场的占有率和覆盖率。物流企业可以建立自己的物流网络，也可以和同行合作建立。前者投资大，运行费用高，但容易控制；后者投资少，运行费用低，但协调成本高。物流企业应该根据自己的具体情况进行选择，以求成本最小化。

（6）优化运输和配送路线，节约运输里程。运输和配送路线的优化是运输、配送合理化的重要内容，通过这些优化，消除不合理运输，节约运输里程，提高车辆利用率，从而降低运输、配送成本。

关键点提示

为了有效控制成本，可以采用以下方法：

1. 尽可能采用装载量大的运输工具，提高运输效率
2. 采取共同配送，实现规模效益
3. 利用托盘制与联合运输结合的运输方式
4. 提高运输设备的利用率

5. 加强网络建设，形成稳定平衡的运输配送体系

6. 优化运输和配送路线，减少运输里程

1.9 运输成本核算

典型问题及案例

某物流公司运输成本

某公司物流成本计算标准规定每月都预提车辆修理费200元，以平衡车辆大修月份的运输成本。

2013年7月对公司所有的15辆汽车进行了检查和维修，其中，5辆没有发现问题；8辆进行小维修，共花费300元；2辆进行大维修，共花费3 000元。公司的处理如下：将小维修成本计入当月运输成本；对发生的大维修费用先冲销已计提的1 200（200×6）元，余下1 800元在剩余月份按每月每辆车分摊150元（1 800÷2÷6）的方式计入运输成本。

解读与阐述

运输成本占物流成本的30%左右，运输成本计算是物流成本计算的重要组成部分。公司一般利用汽车运送货物，下面是汽车运输成本的计算方法。相对其他运输形式，公司一般外购，直接将支付的价款作为运输成本即可，如表1－17所示：

表1－17　运输成本核算规范

条　目	内　容
计算对象	如果公司车型多，根据管理需要，可以将其按不同燃料和不同类型分类，作为成本计算对象。如果车型少，可以直接一并计算。
计算单位	汽车运输成本计算单位，是实际运送的货物吨数与运距的乘积，常用“吨公里”表示。为计量方便，运输成本计算单位也可以使用“千吨公里”。
计算内容及方法	汽车运输成本中，成本项目的计算方法如下： (1)工资和福利费：指按规定支付给运营车辆司机的基本工资、工资性津贴、奖金和按比例计提的福利费。工资和福利费根据工资和福利费分配表中有关运输的部分计入运输成本。 (2)燃料：指运营车辆所耗用的汽油、柴油等。燃料费根据行车路线或其他有关燃料消耗报告所列的实际消耗量计算计入的成本。需要注意的是应使燃料实际消耗量与当月车辆行驶总里程和所完成的运输周转量相符合。 (3)轮胎：指运营车辆耗用的外胎、内胎、垫带的费用支出以及轮胎翻新费和零星修补费。轮胎费用按实际领用数和发生数计入成本。如外胎一次领用较多，可在一年内分月摊入运输成本。

续表

条 目	内 容
计算内容及方法	(4)修理费:指运营车辆进行维修和小修所发生的工料费、修复旧件费用和车辆大修费用。修理费按维修时领用的各种材料费、配件费，直接计入运输成本。对车辆大修费用，应按月计入运输成本。 (5)车辆折旧费:指运营车辆按规定方法计提的折旧费。车辆折旧费按车辆使用年限或车辆行驶里程计算。可查找财务会计中相应车辆的折旧费直接引用。 (6)通行费、税金及运输管理费:指按规定向管理部门缴纳的相应费用。通行费按实际缴纳数额计入运输成本。 (7)车辆保险费:指向保险公司缴纳的运营车辆的保险费用。车辆保险费按实际支付的投保费用和投保期，分月分摊计入运输成本。 (8)事故费:指运营车辆在运行时，因行车肇事所发生的修理费、救援费和赔偿费等事故损失。事故费在扣除保险公司的赔偿和其他人的赔偿后，计入运输成本。 (9)其他运营费:如随车工具、篷布绳索费、车辆牌照费和检查费等。其他运营费根据实际领用数和发生数计入运输成本。
运输总成本和运输单位成本计算	将计算期内各运输成本计算对象的运输成本加总即得运输总成本。如果需要，将各计算对象的运输成本除以相应的计算单位的数量，就得出相应的单位运输成本。 如果公司存在对外支付的运输费用，直接加到公司内部运输成本上，即可得到公司总运输成本。 (1)建立健全汽车运输记录、车辆维修作业记录、车辆设备利用记录和财产物资变动记录、管理信息记录等原始记录。 (2)根据市场行情，企业应对各种原材料、燃料、轮胎和工具制定计划价格，定期调整价格差异。 (3)经常检查运输成本，认真审查成本计划和各项费用的开支标准。 (4)确保原始记录健全，计量准确，加强成本核算管理，确保运输成本核算真实。 (5)实行全面运输成本管理，对燃油消耗、配件购买等落实责任。

关键点提示

运输成本计算包括：

1. 确定计算对象
2. 确定计算单位
3. 选择计算内容及方法
4. 运输总成本和运输单位成本计算

1.10 选择恰当运输方式降低运输成本

典型问题及案例

各种运输方式的比较

目前，我国各种运输方式的技术速度分别是：铁路 80～160 公里/小时，海运 10～25 海里/小时，河运 8～20 公里/小时，公路 80～120 公里/小时，航空 900～1 000 公里/小时。公路通常载重量是 5～10 吨，铁路一般载重量是 3 000吨，水路运输的载重能力最大，从几千吨到几十万吨的船舶都有。一般认为，距离在300 公里内主要选择公路运输，300～500 公里主要选择铁路运输，500 公里以上则尽可能选择水路运输。

解读与阐述

运输方式有公路运输、铁路运输、水路运输、航空运输和管道运输。

选择恰当的运输方式有利于节约运输成本。

1. 明确各种运输方式的特点和适用范围

（1）铁路运输。适用于大批量货物的集中、迅速运输，中、远途距离运输时，在一定限度内，运费比较便宜；受天气因素影响小；在既定轨道上运输，事故少，安全性较高；铁路运输遍布全国，可向各地进行运输。但近距离运输费用较高；长距离运输时，还需货车配车，中途停留时间可能较长；在紧急运输时，可能失去时机。

（2）汽车运输。适用于小、中批量商品的近距离运输，运费较便宜；可进行门到门运输；运输途中，很少装卸，包装可相对简单。但不适合大批量、远距离运输。

（3）船舶运输。适用于大批量、远距离和运费受限制的商品运输，运费较低；也适用于重量大、体积大的商品运输；散装货物的专用船运输。但运输速度较慢；在码头、港口的装卸费用高；受天气因素影响较大；运输安全性和准确性较差。

（4）航空运输。适用于运费限制小、小批量商品的中、远距离运输；运输速度快；货物包装比较简单。但运费高，不适合运输低价值和大批量的货物；不适合运输较重或体积较大的货物。

（5）管道运输。适用于气态、液态货物运输；运输效率高；占用土地少，但运输对象有限；管道铺设费用高。

2. 量化运输方式选择

运输的快速性、准确性、安全性和经济性之间是相互制约的，在选择运输方式时，应综合考虑运输的各种要求，采用综合评价法进行量化选择。

（1）确定运输方式的评价因素。运输方式的评价因素有快速性、经济性、安全性和准确性等。分别用 s_1、s_2、s_3 和 s_4 表示。如这些因素在选择时的重要性不同，可加上四个评价权数 a_1、a_2、a_3 和 a_4，则运输方式的综合评价价值 S 用以下公式表示：

$$S = a_1s_1 + a_2s_2 + a_3s_3 + a_4s_4$$

（2）建立运输方式的综合评价方式。如分别用 $S(R)$、$S(T)$、$S(F)$ 表示可供选择的运输方式铁路、公路和船舶。如下所示：

$$S(R) = a_1s_1(R) + a_2s_2(R) + a_3s_3(R) + a_4s_4(R)$$

$$S(T) = a_1s_1(T) + a_2s_2(T) + a_3s_3(T) + a_4s_4(T)$$

$$S(F) = a_1s_1(F) + a_2s_2(F) + a_3s_3(F) + a_4s_4(F)$$

（3）评价各因素

快速性。运输方式的快速性由运输时间决定。设三种运输方式的运输时间为 $H(R)$、$H(T)$、$H(F)$，求其平均数：

$$H = \frac{H(R) + H(T) + H(F)}{3}$$

然后分别求出三种运输方式快速性的相对值：

$$S_1(R) = \frac{H(R)}{H} \quad S_1(T) = \frac{H(T)}{H} \quad S_1(F) = \frac{H(F)}{H}$$

用类似的方法求出其他因素的相对值：

经济性：$S_2(R) = \frac{C(R)}{C}$　$S_2(T) = \frac{C(T)}{C}$　$S_2(F) = \frac{C(F)}{C}$

安全性：$S_3(R) = \frac{V(R)}{V}$　$S_3(T) = \frac{V(T)}{V}$　$S_3(F) = \frac{V(F)}{V}$

便利性：$S_4(R) = \frac{D(R)}{D}$　$S_4(T) = \frac{D(T)}{D}$　$S_4(F) = \frac{D(F)}{D}$

（4）综合评价和选择。综合评价时，考虑运送的货物特点，并结合实际情况，确定出各评价因素的权数大小。再将权数和上步中的各因素的评价值代入第二步建立的各种运输方式综合评价价值公式中求解，最后应选取结果最大的运输方式进行运输。

合理、恰当的运输方式不仅能降低物流成本，还能提升物流服务的满意度。

关键点提示

恰当选择运输方式的过程：

1. 明确各种运输方式的特点和适用范围

2. 确定运输方式的评价因素

3. 建立运输方式的综合评价公式

4. 评价各相关因素

5. 综合评价和选择

1.11 通过合理装载降低运输成本

典型问题及案例

日本花王公司的组合运输

日本花王公司通过商品组合运输系统解决了货车往返途中的空载问题。开始时，花王公司主要与其原材料供应商进行组合运输，即花王公司将商品从工厂或总公司运抵销售公司后，与当地供应商联系，将生产所需的原材料装车运回工厂。后来，商品运输组合的对象范围逐渐扩大，其他企业都可以利用花王公司的车辆运载商品。例如，静冈花王每天早上8点卸完货物后，就装载清水公司的拉面或电机零部件并运到清水公司位于东京的客户批发店。现在参与花王组合运输的企业达100多家，花王工厂与销售公司之间近80%的商品都进行了组合运输。

解读与阐述

在运输费用一定时，通过改善装载方式，提高装载率，充分利用运输车辆的容积和额定载重量，可以使单位运输成本降低，最终减少总运输成本。合理装载的方式有：

1. 拼装整车运输

整车运输和零担运输运价相差较大，进行拼装整车运输可以减少一部分运输费用。拼装整车运输的方式有：

（1）零担货物拼整车直达运输；

（2）零担货物拼整接力直达或中转分运；

（3）整车分卸；

（4）整装零担。

2. 轻重配装

将重量大、体积小的货物与重量小、体积大的货物组装，可充分利用运输工具的装载空间和载重定额，提高运输工具的使用效率。

3. 解体运输

对体积大、笨重、不易装卸和易损坏的货物，可拆卸装车分别包装，这样既减小占据的空间，又易于装卸和搬运，可以提高运输效率。例如，自行车之类的商品以零件的形式进行运输，到了消费地再进行组装和销售。

4. 多样堆码

根据运输工具的货位情况和所运载货物的特点，采取不同的堆码方式，如骑缝装载、多层装载和紧密半截等，以便提高运输工具的装载量。

5. 减少空载

运输中经常存在回程空载现象。这样一来，运送同一批货物到同一地点，就多花一倍费用。在运输工具回程前，通过各种方式安排好回程的货物，尽可能利用回程车辆运输，可以减少运输成本。

总之，通过充分利用运输工具的空间容量和承载能力，可以降低单位运费，提高运输效率。

关键点提示

通过合理装载降低运输成本的措施包括：

1. 拼装整车运输
2. 轻重配装
3. 解体运输
4. 多样堆码
5. 减少空载

1.12 运输方式优化

典型问题及案例

避开交通高峰期

日本花王公司为降低交通阻塞率，针对每个销售公司的地理环境、交通道路状况和经营特点，安排了不同的运输时间和运输路线。例如，日本静冈花王销售公司的货车一般在凌晨2点从东京出发，走东名高速公路，于早上7点到达静冈花王，从而使货车能避开交通高峰，顺利通畅地实现商品配送。

解读与阐述

在日常运输活动中，采取一些优化运输的措施也能很大程度地降低成本。这些措施有：

1. 分区产销合理运输

根据产销情况和交通运输条件，按近产近销的原则组织货物运输，使货物运输最少的路程。这种方法适合于品种单一、规格简单和生产集中而消费分散或生产分散而消费集中、调运量大的货物。

2. 直达运输

在组织货物运输时，越过批发商等中转环节，把货物从产地或起运地直接运到目的地，减少了中间的作业环节，降低运输成本。

3. 直拨运输

商业和物资批发企业在组织货物调运时，对当地生产或由外地调达的货物，不运到批发仓库，而是把货物直接分拨给市区基层批发店、零售店或用户。具体做法有：

（1）就厂直拨；

（2）就车站（码头）直拨；

（3）就库直拨；

（4）就车（船）过载。

4. 流通加工后运输

有些产品由于形态和特性不同于一般产品，不适合直接运输。在对它们进行运输前，先经过适当加工，可以减少体积和重量，使运输更加合理化。

5. 计划运输

对运输时间和路线等事先做出计划安排，在运输时，选择最佳运输路线和最佳运输时间，避开交通高峰期及交通拥挤地段，可以降低运输成本。

以上所列的是基本的优化运输措施，根据企业经营特点、产品特征和运输状况，企业可形成适合自身特点的优化运输方式。

关键点提示

优化运输方式的措施包括：

1. 分区产销合理运输

2. 直达运输

3. 直拨运输

4. 流通加工后运输

5. 计划运输

1.13 应用先进技术降低运输成本

典型问题及案例

日本花王公司的特殊车辆

日本花王公司为实现工厂仓库和销售公司仓库自动机械化的连接，开发出了特殊车辆。这种特殊车辆是能装载14.5吨货物的重型货车，该货车能装载20个TII型平托盘，并用轻型铝在货车货台配备了起重装置。后来花王公司又研发了能装载19吨货物、装载24个平托盘的新型货车、特殊架装车和集装箱运输车。特殊运输工具的成功研发对花王公司运输系统的成功运作发挥了重要作用。

解读与阐述

科技发展日新月异，运输领域的应用也有不少新技术在实践中得到应用。新技术有力地降低了运输成本。

1. 综合一贯制运输

通过综合一贯制运输，可以优势互补，实现运输的效率化、费用低廉化，缩短运输时间。

2. 托盘化运输

全程以托盘作为单元货载进行运输，可以缩短运输中转时间、加快中转速度，同时可以提高实际操作的可靠性和机械化程度。

3. 集装箱运输

集装箱作为现代运输的重要载体，既是一种包装容器，又是一种有效的运输工具。通过集装箱可以提高装载效率，减轻劳动强度；起到强大的外包装作用，节约大量商品包装费用和检验费用，并防止货损货差。

4. 特殊运输工具和运输技术

新的运输技术和运输工具的运用，解决了原先运输的许多难题。如专用散装罐车，使粉状、液状物运输损耗大、安全性差等问题得到有效解决；集装箱高速直达车（船）加快了运输速度。

运输技术正在迅速发展，善于利用现代先进的运输方式和技术，可以大大降低物流成本。推行托盘化运输的要点：

（1）为使一贯制托盘化运输取得成功，需要发货单位、物流业者和托盘租赁业者共同努力。

（2）公正地分配相关投资费用和收益。

（3）确立防止货物散落崩塌的对策。

（4）设立共同回收机构。

（5）提高装载率。

（6）采用标准托盘。

（7）普及叉车，提高收货单位的作业效率；对于订货单位则要求以托盘单元或面积单位订货。

（8）促使运输车辆改变型号，使之适用于一贯托盘运输。

（9）统一物流机器设备规格，机具相互配套。

关键点提示

应用现代技术降低运输成本的措施包括：

1. 综合一贯制运输
2. 托盘化运输
3. 集装箱运输
4. 特殊运输工具和运输技术

1.14 运输路线优化

典型问题及案例

某公司的配送路线

某公司需从a、b、c、d四个仓库运输商品到位于A、B、C、D、E的销售公司。a、b、c、d发运量分别为：1 000、3 000、6 000、8 000件，A、B、C、D、E的需求量分别为2 500、3 000、3 500、4 000和5 000件。两两之间的单位运价如下：A—a、A—b、B—b、C—a、D—b和E—a都是30元；A—c、C—d和D—d是70元；A—d和D—a是50元；B—a、D—c、E—c是20元；B—c和E—d是80元；B—d、C—c和E—b是40元；C—b是10元。公司开始制定的调运方案总运费为64 000元，利用表上作业法求得新的调运方案后总运费为60 000元，节约了4 000元。

解读与阐述

不合理运输如重复运输、迂回运输的存在，造成了运力浪费，增加了不必要的运输成本。而优化运输路线可减少不合理运输，降低运输成本。优化运输路线的方法如表1-18所示：

表1-18 优化运输路线方法

条目	内容
线性规划法	线性规划法是在运价已知、路程已知的条件下，对m个商品生产地和n个商品销售地的商品运输建立数学模型，利用单纯形法求解，以使满足条件的总运费最小。可分为供需平衡模型和供需不平衡模型。
图表分析作业法	图表分析作业法分为图表分析法和图上作业法两种，两种方法都是先在图上标注出货物运出地、运入地、调运量及两地距离。然后根据就近供应原则，在图上制订商品调运方案，并不断优化、调整，使运输总路程最短，最后将结果填入商品调运平衡表。
表上作业法	表上作业法是已知各地单位运价和各产销地供需量，在表上求解使总运费最低的调运方案。初始调运方案可根据最小费用（运价）法编制，然后进行优化、调整，直到找到总运费最低的方案。
节约里程法	根据巡回送货总路程小于为每个客户单独送货总路程的原理，首先计算各目的地相互间的最短距离，接着计算各目的地的节约里程，并按节约里程的大小排序，进而组合成配送路线，然后再进行调整得出最优调运方案。

运输路线的制定受道路状况、停留时间等许多因素的影响，最终确定的调运方案还需要征求司机和现场工作人员的意见才可实施。

不合理运输的种类有：

对流运输：将A地货物运到B地，又存在B地同种货物运到A地现象。对流运输是不合理运输中最突出、最普遍的一种。

迂回运输：因选择路线不当，比最优路线多走路程。也存在因道路施工、事故等因素被迫绕道的情况，但应尽快恢复正常。

重复运输：把可以直线运输的货物经过不必要的中转。这增加了货物损耗和出入库手续，造成物流时间增加，导致运费增加。

过远运输：长距离运输。过远运输在运输总量中占相当大的比重，一般存在于木材和建筑材料的运输中。

无效运输：不必要运输。由于货物本身的品质，浪费了大量的运输能力。无效运输可通过先行流通加工得以解决。

关键点提示

优化运输路线的方法包括：

1. 线性规划法
2. 图表分析作业法
3. 表上作业法
4. 节约里程法

1.15 降低运输事故损失

典型问题及案例

追尾引发的代价

2012年6月29日4时20分左右，湖南某物流公司的一辆重型半挂油罐车行驶至广州市沿江高速公路南岗段夏港入口附近，临时停靠在道路外侧车道和应急车道中间时，被一辆个体经营货车从后方追尾碰撞，引发交通事故。

事故造成油罐车（载重40吨）所载溶剂油泄漏，并顺着高速公路排水管流至桥底排水沟，遇火源引起爆燃，大火迅速引燃桥下一露天木材加工厂堆放的木板及临时搭建的工棚，致使木材加工厂近千平方木屋顶被掀飞、坍塌，数十辆货车、小车全部被焚毁，造成20人死亡、31人受伤，其中16人重伤。

解读与阐述

运输途中，有可能发生货物丢失、货物变质，甚至出现事故，这些都造成了运输成本不必要的增加，因此，对运输过程中的安全要十分重视。

1. 日常防范

在运输管理中，做好事故防范工作。例如，司机要有相应资质和能力，避免司机疲劳驾驶，定期检查并修理运输工具等。

2. 购买保险

运输事故风险是客观存在的，它会造成经济损失甚至是人身伤亡。购买保险是风险转移的最佳途径。可以购买的运输保险有：水上货物运输保险、陆上货物运输保险、航空货物运输保险和特种货物运输保险。一旦发生事故，可以得到保险公司的赔偿。

3. 积极理赔

（1）向保险公司索赔。当保险的财物发生损失或者人身发生伤亡时，可以要求保险公司赔款或者支付保险金。向保险公司理赔的具体过程包括：

a. 事故发生后应立即以最快的方式，通知保险公司或其代理人。

b. 向保险公司提供运输货物的发票、提单、装箱单和修理单据等。

c. 等待保险公司对事故进行审核、赔偿。

d. 在此期间经常与保险公司保持联系。

（2）承运人理赔

向承运人理赔的具体过程包括：

a. 向承运人要求货运事故赔偿的，一般应在收到货运记录次日起 180 天内提出索赔书，即《赔偿要求书》。

b. 提交货物运单、货物损失清单和价格证明文件，保价运输物品还需附声明价格的物品清单，要求退还运费的还应附运杂费收据。

c. 对货物发生损坏、丢失进行事故检查或鉴定，判明发生原因和损坏程度。

d. 铁路理赔一般在对方收到书面赔偿要求的次日起 30 日内（跨及两个铁路局运输货物的为 60 日）得到答复；对方收到书面赔偿要求的次日起 60 日内得到答复。公路和水路理赔一般在减少运输事故损失重在预防，所以应做好日常预防工作。如果事故发生了，也要积极理赔，以减少损失。

机动车辆的车辆损失险和第三者责任险：

车辆损失险：碰撞、倾覆、火灾、爆炸、雷击、暴风、龙卷风、洪水、破坏性地震、地陷、冰陷、崖崩、雷灾、雹灾、泥石流、隧道坍塌、空中运行物体坠落、全车失窃在 3 个月以上、载保险车辆的渡船遭受自然灾害或意外事故。

第三者责任险：被保险人或其允许的驾驶人员在使用保险车辆过程中发生意外事故，致使第三者遭受人身伤亡或财产的直接损毁，被保险人依法应当支付的赔偿金额。

关键点提示

减少运输事故损失的措施包括：

1. 日常防范

2. 购买保险

3. 积极理赔

第二章 国际运输管理

国际货物运输是国际货物的转移，是完成进出口任务、实现创汇的关键环节，履行国际贸易合同担保。它不仅是买卖货物的位置移动，也是与此相关的单据转移；当事人不仅受限于合同的规定，而且还受到国际运输的有关公约和法规的制约。因此，国际运输管理较国内运输管理更复杂。

2.1 班轮运输管理

典型问题及案例

班轮运费的计算

由天津新港运往莫桑比克首都马普托门锁500箱，每箱体积为0.025立方米，毛重为30公斤，计收标准为W/M，去东非航线马普托每运费吨为450港元，另收燃油附加费20%，港日附加费10%。请问该批门锁的运费为多少港元？

我们如何计算呢？

W＝30×500＝15 000＝15吨

M＝0.025×500＝12.5立方米

因为WSM，所以采用W计费

运费＝基本运费×（1＋附加费率）×运费吨＝450×15×（1＋20%＋10%）＝8 775港元

所以，该批门锁的运费为8 775港元。

解读与阐述

海洋运输是国际货物运输的主要形式，目前，国际货物总运量75%以上是通过海洋运输来完成的。按照海洋运输船舶经营方式不同，可以分为班轮运输和租船运输。班轮运输是指船舶在特定的航线和固定的港口之间，按事先公布的船期表进行有规律、反复的航行，以从事货物运输业务并按事先公布的费率收费的一种运输方式。

1. 组织班轮运输

海运出口货物班轮运输的程序有：签用证—备货—办理出口手续—订舱、配载签订贸易合同—开立信用证—保险—装运准备—装船—制单—结汇。

a. 签订贸易合同：买卖双方首先要签订贸易合同，然后双方必须根据合同的规定履行各自的义务。

b. 开立信用证：这是国际货物运输过程中至关重要的环节。

c. 备货：卖方根据贸易合同和信用证的规定，按时按质并按量备妥合同约定的货物。

d. 办理出口手续：货物备妥后，买方须办理货物的相关出口手续，如出口许可证、配额许可证、商检证书、危险品包装鉴定使用证书和出口货物报关单等。

e. 订舱、配载：订舱、配载是国际货物运输中的重要环节。订舱是指发货人向班轮公司或其代理申请货物运输，洽谈预定船舶舱位的行为。船运公司接受订舱并按订舱的货物要求，配定合适的船舶，称为配载。

f. 保险：货物配载后，托运人根据船名、船期和航线等相关事项向保险公司办理出口货物运输保险，并取得保险单。

g. 装运准备：在船舶到达之前，船运公司必须做好一系列装船准备工作。

h. 装船：在班轮运输情况下，承托双方的责任一般是以船边为界，即船运公司的责任与风险是从装船开始的，但目前的一般做法是由托运人将货物送至船运公司或其代理码头仓库，再由船运公司集中装船。装货时，船方一般须指派理货公司代表船运公司，负责理货装船工作。货物装船如实载数量等与理货单核对无误，船方即出具收货单，托运人凭收货单向船运公司换取正式提单。

i. 制单：卖方根据贸易合同和信用证规定要求备齐必要证件。一般需要商务票据、运输单据和保险单。

j. 结汇：卖方最后向银行提供全部必要单证，银行审核无误后给予收单结汇，全部单证由出口地银行转至对方开证银行，由其通知买方（或收货人）付款赎单。

2. 班轮运费管理

（1）班轮运费的计费标准。根据不同商品，通常采用下列几种计费方式：

a. 按货物毛重计费，故称重量吨，运价表中用“W”表示。

b. 按货物的体积/容积计收，故称尺码吨，运价表中用“M”表示，重量吨和尺码吨统称运费吨。运费吨是指据以计收运费的吨数。

c. 按重量或体积计收，由船运公司选择其中收费较多的作为计费吨，运价表中用

"W/M" 表示。

d. 按商品价格收取，即从价运费，运价表内用 A、V 或"Ad、Val"表示。从价运费一般按货物的 FOB 价格的百分之几收取。

e. 在班轮运价表中还有下列标志"W/Mor Ad、Val"或者"W/M Plus Ad、Val"。前者表示运费按照货物重量、体积或价值中按较高的一种收取；后者表示先按货物重量或体积收取，然后另加一定百分比的从价运费。

f. 按货物的件数收取，一般只对包装固定，并且包装内的数量、重量、体积也是固定不变的货物，才按每箱、每捆或每件等特定的运费额收取。

g. 由货主和船运公司临时议定，这种方法通常适用于承运粮食、豆类、矿石和煤炭等运量大、货价较低、装卸容易、装卸速度快的农副产品和矿产品。

（2）如何计算运费：班轮运费包括基本运费和附加运费两部分。前者是指货物从装运港到卸货港所应收取的基本运费，它是构成全程运费的主要部分；后者是指对一些需要特殊处理的货物，或者由于突然事件的发生或客观情况的变化等原因而需要另外加收的费用。附加费名目繁多，通常有超重附加费、超长附加费、选港附加费、直航附加费、转船附加费和燃油附加费等。其计算公式为：

运费 = 基本运费 + 附加费 = 运费吨 × 基本运费 × （1 + 基本费率）

（3）海运进口货物班轮运输程序：签订贸易合同—开立信用证—订舱—保险—审单—报关—提货—检验与索赔。具体做法如下（前四个程序与出口运输程序的具体做法基本相同，这里不再赘述）：

a. 审单：买方收到卖方通过银行转过来的全套单证后，须逐一核对审查，与此同时应密切掌握船舶动态并做好接货准备。

b. 报关：进口货物必须向海关办理报关手续，经海关验收放行并照章纳税后，才能提货。

c. 提货：收货人凭提单从船运公司仓库提取货物。

d. 检验与索赔：货物交接时，如发现有缺损，需要及时向船方或仓库办理有效证明，做好验残工作，取得相关证明文件并由有关方面提供证明。

关键点提示

组织班轮运输的基本程序是：

1. 了解班轮运输的特点
2. 理清班轮运输中的各方关系
3. 根据班轮运输货运程序组织班轮运输

2.2 租船运输管理

典型问题及案例

临福公司的租船案例分析

2010 年 1 月 18 日，安丘临福公司与美国公司 POLO 公司签订一份买卖合同，约定安丘临福公司向 POLO 公司出售新鲜生姜，成交方式为 FOB 青岛。包装方式中要求每个集装箱中有 24 个托盘，安丘临福公司确认在涉案集装箱中使用了含有木质成分的复合托盘，未经熏蒸。

2010 年 9 月，港捷济南分公司接受境外买方 POLO 公司的委托向上海衍六公司发出订舱委托，并要求出具正本提单。安丘临福公司向上海衍六公司交付货物后，上海衍六公司向其出具了该票货物的全套正本提单，安丘临福公司确认已收到该票货物的全套正本提单，并将其按照 POLO 公司的要求寄给上海衍六公司的美国代理 WTO 公司。该提单载明托运人为安丘临福公司，收货人为 POLO 公司，出运日期为 2010 年 9 月 10 日，承运人为上海衍六公司。上海衍六公司为顺利承运该票货物，以托运人的名义向实际承运人阳明海运股份有限公司进行租船订舱，WTO 公司作为收货人。

2010 年 9 月 15 日，港捷济南分公司向上海衍六公司支付了出运的海运费及杂费，并确认所有出运费用系收取 POLO 公司的境外汇款代为支付的。

2010 年 10 月 6 日，涉案货物到达美国纽约港，POLO 公司进行了进口申报。2010 年 10 月 19 日，美国农业部动物和植物健康检验部门对该票货物进行了检验，其出具《紧急通知》载明，该票货物因未对木质包装材料中的有害生物、有害种子和物品采取措施，因此，抵运的木质包装材料（WPM）不符合要求，必须在 24 小时之内退运。

2010 年 10 月 28 日，WTO 公司作为托运人向阳明海运股份有限公司租船订舱，办理该票货物的退运事宜。为顺利退运，支付了海运费 4 184 美元、滞箱费 2 400 美元、仓储费 5 044 美元、现金本票 25 美元、文件转发费 130 美元、联邦快递费 25 美元以及代理费 50 美元，共计 11 858 美元，上海衍六公司已向 WTO 公司支付上述费用。

2010 年 11 月 9 日，阳明海运股份有限公司将该票货物从美国纽约港运出，目的港为中国青岛港，提单载明托运人是 WTO 公司，收货人是原告，回运提单号为 YMLUE144237951，提单正面还载明该票货物因违反美国法律强制性规定而退运。同日，WTO公司签发了POLO公司为托运人，被告安丘临福公司为收货人的无船承运人提单，提单号为10NYCQDO633。2010年12月5日，上海衍六公司向安丘临福公司发出律师函，告知涉案货物因违反美国法律被要求退运一事，并要求其付清有关费用并提取涉案货物。安丘临福公司确认收到，自此时起知道货物被退运回青岛一事，但认为该票货物的风险已经转移给国外的收货人，货物与其没有关系，因此没有必要提取货物。

2010年12月12日，该票货物抵达青岛港。因长期无人提取货物，该票货物于2011年6月10日被阳明公司代理处理掉，产生码头费用30 650元、拖车费1 200元、润海场地费1 000元、熏蒸费1 000元、人工搬运垃圾费2 000元、垃圾处理费（在青岛做无公害处理）18 000元，上述费用合计人民币53 850元。上海衍六公司于2011年6月15日支付了上述费用。

解读与阐述

租船运输又称不定期船运输，是相对于班轮运输，即定期船运输而言的另一种远洋船舶营运方式。它和班轮运输不同，既没有预先制定的船期表，又没有固定的航线，停靠港口也不固定，无固定的费率。船舶的营运是根据船舶所有人与需要船舶运输的货主双方事先签订的租船合同来安排的。具体步骤如下：

1. 选择租船运输方式

租船运输方式有：定程租船、定期租船和光船租赁三种。

（1）定程租船是指船舶所有人负责提供船舶，在指定港口之间进行一个航次或数个航次，由承运人指定货物的租船运输。定程租船就其租赁方式不同可分为单程租船、来回航次租船和连续航次租船等。

（2）定期租船是指船舶所有人出租给租船人，使其使用一定时期的租船运输。

（3）光船租赁是指只租船，不带船员，在租船期内，由租船人配备全套人员，支配船舶进行经营管理和航行的租船运输。

定程租船和定期租船有以下不同，在选择时要注意：

a. 定程租船是按航程租用船舶，而定期租船是按期限租用船舶。

b. 定程租船船方直接负责船舶的经营管理，租船方除了负责船舶的航行、驾驶和管理外，还应对货物运输负责。而定期租船的船方，仅对船舶的维护、修理、机器正常运转和船员工资与给养负责，对于船舶的调用、货物的运输、船舶在租期内的营运管理和日常开支费用都由租船方负责。

c. 定程租船的租金或运费，一般按装运货物的数量计算；而定期租船的租金一般是按租期每月每吨若干金额计算。

d. 采用定程租船时，要规定装卸期限和装卸率，据此计算滞期费和速遣费；而采用定期租船时，则不规定装卸和滞期速遣费。

2. 组织租船运输

租船程序和手续与国际贸易的商品交易大同小异，需要租方和船方之间通过一定的形式提出自己的条件，经过反复洽商，最后达成租船协议。一般要经过询盘、发盘、还盘、受盘和签约这几个环节，经双方讨价还价，最后达成交易，签订租船合同。

（1）询盘阶段的管理：

询盘通常是指承租人根据自己对货物运输的需要或对船舶的特殊要求，通过租船经纪人在租船市场上要求租用船舶。询价主要以电报或电传等书面形式提出。承租人所期望了解的内容一般包括：需要承运的货物种类、数量、装货港、卸货港、装运期限、租船方式或期限、期望的运价（租金）水平以及所需用船舶的详细说明等内容。询价也可以由船舶所有人为承揽货载而首先通过租船经纪人向租船市场发出。由船舶所有人发出的询价内容应包括出租船舶的船名、国籍、船型、船舶的散装和包装容积、可供租用的时间、希望承揽的货物种类等。

（2）租船报价管理：

报价又称发盘，除对询价的内容做出答复和提出要求外，最主要的是关于租金（运价）的水平和选定的租船合同范本及对范本条款的修改、补充条款。报价有“硬性报价”和“条件报价”之分。“硬性报价”是报价条件不可改变的报价。询价人必须在有效限期内对报价人的报价做出接受订租的答复，超过有效期，这一报价即告失效。与此相反，“条件报价”是可以改变报价条件的报价。

（3）租船还价管理：还价又称还盘，在条件报价的情况下，承租人与船舶所有人之间对报价条件中不能接受的条件提出修改或增删的内容，或提出自己的条件。还价意味着询价人对报价人报价的拒绝和新的报价的开始。

（4）受盘管理：接受订租又称受盘，指一方当事人对实盘所列条件在有效期内明确表示承诺。至此，租船合同即告成立。原则上，接受订租是租船程序的最后阶段。接受订租后，租船洽商即告结束。

（5）租船合同管理：正式的租船合同实际是合同已经成立后才开始编制的。双方签认的订租确认书实质就是一份供双方履行的简式的租船合同。签认订租确认书后，船东按照已达成协议的内容编制正式的租船合同，通过租船经纪人送交承租人审核。如果租船人对编制的合同没有异议，就可签字。

关键点提示

组织租船运输的程序包括：

1. 选择租船运输方式
2. 根据租船运输程序组织租船运输

2.3 海运运输方式管理

典型问题及案例

一个CIF条件的报价陷阱

一个加拿大商人欲以每吨每公里800加元CIF魁北克、12月装船及其信用证付款的条件购买我方商品，对此条件应做何答复？

魁北克在加拿大东岸，也属于季节性封冻港，对12月装船条件实在难以接受。且魁北克属于加拿大的OCP地区，故我方最好的办法是让对方应该报CIF温哥华OCP魁北克，然后再视其反应而定。

在实际业务中不难发现某些外商故意设陷阱，若我方能一语道破其意图，对方就会服服帖帖。

解读与阐述

海洋运输虽然是国际货物运输的主要方式，但随着全球化和运输技术的发展以及顾客需求的日益多样化，其他几种重要的国际货物运输方式，如国际航空运输、国际铁路联运等也发挥着越来越重要的作用，如表2－1所示：

表2－1 海运运输方式管理规范

条目	内容
国际铁路联合运输	在组织国际铁路联运时应注意以下特点： (1)手续复杂。国际铁路联运规章制度条文多，条款复杂；而且同时联运涉及许多国家的法令和规章，办理各项手续非常复杂。 (2)涉及面广。国际联运涉及多国、多部门；要与各国的海关、商检、保险、银行以及各种中间代理机构打交道。 (3)时间性强。 (4)运输要求和质量标准高。 但国际联运开辟了一条货物运输的重要渠道，它免除了货物在过境站重新办理托运的手续，火车可以直接过轨运输；同时减少了货损，大大降低了运输费用，对于很多铁路线发达的内陆国，此种方式是首选的国际货物运输方式。

续表

条　目	内　容
国际航空运输	国际航空运输是最现代化的国际货物运输方式，包括班机运输、包机运输和集中托运三种运输方式。 航空运输具有速度快、时间短、安全性高、货损小及不受地面条件限制等特点。 特别适合鲜活商品、易腐烂商品和季节性强的商品运输。 (1)航空运输出口程序如下:揽货—订舱—接货接单—出口报关—发运—费用结算—信息传递。 揽货指航空货运代理公司为争取更多的出口货源，而到进口公司和有出口经营权的企业进行推销活动。 订舱即向航空公司申请运输并预定舱位的行为。 (2)航空运输进口程序如下:接单接货—编号—发到货通知或查询单—制单—报关—送货或转货。 报关就是向海关提出办理进口货物手续的过程。
集装箱运输	集装箱运输是以集装箱作为运输单位进行货物运输的现代化运输方式，是国际货物运输高速发展的必然产物，目前已成为国际上普遍采用的一种重要运输方式。 集装箱运输与传统的海运相比，特点如下: (1)提高了装卸效率，加速了船舶的周转。 (2)有利于提高运输质量，减少货损货差。 (3)节省了各项费用，降低了货运成本。 (4)简化了货运手续，便利了货物运输。 (5)把传统单一运输串联成为连贯的成组运输，从而促进了国际化多式联运的发展。 集装箱的托运方式:集装箱的托运方式分为整箱运输(缩写为 PCL)和拼箱托运两种。 凡装货量达到每个集装箱容积的75%或达到每个集装箱荷重的95%即为整箱货。 由货主或货运代理自行装箱后，以箱为单位向承运人进行托运;凡货量达不到上述整箱标准的，需按拼箱进行托运;即由货主或货运代表将货物送交到集装箱货运站，货运站收货后，按货物的性质、目的地分类整理，而后将与去同一目的地的货物拼箱整理成集装箱后再行发送。
大陆桥运输	大陆桥运输是指使用横贯大陆的铁路或公路系统作为中间桥梁，把大陆两端的海洋连接起来的集装箱连贯运输方式。 目前，世界上的大陆桥有美国大陆桥、加拿大大陆桥(两者统称为北美大路桥);另一条是连接太平洋和大西洋、波罗的海以及黑海的西伯利亚大陆桥。 大陆桥运输都采用大型集装箱装货，有时也包括海洋运输和公路运输。
国际邮政运输	国际邮政运输是通过邮局寄交进出口货物的一种运输方式。 但国际货物运输对邮件的重量和体积均有限量规定。 如每件包裹重量不得超过 20 公斤，长度不得超过 1 米。 所以，邮政运输适合于量轻体小的商品，如精密仪器、金银首饰、药品以及各种各样的零星物品等。
OCP 运输	OCP 是“Overland Common Points”的缩写，是指“内陆地区”享受优惠费率陆运可以抵达的地区。 在和美国进行贸易时可采用这种方式，美国专门划定了美国西部 9 个州可以实行 OCP 条款。 按 OCP 运输条款达成交易，出口商不仅可以享受美国内陆运输的优惠费率，而且可以享受 OCP 海运的优惠费率。 在使用 OCP 条款时请注意: (1)货物最终目的地必须属于 OCP 地区范围。 (2)货物必须经由美国西部海岸中转，因此，签订 CFR、 CIF 出口合同时，目的港必须是美国西海岸港口。 (3)提单上必须标明 OCP 字样，并且在提单目的港上除了填写美国西部海岸港口的名称外，还要注明内陆城市名称。

关键点提示

除海运外的其他国际货物运输方式包括：

1. 国际铁路联合运输
2. 国际航空运输
3. 集装箱运输
4. 大陆桥运输
5. 国际邮政运输
6. OCP 运输

2.4 运输条款制定

典型问题及案例

滞期费或速遣费的计算

某公司出口水泥15 000吨，用定程租船装运，定程租船对装卸条件规定如下：连续24小时晴天工作日，节假日除外，即使使用了也不算，每天装货1 500吨，自星期六或假日前一天中午12点到星期一或假日后一天早晨8点不算工作时间，滞期费每天2 000美元，速遣费每天减半，装货时间按船长接到装船通知书后下一个办公时间算起。假设该船4月28日下午3点船长接到装船通知书，港务局安排当日18点开始作业，5月6日下雨6小时，5月8日下午6点全部装完，5月3日为星期天。

请按节省全部时间和节省工作时间两种方式计算滞期费或速遣费。

解：(1) 4月29日8点至30日8点　24小时

(2) 4月30日为假日前只计8点至12点　4小时

(3) 5月1日法定假日

(4) 5月2日假日后一天应从8点算起　4小时

因为5月2日是星期日的前一天应只算8点至12点

(5) 5月3日为星期天

(6) 5月4日8点至5日8点　24小时

(7) 5月5日8点至6日8点　24小时

(8) 5月6日8点至7日8点，因下雨6小时　18小时

(9) 5 月 7 日 8 点至 8 日 8 点　24 小时

(10) 5 月 8 日 8 点至 18 点　10 小时

总计：132 小时

合同规定时间：15 000/1 500＝10 天

实际装船时间：132/24＝5.5 天

如按节省全部时间，我方可得速遣费为 1 000 美元×（10－5.5）＝4 500 美元

如按节省工作时间计算 1000 美元×（10－5.5－2）＝2 500 美元

所以，应获速遣费 4 500 美元（节省全部时间）或 2 500 美元（节省工作时间）。

解读与阐述

国际货物买卖合同中的运输条款一般都包括下列几项：装运时间、装运港和目的港、分批装运和转船、装运通知、装卸时间、装卸率、滞期与速遣条款等。各项内容的制定，如表 2－2 所示：

表 2－2　运输条款制定规范

条　目	内　容
装运时间条款	装运时间的制定方法如下： (1) 要明确规定具体装运时间，即在合同中订明某年某月装运或某年跨月装运或某年某季度装运。 (2) 规定在收到信用证后若干天或若干月装运。这种规定方法主要适应以下情况： a. 按买方要求的花色、品种和规格或为专一地区或某商品号生产商品，或一旦买方拒绝履约难以转售的商品，为防止经济上的损失，可采用这种方式。 b. 在一些外汇管制很严的国家和地区或实行进出口许可证和进出口配额制的国家，为促成交易，也可以采用这种方法。 c. 针对某些信用差的用户。 但是，按照此种装运期规定时，必须同时规定有关信用证的开立期限或开出日期等。 (3) 收到信汇、电汇或票汇后若干天装运。 (4) 笼统规定近期装运。这种规定方式不规定具体期限，只是用“立即装运”“近速装运”等用语。在制定装运时间时还应注意： a. 船货衔接：就是一方面要考虑船位、船期和航线等运输能力问题；另一方面要考虑货源，以免造成有货无船或有船无货的情况。 b. 对装运期限要明确，对“立即装运”“近速装运”用语要慎重使用。

续表

条 目	内 容
装运港和目的港条款	(1)规定国外装运港和目的港应注意的问题： a. 对国外的目的港和装运港的规定应明确具体。 如果买方需要在几个港口中任选一个港口，选择的目的区必须是同一个航区。 b. 不能接受内陆城市为装运港或目的港。 c. 必须注意装卸港的具体条件。 d. 注意外国港有无重名问题。 (2)规定国内装运港和目的港应注意的问题： a. 采取就近原则。 装运港尽量就近在货源地，卸货港口尽量就近在用货部门。 b. 考虑港口设施。
分批装运和转船条款	分批装运指一笔成交货物，分若干批运。 按照《跟单信用统一惯例》的规定：不明确规定不准分批装运，则视为允许分批装运；运输单据表明货物是使用同一运输工具并经同一路线运输的，即使运输单据注明装运日期或装运地不同，只要目的地相同也不算分批装运；如信用证规定在指定的时间内分批装运，若其中任一批未按约定的时间装运，则该批和以后各批均失效。
装运通知条款	装运通知是在采用租船运送大宗进出口货物的情况下，在合同中加以约定的条款。 规定这个条款的目的在于明确买卖双方的责任，促使买卖双方互相配合，共同做好船货的衔接工作。
装卸时间、装卸率、滞期和速遣条款	(1)装卸时间一般以天或小时数为单位。 其他的规定方法有按连续日(24 小时为一连续日)、按工作日和按好天气日等。 (2)装卸率一般按港口习惯的正常装卸速度来定装卸率。 装卸率尽量做到适当。 (3)滞期费和速遣费。 在租船运输条款中，有可能涉及滞期费和速遣费的计算。 计算速遣费时，计算节省的时间有两种方法：一是把到截止日为止的许可时间减去实际使用的装卸时间，即为节省的全部时间；二是把节省的全部时间再减去其中的星期日、假日等非工作日，剩下的时间称为节省的工作时间，所有国际运输合同的运输条款制定都要包括上述条款。

关键点提示

运输条款的内容包括：

1. 装运时间条款
2. 装运港和目的港条款
3. 分批装运和转船条款
4. 装运通知条款
5. 装卸时间、装卸率、滞期和速遣条款

2.5 进口货物海洋运输条款制定

典型问题及案例

海运进口货物清关及协议样本

海运进口货物清关及运输协议

甲方：________

地址：________

乙方：________

地址：________

________（以下简称甲方）与________（以下简称乙方）就海运进口货物的清关及运输事宜，经双方友好、平等协商，达成如下协议：

一、甲方的责任与义务

1. 甲方须在货物到达海港前（近洋船抵港2日内），向乙方提供进出口货物完整真实的相关文件（加盖公司印章）。

2. 甲方应保证在接到乙方提供的关税、增值税税单正本或副本后，24小时内提供限额支票。

3. 若由于甲方不能提供进出口货物单据或用以缴纳进口关税及增值税的限额支票而产生的相关费用，如滞报金、滞箱费、港口费、滞纳金、转栈费等经甲方确认后由甲方承担。

二、乙方的责任和义务

1. 乙方将负责甲方的换单、报关、纳税、海关验货、商检、卫检、动植检和陆运等所有清关及运输手续。

2. 在单据齐全、税款及时到位的情况下，乙方负责在货物到港后的5个工作日（最迟不超过7个工作日）内送货到甲方指定地点。

3. 由以下原因造成的延迟提货，不追究乙方责任：

（1）海关对货物申报有异议，甲方未及时提供相关资料配合乙方申报。

（2）海关在货物检验中提出问题，未及时解决。

（3）货物已通关放行，因甲方原因不能接受而延迟提货（甲方书面认可）。

4. 乙方须将所有问题的文件及时通知甲方，由于乙方未及时通知甲方而造成的损失由乙方承担。

5. 乙方应在货物运到甲方厂区或指定地点的其他地点前24小时通知甲方，以便甲方安排卸货。

6. 乙方应保证货物在陆运途中的安全。如所运输的货物为有害化学品或危险品，需采取相应的措施，以保证不因意外事故而对环境造成危害；如因运输原因对货物造成的损坏或因运输不当而产生的其他不良影响，甲方有权向乙方提出索赔。

7. 乙方须在提货后7日内向甲方提供报关单原件并返还甲方提供的相关政府批文。

三、收费标准

1. 集装箱货物收费标准：

20英尺集装箱，包干费________元；40英尺集装箱，包干费________元。（以上包干费包括港杂费、商检费、动植物检费、卫检费、回空费、陆运费、报关费、劳务费、通关费和普通换单费。以上包干费不包括海运提单换单费、海关验货摆箱费、特殊货物熏蒸费、消毒费、洗箱费、非乙方责任造成的修箱费、转栈费、滞箱费和滞报金。）

2. 拼箱货物收费标准：

（1）每票货物包干费________元。（包括报关费、劳务费、通道费、录入费、三检提货手续费、仓储费和陆运费）

（2）换单费实报实销。

四、结算方式

乙方应于每月________日前将本月账目清单（如实报实销则提供发票）送交甲方，甲方接到账目清单核对无误后通知乙方开具正式发票，发票开具后十日内付款。

五、未尽事宜，双方本着互惠互利的原则友好、平等协商解决。

六、本协议自甲乙双方签字之日起生效，有效期________个月。

七、本协议一式两份，甲、乙双方各持一份。

甲方（盖章）：________　　　　乙方（盖章）：________

代表（签字）：________　　　　代表（签字）：________

________年____月____日　　　　________年____月____日

解读与阐述

进口货物的海洋运输条款包括如表 2－3 所示的几项内容：

表 2－3　进口货物海洋运输条款制定规范

条　目	内　容
运输港口	正确选择装货港口对合同的顺利履行和保证进口物资及时到货都有着十分重要的意义。在对外签订合同、确定装运港口时应注意以下几个方面的问题： (1)要认真了解国外装运港的具体情况。 (2)规定要明确，要列明具体港口的名称。 (3)如果明确一个装运港有困难，可采用选择港。但必须在合同中将港口名称一一列出，一般为两个，最多不超过三个；同时应订明装运港由“买方选择”或标明“卖方须在交货期前 45 天将交货名称、数量和装货港口通知买方”等内容。 (4)货量和交货期要尽量相对集中，以利于及时派船。 (5)要注意港口有无重名。 (6)对对方派船的装运港可以适当放宽，但要以明确订明为好。
装运日期	FOB 条件下的进口货物，一般在合同中均应明确规定：卖方必须在合同规定的交货期限 30 天前，将合同号码、货物名称、数量、装运口岸及预计货物运达口岸日期，以电报通知买方，以便买方安排舱位；买方应在船只受载期前 12 天，将船名、预计受载日期、装货数量、合同号和船舶代理人，以电报通知卖方，买方所租船只按期到达装运口岸后，如卖方不能按时备货装船，买方因此遭受的一切损失，包括空舱费、延期费或罚款等由卖方承担；如船只不能于船舶代理人所确定的受载期内按时到达，在港口免费堆放期满后第 ××天(一般为 16 天)起发生的仓库租费、保险费由买方承担，但卖方仍负有载货船只到达装运口岸后立即将货物装船的义务，并承担费用及风险。
交货数量增减率及选择权	为了不使我方遭受船舶空舱损失或货物退关损失。在贸易合同中对交货数量，需要订明“数量增减率”。一般为增减率 5%～10%，最低不得低于 5%。按照国际航运惯例，这个“数量增减率”的选择权属于船运方。故合同条款应订明“数量增减率由船运方选择”，不能接受“由卖方选择”的条款。
仓栈租赁免费期	由于船舶延期导致货物在港口堆放而产生的仓栈租赁费用，买卖双方间如何分担需由买卖双方协议确定。一般来说，免费期越长对我方越有利。
装运通知	为便于收货人做好接货准备，合同中一般均规定，卖方在货物装船后，应立即将合同号、品名、数量、发票金额、装货船名及装船日期电报或传真通知买方。
对方派船合同的装运条款	为了确保进口物资安全、及时运回国内，防止发生不测事件，在签订对方派船的进口贸易合同时，均需签署一份运输条款，作为合同的附件，以明确有关船舶安排方面对卖方的要求。
其他条款	(1) FOB 条件下的装货费用。按照 FOB 定义，买卖双方的费用、风险和责任的划分，均以货物越过船舷为界。 (2)避风移泊条款。 (3)病虫害熏蒸及动植物检疫条款。我国进口的农产品货物到港后，发现有病虫害时，都要按国家检疫规定作熏蒸处理。为了避免给我方产生经济损失，应在合同中订明“由于熏蒸而产生的船期损失和全部熏蒸费用均由卖方负担”的条款。 (4)索赔有效期。 (5)运费支付办法。

关键点提示

进口货物海洋运输条款内容：

1. 运输港口
2. 装运日期
3. 交货数量增减率及选择权
4. 滞期、速遣条款
5. 仓栈租赁免费期
6. 装运通知
7. 对方派船合同的装运条款
8. 其他条款

2.6 出口货物海洋运输条款制定

典型问题及案例

船长惹的祸

一艘开往新加坡的装满棉布的货轮，在航行途中甲舱突然起火，乙舱没有起火，但船长并未调查便认为都已着火，就命令对两舱内进行灌水施救，结果甲舱棉布大部分被烧毁，剩下一部分是乙舱全部棉布发生严重水渍。

那么，甲舱和乙舱所造成的损失各为何种损失？

甲舱属于共同海损，乙舱属于船长的判断错误造成，不属于共同海损，属于单独海损，应由船方负责。

解读与阐述

出口货物海洋运输条款的制定方法如表2－4所示：

表2－4 出口货物海洋运输条款制定规范

条目	内容
我方派船合同运输条款	(1)关于装运期的条款 a. 装运期必须明确年度及月份，对船舶较少去的偏僻港口，最好争取跨月装货，以便于安排船舶，不要定“即装”的条款。 b. 出口货物的装运期，分远洋、近洋地区，习惯上应保证收到信用证的一定的期限。一般而言，远洋地区不少于30天，近洋地区不少于20天。 c. 签订出口合同时，应避免信用证结汇有效期与装运期定为同时到期，即为“双到期”。一般应争取结汇有效期长于装运期15天，以便货物装船后有足够的时间办理结汇手续。

续表

条　目	内　容
我方派船合同运输条款	d. 不能接受一笔货物在短时期内分若干批出运的条款。 (2)关于装运口岸和目的口岸的条款 a. 出口装运口岸，尽可能争取定为“中国港口”，或定为几个中国港口，由卖方选择。 b. 出口目的港，应尽量选定班轮航线通常挂靠的基本港口或条件较好的港口，以便组织直达运输，减少中转。 c. 目的港要具体明确。 d. 在不以联运方式承办运输的条件下，一般不接受以内地城市为目的地的条款，对于内陆国家的贸易，应选择我方能安排船舶最近的海港为目的港。 (3)关于出口转船的条款 a. 货物出口到没有直达船或虽有直达船但没有固定船期、航班较少的港口，必须订明“允许转船”以利装运。 b. 对某些数量较大的商品或需要运往条件较差的港口时，应考虑到港口吃水限度和派船的可能条件，在合同中订明“允许转船和分批装运”的条款。 c. 凡是“允许转船”的货物，不要接受买方指定的中转港和二程船公司和船名的条款，也不要接受在提单中注明中转港和二程船名的条款。 (4)关于装卸费承担的条款 由于世界各地港口对此有不同的解释和不同的习惯做法，应根据实际情况在合同中明确规定目的港的卸货费用由谁承担。
对方派船合同运输条款	由对方派船一般是 FOB 合同，在订立运输条款时应注意以下几点: (1)对于 FOB 出口合同，卖方应在合同规定的交货期前 30 天，向买方发出准备装船通知，买方应该从卖方发出通知之日起 20 天内将货物船只的船舶规模和预计到港日期等通知卖方和装港的船务代理公司。 (2)在我国港口装货所发生的理货费，应在合同中明确由买方或船方承担，因为我国港口一般由船方申请理货或接受货物，卖方不承担此项费用。 (3)以 FOB 条件成交的出口货物，由船边至船舱的装船费概由买方承担。
签订运输条款应注意的问题	(1)关于限期运抵目的港的条款。 对买方提出限期运抵目的港的要求应给予重视，但不能接受在合同上规定限期运抵目的港的条款。 因船舶在海上航行，很难保证达到目的港的时间;如因特殊情况，必须限定运抵目的港的期限时，需事先征求运输部门的意见。 (2)关于指定船舶或限制航线的条款。 在合同中一般不能接受由买方指定装某国籍的船只、某班轮公司船只以及限制船型、船线或航线等条款。 (3)关于指定装卸码头、仓库的条款。 对于买方要求指定装卸码头和仓库的条款，一般不能接受。 如有特殊情况，应根据货量的大小和所指定的装卸码头及仓库的实际情况决定。 (4)关于大宗出口商品出具提单问题。 对大宗出口商品的运输，通常采用承租船装运，同时签发租船提单。 对于这种提单，银行都不会接受。 因此，在签订合同时，应商定双方可以接受的提单，以便做出相应的安排。

关键点提示

出口货物海洋运输条款的制定方法如下：

1. 我方派船合同运输条款的制定

2. 对方派船合同运输条款的制定

3. 签订运输条款应注意的问题

2.7 海洋运输中损失处理

典型问题及案例

一件搁浅事件的处理

一艘载有茶叶和儿童玩具的船舶在航行途中不慎搁浅，情况非常危急。为了脱险，船长下令抛货（茶叶）300公吨，并反复开倒车，强行启动，终于脱险。但船上轮机受损且船底被划破，致使海水渗进船舱，造成船货部分受损。该船驶近附近的港口修理并暂时卸掉大部分货物，共花了一周时间，增加了各项费用的支出，包括船员的工资。

船修复后装上原货物重新起航，不久，A货舱突然起火，火势有蔓延趋势，船长下令灌水灭火。灭火后，发现部分儿童玩具和茶叶被浸湿，又造成部分损失。试分析上述各项损失属于何种损失，为什么？

搁浅是船、货遇到共同危险，为脱险而采取的一系列有意而合理的行为，由此造成的损失和费用属于共同海损，包括抛货损失；反复倒车造成的轮机受损和船底划破的损失；为修船将货物卸至岸上，一些货物遭到正常损坏以及有关装卸储存费；增加的船员工资。另外，起航后A货舱起火的损失也属于共同损失。

解读与阐述

进出口货物在海运中常常会遇到各种风险而导致损失或灭失，而保险公司并非对任何风险都给予承保，也不是对什么损失都予以赔偿。因此，进行投保之前，首先要熟悉海运中的风险与损失。

1. 海运中的主要风险与损失

- 风险
  - 海上风险
    - 自然灾害
    - 意外事故
  - 外来风险
    - 一般外来风险
    - 特殊外来风险

- 损失
  - 海上损失
    - 全部损失
      - 实际全损
      - 推定全损
    - 部分损失
      - 共同全损
      - 单独海损
  - 其他损失
    - 一般外来风险
    - 特殊外来风险

2. 全部损失的判定与计算

（1）实际全损的判定。货物完全灭失或因变质而失去原有用途的实际全损，主要有以下几种判断方式：

a. 被保险货物完全灭失。如因遭遇海难后沉没，货物同时沉入海底。

b. 被保险货物遭受严重损害已丧失原有用途，已不具有任何价值。

如水泥遭水泡后结成硬块，虽然没有灭失但已经失去原有用途，不具有任何使用价值。

c. 被保险货物损失已经无法挽回。如船被海盗截取或被敌国扣押。

d. 船舶失踪，到一定期限后仍无音讯。

（2）推定全损的判定。判定推定全损主要有四种情况：

a. 被保险货物遭受严重损害，完全灭失已不可避免，或者避免实际全损需要施救等所花费用，将超过获救后被保险货物的价值。

b. 被保险货物受损后，修理费用估计要超过货物修复后的价值。

c. 被保险货物遭受严重损害之后，修理和续运抵目的地的运费已超过残存货物到达目的地的价值。

d. 被保险货物遭受责任范围内的事故，使被保险人失去被保险货物所有权，而收回所有权，其费用将超过收回被保险货物的价值。

3. 部分损失的判定与计算

（1）共同海损的判定与计算。构成共同海损必须具备下列条件：

a. 船方在采取紧急措施时，必须明确有危及船、货共同安全的危险存在，不能主观臆测可能有危险发生。

b. 船方所采取的措施必须是有意的、合理的，是为了船、货的共同安全。

c. 所做出的牺牲或支出的费用是在非常情况下产生的，具有特殊性。

d. 构成共同海损的牺牲和费用支出，最终还必须是有效的，也就是说，经过采取某种措施后，船舶和货物的全部或一部分安全抵达航程的终点或目的港，避免了船、货同归于尽。

（2）分摊法计算共同海损。共同海损的牺牲和费用支出都是为了船舶、货物和运费方免予遭受损失而做出的，因而应由船、货、运费三方在最后获救价值的基础上按比例分摊。如下例所示：

有一艘载货船舶在航行途中发生共同海损，货物共损失 50 万美元，其中货主甲、乙、丙和丁分别损失 10 万美元、20 万美元、0 万美元和 20 万美元，船体损失 25 万美元，救助费 3 万美元，运费损失 1 万美元。货主甲、乙和丙、丁的货物价值分别为 120

万美元和140万美元、120万美元、100万美元，该载货船舶价值500万美元，承运人运费总计20万美元。问：船、货和运费三方各应分摊多少共同海损的牺牲和费用?

具体计算方法如下：

a. 第一步求出分摊率

总损失额 = 50 +25 +3 +1 =79（万美元）

分摊价值总额 = （120 +140 +120 +100） +500 +20 =1000（万美元）

分摊率 = （79/1000） ×100% =7.9%

b. 第二步求出各方按比例分摊金额货方

货方甲应分摊额 =120 ×7.9% =9.48（万美元）

货方乙应分摊额 =140 ×7.9% =11.06（万美元）

货方丙应分摊额 =120 ×7.9% =9.48（万美元）

货方丁应分摊额 =100 ×7.9% =7.9（万美元）

船方：

船方应分摊额 =500 × 7.9% =39.5（万美元）

运费方：

承运人应分摊额 =20 × 7.9% =1.58（万美元）

（3）单独海损是指除共同海损以外的，由海上风险直接导致的船舶或货物的部分损失。这种损失只属于特定利益方，而不属于所有其他的货主或船方，由受损方单独承担。例如，在整船运输中，有面粉、机器设备和钢材三种货物；途中遇到暴风雨，部分海水进入船舱，海水浸泡了部分面粉，使其变质。面粉的损失只是面粉一家的货主的利益受影响，跟同船其他货物的货主和船东利益无关，因而属于单独海损。

4. 关于费用的处理

费用主要是指保险人承保的费用，被保险货物遇到保险范围内的事故，除了能使货物本身受到损毁导致经济损失外，还会产生费用方面的损失。这种费用，保险人也予以赔偿。

主要包括：

（1）施救费用的处理。主要是指在遭遇保险责任范围内的灾害事故时，被保险人其代理人、雇佣人员或保险单受让人等为抢救保险货物（指船舶或货物），防止其损失扩大而采取措施所发生的费用。保险人对这种施救费用负责赔偿。

（2）救助费用的处理。是指被保险货物遭遇保险责任范围内的灾害事故时，由保险人和被保险人以外的第三者采取救助行为，而向其支付的报酬费用。

其他损失是指外来风险造成的损失。

关键点提示

海洋运输中损失的处理包括以下内容：

1. 海运中的主要风险与损失
2. 全部损失的判定与计算
3. 部分损失的判定与计算
4. 关于费用的处理

2.8 国际货物运输投保类型选择

典型问题及案例

玻璃制品的损失认定

有批玻璃制品出口，由甲、乙两轮分别载运，货物投保了平安险。甲轮在航行途中与他船发生碰撞事故，玻璃制品因此而发生部分损失；而乙轮却在航行途中遇到暴风雨而使玻璃制品相互碰撞发生部分损失。

事后，货主向保险人提出索赔，请问保险人该如何处理？

对第一种情况，由于造成玻璃制品部分损失的原因是船舶在航行中与其他船相撞，这一碰撞属于意外事故，由此导致的部分损失属于平安险的承保责任范围，保险人应该赔偿货主；而在第二种情况下，由于造成玻璃制品部分损失的原因是由于暴风雨袭击船舶使之颠簸的结果，而暴风雨属于自然灾害，由此造成的部分损失不属于平安险的承保责任范围，所以保险人不应赔偿给货主。当然，如果船舶在遭遇暴风雨前后发生碰撞、搁浅、沉没、触礁或焚毁等意外事故，由此造成的玻璃制品的损失，货主能够从保险人那里获得赔偿。

解读与阐述

在国际货物运输中，货物从卖方交到买方手中，通常要经过长途运输、装卸和存储等流转环节。在这个过程中，货物可能会遇到各种风险和遭受各种损失。为了保障自己的利益，买方和卖方都要在货物起运前向保险公司办理货物的运输保险。但如何选择合适的投保险别呢？

1. 根据货物的性质及包装选择投保险别

不同种类的货物在相同的风险之下，遭受的损失程度往往是不同的。如茶叶、烟草等商品容易吸潮腐烂，那就应该在基本险的基础上加保受潮受热险。另外，还要考虑货物的包装情况，特别是一些容易破损的包装，对货物致损的影响很大，保险公司对包装不良或包装不符合国际货物运输的一般要求导致货物受损的情况不予赔偿。

2. 根据运输工具所经的路线选择投保险别

如采用空运的货物，应选择投保航空运输货物保险的有关险别。此外，根据不同的运输路线自动选择合适的险别，如途经海盗经常出没的水域或战争热点地区，应考虑货物遭受意外袭击的因素。

3. 根据可保利益的归属选择投保险别

在国际货物贸易中保险责任与可保利益有时是统一的，有时则是脱节的。当两者统一时，要视被保险货物的实际需要选择适宜的险别；当两者脱节时，选择的险别则应该是承保范围最小、保险费用最省的一个。

表2－5　商品险别的选择

商品种类	主要商品	常遭受的风险与损失	应保险别	备注
粮谷类	大豆、花生仁等	因水分蒸发散发而短量，或因受潮受热而发生霉变	一切险，或在水渍险的基础上加保短量险，受潮受热险	一般有免赔率的规定
陶制品类	陶瓷、工艺陶、瓷砖等	易破碎	平安险，或在水渍险基础上加保破碎险	这类商品的包装好坏对损失率的影响很大
羊绒类	羊毛、羊绒、羽毛	易遭玷污	平安险，或在水渍险基础上加保混杂玷污险	—
盐渍肠衣类	猪肠衣、羊肠衣	桶装化，常因盐渗漏而变质	平安险，或在水渍险的基础上加保渗漏险	—
首饰类	金银珠宝钻翠类	易遭偷窃	一切险，或在水渍险的基础上加保偷窃提货不着险	—

关键点提示

选择国际货物运输投保类型包括：

1. 根据货物的性质及包装选择投保险别
2. 根据运输工具所经的路线选择投保险别
3. 根据可保利益的归属选择投保险别

2.9 国际货物运输保险

典型问题及案例

责任起讫争议

有关仓至仓条款责任起讫争议案

案情：

2013年，我国某进出口公司与科威特外商签订了一份出口合同，合同签订后，在装运前，我方公司向中国人民保险公司投保了一切险，货运到科威特卸船后，存进码头仓库。在存进码头仓库的第三天被炮弹击中，货物全部灭失。此损失应由保险公司赔偿吗？

分析处理：

保险公司不应该赔偿，因为我方公司虽然在装运前向中国人民保险公司投保了一切险，而一切险的承保责任期限采用仓至仓条款，即投保人责任从被保险货物运至保险单所载明的讫运地收货人仓库为止。在本案例中，当货物运到科威特存进码头后，保险公司的承保责任已经终止。因此，货物在入仓库后的第三天被炮弹击中的损失，保险公司不应赔偿，应由买方自己承担。

解读与阐述

在国际货物贸易中，从买卖双方的角度来看，国际货物运输保险实务包括申请投保、选择投保险别、确定投保金额、办理投保并交付保险费、领取保险单证以及在货损时办理保险索赔等内容。

1. 办理投保手续

（1）进口货物的投保手续。根据进口货物一般按FOB或CFR条件成交，由买方办理保险等情况，我国进口货物一般采取预约保险的做法，各进出口公司和中国人民保险公司都签订有预约的保险合同。

海运进口货物预约保险合同的规定，投保人在获悉每批货物的起运消息后，应准确地将船名、开航日期、航线、货物品名及数量和保险金额等内容以书面形式通知保险公司，才算向保险公司办理了投保手续，而无须填写投保单。如果被保险人未按预约保险合同的规定办理投保手续，则保险公司不负赔偿责任。

按照航空、邮运进口货物预约保险合同的规定，凡在保险责任范围内承保的货物，投保人必须逐笔向保险公司填送起运通知书，作为保险公司投保的手续和凭证。保险公司获得通知书后，自动承担承保范围内货物损失的保险。

（2）出口货物的投保手续。出口货物一般按 CIF 条件成交，由卖方办理保险，其手续主要有下面四个步骤：

a. 投保人填写投保单。投保人在根据合同或信用证规定备齐货物并确定装船出运日期后，在货物尚未装船前，向保险公司填一份“海运出口货物投保单”。

b. 保险公司审核投保单。保险公司收到投保人递交的投保单后，根据有关规定对其进行审核，以决定是否承保。

c. 保险公司同意承保后收取保险费。若保险公司经审核同意承保，则向投保人发回承保回执并收取保险费。

d. 投保人得到保险公司签署的保险单。投保人凭保险公司发回的承保回执，缮写保险单即成为向银行进行议付的重要单据之一。

2. 确定保险金额并计算保险费

（1）保险金额的确定。保险金额是指投保人与保险公司之间实行投保和承保的金额，是保险费计收的依据，也是投保人或其受让人索赔的最高限额。

保险金额计算公式为：保险金额 = CIF（CIP）价/（1 + 投保单加成率）

保险金额并非是投保人的成本价格，而是以成本为基础，包括保险费、运费以及预期利润，之所以包括运费和保险费，是为了避免被保险货物损失后收不回运费和保险费的情况。

（2）保险费的计算。保险费是保险金额与保险费率的乘积。保险费率是计收保险费的依据，不同的险别有不同的费率。

保险费的计算公式为：保险金额 × 保险费率

如果按 CIF（CIP）价加成投保：保险费 = CIF（CIP）价/（1 + 投保单加成率）/保险费率

举例：中国 A 公司对外出售一批货物，合同规定：数量 100 吨，单价每吨 1 000 英镑 CIF 伦敦，卖方按发票金额加 10% 投保水渍险和短量险，保险费率分别为 0.3% 和 0.2%。试计算 A 公司投保金额是多少？应向保险公司付多少保险费？

解：保险金额 = CIF 价 ×（1 + 投保单加成率）－1000 × 100 ×（1 + 10%）= 110 000（英镑）

保险费 = 保险金额 × 保险费率 = 110 000 ×（0.3% + 0.2%）= 5 500（英镑）

3. 办理保险单证

保险单证是保险人与被保险人之间的权利和义务契约，是被保险人或受让人索赔和保险人理赔的依据，也是进出口贸易结算的主要单据之一。在国际贸易中，保险单证可以背书转让。我国常用的保险单证有保险单、保险凭证和预约保险单。

（1）保险单。保险单俗称“大保单”，是一种正规的保险合同。目前，我国国内的保险公司大都出具保险单作为出口保险凭证。

（2）保险凭证。保险凭证俗称“小保单”，是一种简化的保险合同。目前，各国都规定保险单与保险凭证均可以接受的条款，但信用证如规定提交单据为保险单时，则议付不接受以保险凭证代替保险单来议付。

（3）预约保险单。预约保险单是指保险公司与被保险人双方签订的预约保险合同，它规定了总的保险范围、保险期限、保险种类、总保险限额、航程区域、运输工具、保险条件、保险费率和保险结算办法等。

4. 保险索赔的处理

保险索赔是指被保险货物遭受承保范围内的风险而造成损失时，被保险人向保险人提出赔偿要求的行为。被保险人进行索赔应具备以下三个条件：

（1）被保险人要求赔偿损失，必须是承保责任范围内风险造成的损失。

（2）被保险人是保险单的合法持有人。

（3）被保险人必须拥有可保利益。

关键点提示

国际货物运输保险实务包括如下内容：

1. 办理投保手续
2. 选择投保险别
3. 确定保险金额并计算保险费
4. 办理保险单证
5. 保险索赔的处理

第三章　配送作业管理

配送中心是现代物流发展的产物，是运输发展必经的重要阶段。它综合了传统与现代运输的优点，是运输组织形式未来发展的方向。伴随配送出现了现代化多功能、集约化的物流节点。配送中心的设计与管理直接影响着配送的效率。配送中心的规划与设计是一个系统工程，设计的好坏直接影响企业的运营效率。

3.1 配送中心建设决策准备

典型问题及案例

福来明公司配送中心建设决策

美国福来明公司的食品配送中心是典型的仓储式配送中心。它的主要任务是接受美国独立杂货商联盟加州总部的委托业务，为该联盟本区城内的350家加盟店负责商品配送。该配送中心建筑面积为7万平方米，经营8.9万个品种，其中有1 200个品种是美国独立杂货商联盟开发的，必须集中配送。在服务对象店经营的商品中，有10%左右的商品由该中心集中配送，一般鲜活商品和易碰撞的商品，如牛奶、面包、炸土豆片、瓶装饮料和啤酒等，从当地厂家直接进货到店，蔬菜等商品从当地的批发市场直接进货。

解读与阐述

配送中心的建设是一个庞大的系统工程，配送中心的规划和设计不仅要求自动化和省力化，还要求拥有一个更高的视角来认识这一问题。

作为一名决策者，在投资建设配送中心之前应该做好如表3－1所示的准备：

表3－1 配送中心建设决策准备细则

条 目	内 容
明确目标，有的放矢	在准备新建或者改建配送中心时必须明确以下规划和设计目标： (1)规划和设计最适宜的配送中心。 (2)保证物流运营成本最低。 (3)确保自己的物流水平最高。 (4)确保物流配送作业速度最快。 (5)满足不断扩大的配送市场需求。 (6)具有与其功能及特性相适应的机械化和自动化水平。
盘点家底，准确定位	在决策之前，请务必先盘点一下自己的现有资产，才能准确定位。盘点现有资产主要是摸清本企业目前的现状，根据企业的情况设计合理规模的配送中心。应从以下几个方面入手： (1)企业现有的物流设施与设备的基本情况：现有的仓库容量、仓库状况、货运汽车、冷藏车数量及其运行情况，叉车、巷道起重机及水平输送设备的情况，货架和托盘的情况等。 (2)专业技术人员情况：配送中心内专业人员的素质，拥有物流配送经验的员工人数、其他人员的基本情况。 (3)供应商情况：目前有业务关系的供货商状况、供货种类，进一步合作的可能性，新合作伙伴的预测，进货成本限制及其预测。 (4)顾客情况：目前用户数量，配送商品种类、配送成本，服务的满意度，有望发展为契约关系的顾客数量。 根据本企业的基本情况，合理地配置配送中心的设施与设备，制定可持续发展的战略目标；并不断充实、改进配送中心设施与设备，改善运营管理和技术水平；完善信息系统功能，提高信息处理水平。
先“洗脑”，后决策	不管什么企业，也不管多大规模的企业，在新建或改善配送中心决策制定之前，必须充分了解配送中心，即配送中心的功能、特性及其工艺，特别是以下几个方面，更应引起决策者的注意： (1)配送中心不是批发站，也不是商业仓库，配送中心以其雄厚的经济实力、良好的商业信誉、快捷的市场信息及精确的市场预测，大批量、低价格购进商品来获取基本利润；在配送中心内部进行包装和流通加工获取附加值；利用现代化设施与设备高效率作业，缩短订货、发货周期，提高商品周转率；降低费用及损耗，提高服务质量，获取较好的经济效益和社会效益。它同其他一般的仓库最大的区别在于依靠服务质量占领市场并开拓市场，依靠科学的管理及先进的技术获取效益。 (2)配送中心的功能不仅仅局限于配送。配送中心是现代化、规范化的物流接点，是商流、物流和信息流的有机结合；是采购、进货、储存、流通加工、装卸搬运、订单处理、分拣配货、发货和配送等功能的有机结合。 (3)充分理解“物流”和“配送”。根据国务院发展研究中心市场经济研究所对北京开展配送的情况进行调查显示：对配送不了解的生产企业为70%，大中型商业企业为60%。

仓库与配送中心的不同点有：仓库被看成社会物资的“蓄水池”，它是储存和保管货物的设施总称，是专门保管物资的场所；功能比较单一；而配送中心则被称作“现代化的据点”，它的功能很多，包括采购、进货、储存、流通加工、装卸搬运、订单处

理、分拣配货、发货和配送等功能。

另外，它是一种全新的物流结点，在物流系统中发挥着越来越重要的作用。

关键点提示

决策者在投资建设或改建配送中心之前必须做好以下工作：

1. 明确目标，有的放矢
2. 盘点现有资产，准确定位
3. 先“洗脑”，后决策

3.2 配送中心科学规划

典型问题及案例

沃尔玛配送中心的规划

美国沃尔玛商品公司的配送中心是典型的零售型配送中心。该配送中心是沃尔玛公司独资建立的，专为本公司的连锁店及时提供商品，从而确保各店稳定经营。该中心的建筑面积为12万平方米，总投资7 000万美元，有职工1 200多人；配送设备包括200辆车头、400节车厢、13条配送传送带，配送场内设有170个接货口。中心24小时运转，每天为分布在纽约州、宾夕法尼亚州等6个州的沃尔玛公司的100家连锁店配送商品。

该中心设在100家连锁店的中央位置，商圈为320公里，服务对象店的平均规模为1.2万平方米。中心经营商品达4万种，主要是食品和必需品，通常库存为4 000万美元，旺季为1 000万美元，年周转库存24次。在库存商品中180天为滞销商品，畅销商品和滞销商品各占50%，库存商品期限超过各连锁店的库存量为销售量的10%左右。2015年该中心的销售额为20亿美元。

解读与阐述

配送中心一旦建成是不容易变更的，而一旦变更也会带来巨大损失，所以一定要做好规划。如果轻率地做决定，可能会带来不必要的损失。配送中心的规划可以分为基本规划、详细规划和运营要领等一系列程序，要根据不同阶段进行调查和分析；根据调查分析的结果，采用与此相适应的技术方法。一般按如下顺序来进行规划工作：

1. 第一步，选择规划方法

配送中心常用的规划方法有四种：运筹学法（OR）、系统设计法（SE）、统计分析法和工业工程法（IE）。如何针对配送中心规划的具体内容选择相适应的规划方法呢？请参考表3－2：

表3－2　配送中心各种规划方法选择

		商品需求预测	配送中心总体设计	制定运输计划	制定配送计划	运输工具的选择	自备车辆规划	物流设施配置规划	物流设施规划设定	库存配置规划	物流作业改善规划	物流成本分析	顾客服务水平
	SE法		0										
统计分析法	时间系列分析法	0								0		0	0
	多变量解析法	0											
	其他统计方法	0											
	IE法										0		
运筹学法	模拟实验法	0	0	0					0	0			0
	网络理论法		0										
	最佳选址决定法								0				
	经济计算设备法						0	0	0				
	等行列理论法								0				
	LP等数理规划法								0				
	库存管理理论法									0			
	启发式法									0			

2. 第二步，进行基本规划

（1）基本规划的前提准备。进行基本规划前，作为前提条件必须明确以下内容：

a. 物流过程及其作用

b. 配送地点的位置及数量

c. 配送中心的位置及规模

d. 配送地所需商品及其库存基准

e. 配送地点的进货处

f. 在配送中心应进行的作业

另外，还必须决定并掌握所经营商品的特性、外形尺寸、重量、品种、包装、形态、单件进发货量（最大、最小及平均）、平均每天进发货量、配送时间、接受订货频率、成本及顾客服务水平。配送中心的位置及其规模是最重要、最基本的条件。其最重要的特点就是最大化地满足用户的需求。配送中心最基本的规划由配送中心的特性、所采用的物流设备及物流技术三个方面构成。（见图3－1）

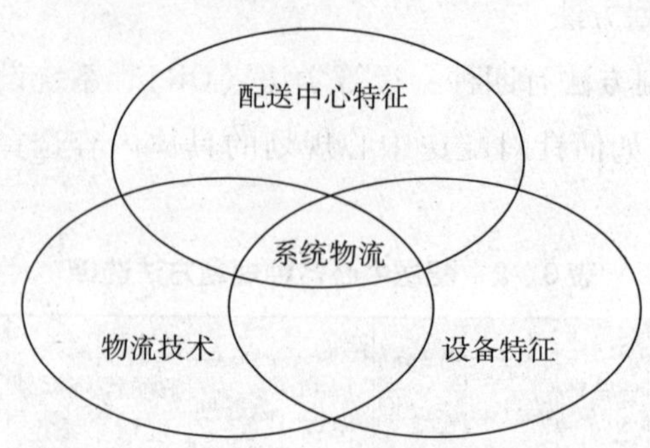

图3－1　配送中心基本规划的构成

（2）开始基本规划。根据前提条件决定配送中心的占地面积、建筑物形式、结构、搬运方式、保管方式和作业流程等基本规划。

首先，从配送中心的特性和内部作业流程开始，在各个搬运方式和保管方式的组合中决定最有效的设施及其相配套的机械设备的选用。比如，配送中心的特性决定了车辆的种类、数量及其作业场地；根据设备的选择、作业流程和设施的配置规划出与此相适应的布局并决定建筑物的形式、规模、结构和占地面积。

其次，在此之前必须调研与此相关的建筑、消防、环保等相关法规，勘探调查周边的建筑条件及周围的治安情况。规划整体方案甚至在各个规划阶段，必须同时准备多个备选方案。从服务水平、作业成本和所需资金三个方面进行综合评价，选出最佳方案。

3. 第三步，进行详细规划

详细规划是在基本规划方案的基础上对各部分做进一步更加详细的论证分析。作为详细规划，应该注意讨论以下事项：

（1）搬运等作业的容器的外形尺寸及形状

（2）保管、搬运等作业的机械设备规格型号

（3）保管、搬运等作业的辅助设备

（4）车辆的特殊规格型号

（5）车辆装、卸的辅助设备

（6）配送中心内部作业场地的详细布局

（7）机械设备的配置及布局

（8）办公及信息处理等设施的规格型号及数量

（9）流通加工机械设备

（10）其他

4. 第四步，制定运营要领

运营要领就是配送中心建成后所制定的运营方案。必须按以下几项进行：

（1）编制作业程序

（2）制定作业的基本要求

（3）制定管理办法及管理规则

（4）确保必要作业力量的措施规划

（5）制定向新的配送系统过渡的方法和措施

（6）制定设备保养与维护措施

（7）其他

关键点提示

1. 科学规划配送中心包括下列步骤：

第一步，选择规划方法

第二步，进行基本规划

第三步，进行详细规划

第四步，运营方案的制定

2. 由于配送中心是集约化和多功能的物流结点，系统极为复杂，各子系统间的协调尤为重要。 所以，在规划设计时，必须切实掌握以下四项原则：

（1）系统工作原则

（2）价值工程原则

（3）尽量实现工艺、设备和管理科学化的原则

（4）发展的原则

3.3 配送中心选址

典型问题及案例

某公司的配送中心选址

中国某物流企业很快完成了配送中心的选址，其中售后服务配送中心面积近4 000平方米，距汽车制造厂仅3公里的路程；生产配送中心面积5 000平方米，距生产基地5公里。由于汽车配件对于配送中心的仓库环境有严格的要求，为确保客户的产品在储存过程中不会发生质量问题，该企业追加投资对原有仓库进行大规模的改造。

根据汽车物流的操作流程将仓库划分为不同的功能区，使用环氧树脂对全部仓库进行了地面硬化防尘处理；并在仓库内建立了多层立体货架和轻型拣料架，大大提高了配送中心的仓库利用率。

解读与阐述

配送中心选址是规划设计中比较重要的一项工作，一般选址的步骤见图3－2中的（1）、（2）、（3）、（4）所示，其中选址的定量分析涉及数学问题求解。

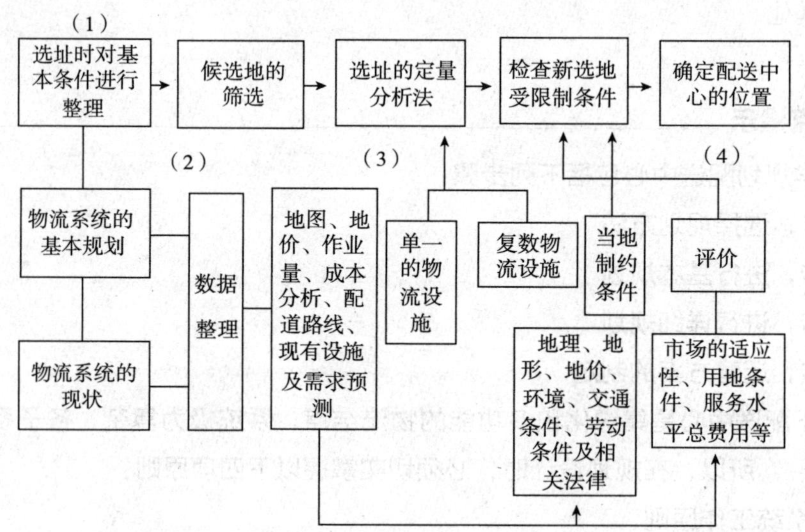

图3－2　配送中心选址方法及程序

1. 考虑配送中心选址的基本条件

配送中心选址时，必须根据已确认的目的和方针，明确以下条件，逐步筛选配送中心的备选地。

（1）必要条件。顾客分布现状及预测、业务量增长率和辐射范围等。

（2）运输条件。要邻近铁路货运站、港口码头、机场、汽车货运站等运输据点，另外，必须能很方便地利用运输公司。

（3）配送服务条件。能够及时通知客户货物到达时间、配送率、订发货周期、配送距离及范围等。

（4）用地条件。配送中心是利用现有的设施和土地，还是新征土地；新建配送中心必须征地时，地价及地价许可范围内用地分布状况。

（5）法规。在指定的用地区域内是否有不准建仓库、不准建配送中心设施等的土地规定。

（6）管理与信息条件。是否要求配送中心靠近总部及营业、管理和计算机等部门。

（7）流通功能。商流、物流功能是否分离，在配送中心内是否有流通加工功能；在这种情况下，能否确保职工上下班方便；是否限定选址范围。

（8）其他。根据业务种类是否需要冷冻、保温设施，防止公害设施或危险品处理设施等。选址区内是否限制这些特殊条件，是否符合这些条件。

总之，配送中心设计者必须仔细考虑上述条件，根据这些条件来决定设施规模和选址。最佳选址是由所希望的条件来决定的，因此，最好将所希望的条件按优先顺序，标记在地图上，反复研讨，在理想的区域内限定候选地。

2. 数据处理

配送中心建在什么地方，选用哪些设备，成本如何，一般通过定性即可计算出来。将运输配送费、物流设施费模型化，利用约束条件及目标函数建立数学公式，求出费用最小值。下面两个数据是必需的：

（1）作业量。配送中心作业量主要有以下几项：①工厂到配送中心的运输量；②配送给顾客的货物数量；③配送中心的库存量；④不同配送路线的作业量。作业量的数据在不同季节、月份等有各种各样的波动，必须研讨选址时采用什么样的水平数量。值得注意的是，除现有数据外，还必须设定设施运营后的预测值。

（2）费用数据。同配送中心选址相关的费用有以下几项：①工厂到配送中心的运费；②将货物配送给顾客的配送费；③设施、用地、相关的人工费和业务费等。

3. 选址的定量分析

配送中心的选址方法目前主要有两种方法：一种是单一配送中心选址法，适合下列情况从一个指定的配送中心到多个客户配送时；另一种是复数配送中心选址法，顾名思义，即用于多个配送中心同时给多个用户配货（现实生活中在大的连锁企业里很常见）。这里介绍第一种方法。

基本思路。假设一个配送中心向多个顾客配货，配送中心位置显然应该建在运输费用最小的地方。见下图，有 n 个顾客，各自坐标为（X_1，Y_1），配送中心的坐标点为（X_0，Y_0）。

从配送中心到顾客的总费用为：

总运输费用为：$H = \sum w_i a_i \{(x_0 - x_i)^2 + (y_0 - y_i)^2\}^{\frac{1}{2}}$

a_i——配送中心到顾客 i 的每单位量、单位距离所需要的运费

w_i——到顾客 i 的运输量

d_i——配送中心到顾客 i 的直线距离

$$d_i = \sqrt{(x_0 - x_i)^2 + (y_0 - y_i)^2}$$

希望求出配送费用最小，即让$\frac{DH}{dx_0}=0$，$\frac{dH}{dy_0}=0$。求出的点（x_0，y_0）就是适当的选址点。

4. 查看所选地点受限制条件，最终确定配送中心位置

虽然通过数学方法计算出了最佳地点，但那只是理论上的点；实际上还要考虑一些现实因素。比如地理因素、地形因素、环境、交通条件、劳动条件及法规等；并且对市场的适应性做最终的评价。

配送中心的选择最优的点永远只是一个相对概念，只要根据上述的步骤从候选点中找出最优的点即可。

关键点提示

配送中心选址步骤包括：

1. 考虑配送中心选址的基本条件
2. 数据处理选址的定量分析
3. 查看所选地点受限制条件，最终确定配送中心位置

3.4 设施关联性分析

典型问题及案例

某物流公司业务相互关系表

表3－3是北京某物流公司关于业务活动相互关系表，并绘制了业务活动路线图（见参考答案图3－3）。

表3－3　业务相互关系

	验收场	分类场	流通加工场	保管场	特殊商品场	发运场	办公室
收货场 验收场 分类场 流通加工场	Aa	D Aa	Ba Ba Ca	Ba Ba Ba Ca	C D C Bab	Ca B Ba Aa	Ab C C Cb
保管场 特殊商品场 发运场 办公室	—	—	—	—	Ca	A C	Cb Bb Ab

注：A、B、C、D表示场所之间的接近程度，A表示非常重要，B表示重要，C表示一般，D表示不重要，a表示对商品流程方便，b表示对票据流程方便。

参考答案：

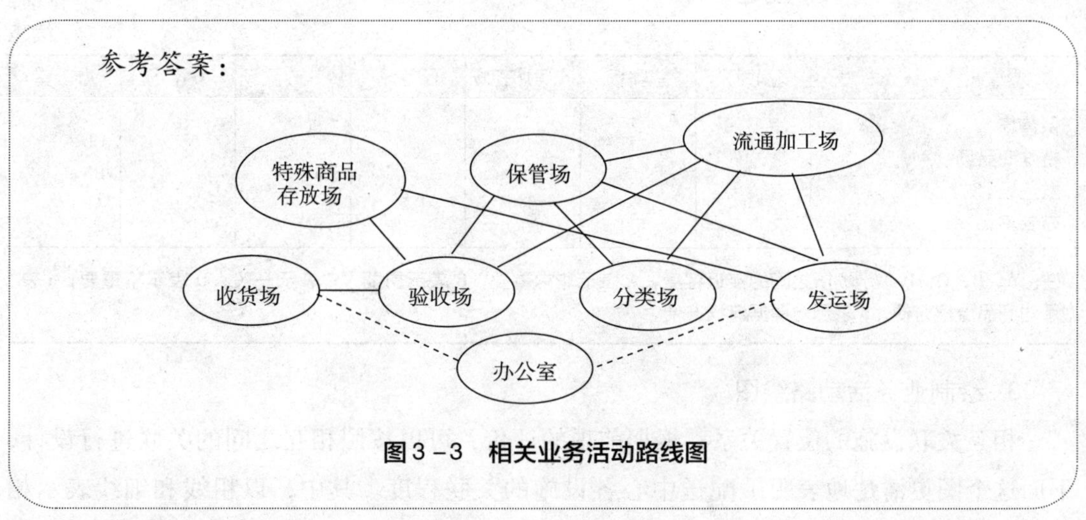

图 3－3　相关业务活动路线图

解读与阐述

进行配送中心设计时，设施的选用、布局及评价项目等总称为关联性分析。对于关联性分析，不仅包括进货场所、检验场所、保管场所、流通加工场所和发货配送场所等配送中心内部设施，还包括办公室、工地形状和道路等辅助设施。它们之间关联性强的设施要靠近布置，这一点非常重要。关联性分析按下列顺序进行：

1. 列举出主要的设施

除正门、办公室、绿化地、杂品仓库和退货处理场所外，还有配送中心的建筑物及具体的各项内部设施，都要列举出来。

2. 列出业务活动相互关系表

上面只是列出了主要的设施，设施列举顺序主要是把性质类似的东西集中到一起，以便进行全部关联性分析和判断，上述活动也称靠近性分析。靠近性分析不仅要研究商品的流通，还要研究票据流通、作业人员的管理范围以及卡车的出入和货物装卸系统等，从不同角度进行合理判断程度。以表 3－4 建筑物内部为例加以说明，表示各项业务活动相关。

表 3－4　各项业务相互关系

	验收场	分类场	流通加工场	保管场	特殊商品场	发运场	办公室
收货场 验收场 分类场 流通加工场	Aa	D Aa	Ba Ba Ca	Ba Ba Ba Ca	C D C Bab	Ca B Ba Aa	Ab C C Cb

续表

	验收场	分类场	流通加工场	保管场	特殊商品场	发运场	办公室
保管场 特殊商品场 发运场 办公室	—	—	—	—	Ca	A C	Cb Bb Ab

注：A、B、C、D 表示场所之间的接近程度，A 表示非常重要，B 表示重要，C 表示一般，D 表示不重要，a 表示对商品流程方便，b 表示对票据流程方便。

3. 绘制业务活动路线图

相互关联设施的位置关系，根据前项的评价，可以按照相互之间的关联进行设计，下面这个图更清楚地表明了配送中心各设施的关联程度。其中，以粗线和细线表示相互关联的强度：以粗线代表关联程度非常重要；以细线代表关联程度重要，然后画出设施设计的基本图形。该图形是根据"商品的流程"来决定各项设施的相互位置。如果要修正图形，则要对相互关联表进行修正，经过反复研究、评价，直到制定出最优设计方案。

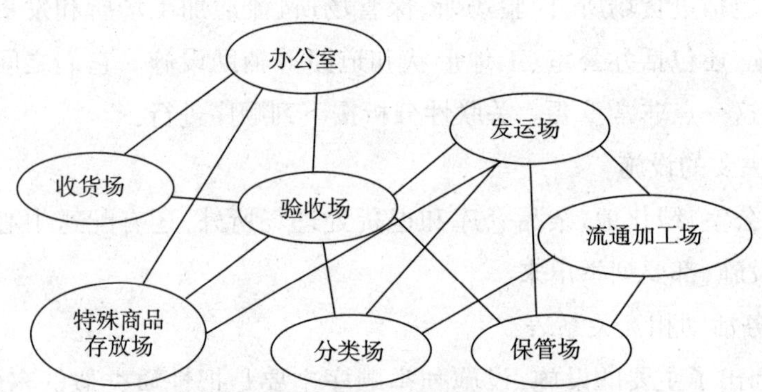

图 3－4　配送中心业务活动相互关系线路

关键点提示

进行关联性分析涉及以下步骤：

1. 列举出主要的设施
2. 列出业务活动相互关系表
3. 绘制业务活动路线图

3.5 整体布局设计

典型问题及案例

某电商配送中心布局设计方案

北京市某电商配送中心整体布局设计方案，如下图，供参考。

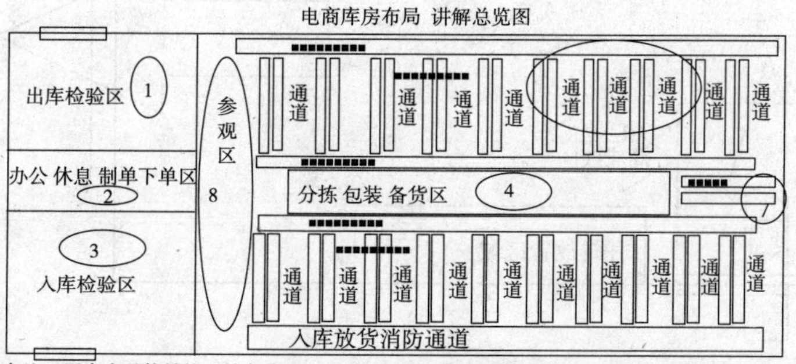

备注：因库房总体结构、储备货物、品种、数量的差异等不确定因素导致本图不可能适应所有的电商库房，如需另行设计请联系作者，对此给您带来的不便请谅解。

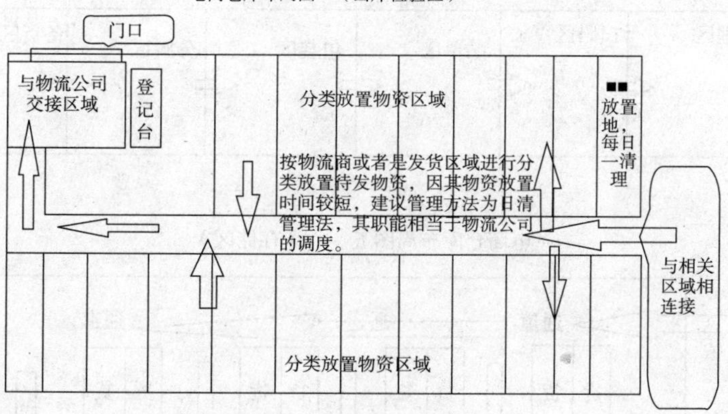

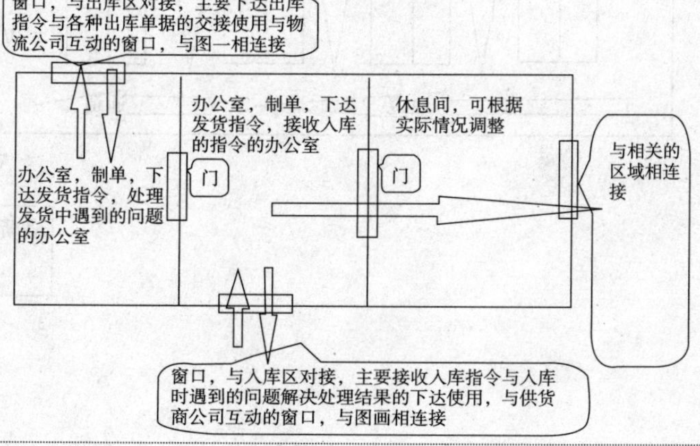

电商仓库布局图三（收货检验区）

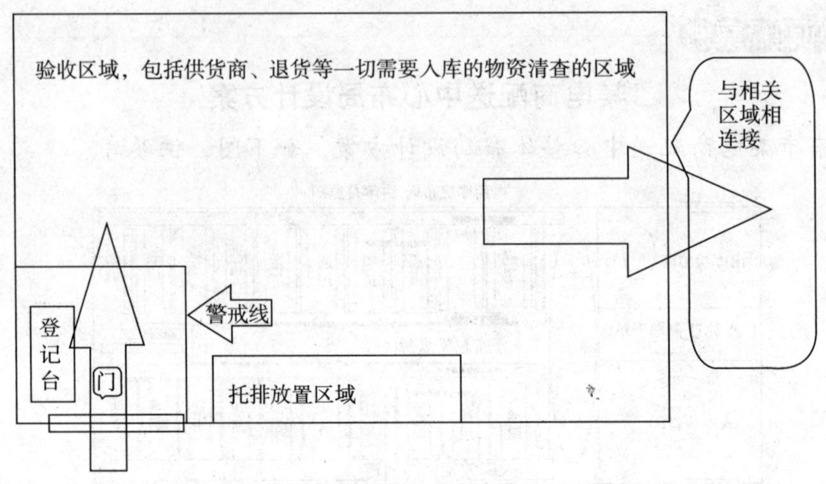

电商仓库布局图四（分拣包装备货区）

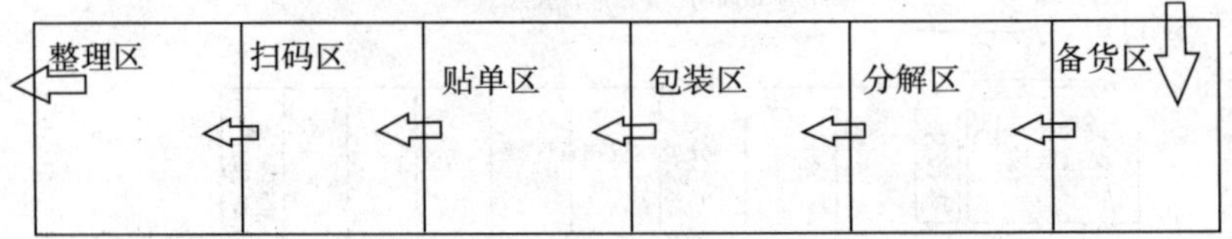

电商仓库布局图五、六（存储区）

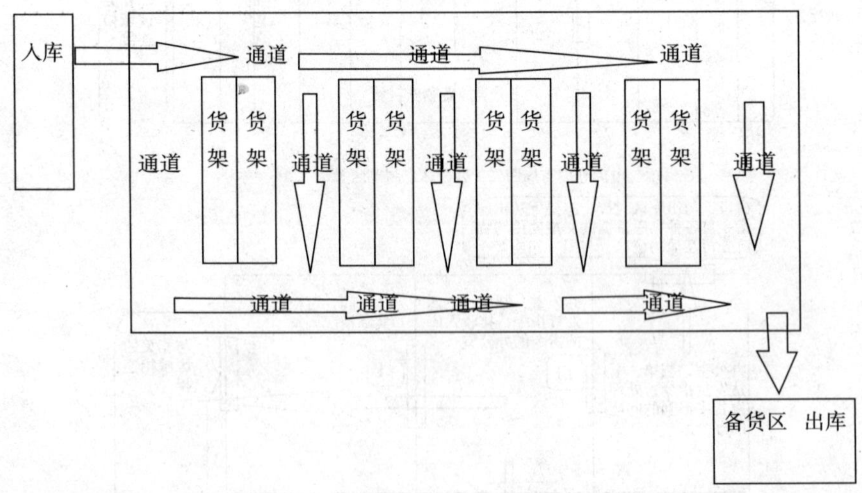

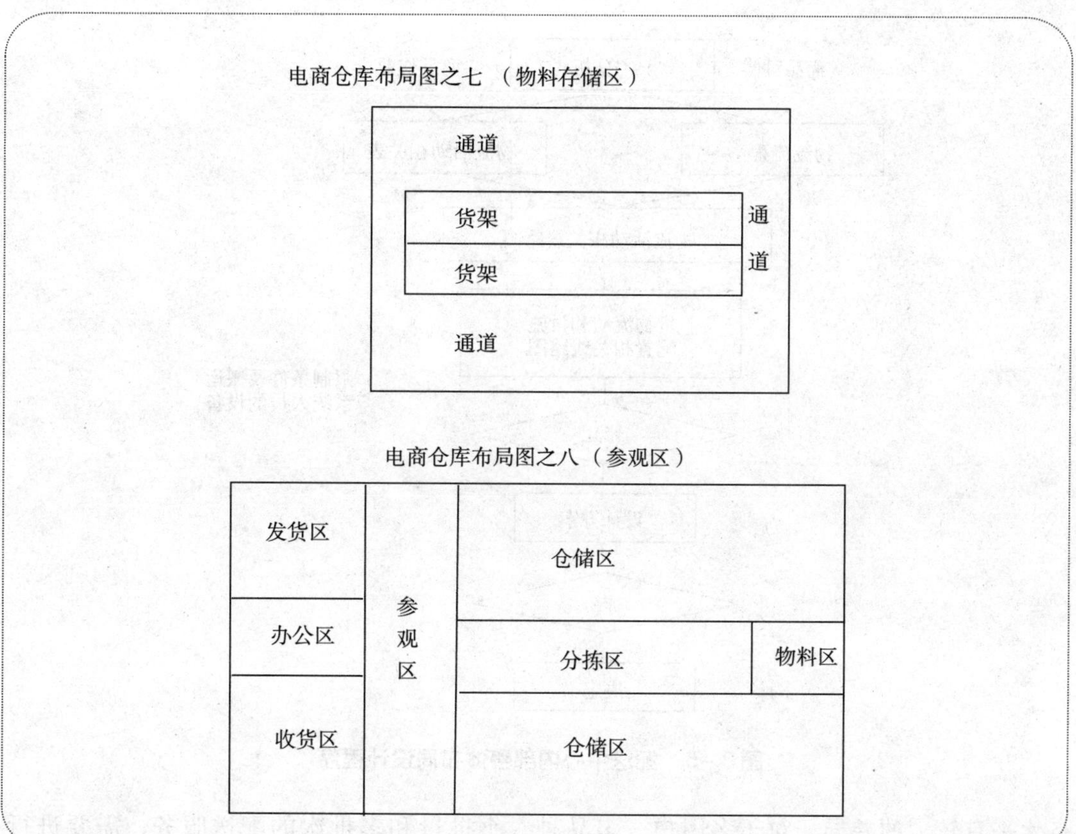

解读与阐述

整体布局设计主要是指估算各作业区域的大小，包括进货区、储存区、拣货区和出货区等，并按照各作业区域的作业关系，来决定各区的摆设位置。由于配送中心内部的设计与经营直接及商品的结构和性质有关，所以要对本企业的商品进行分析。此外，还要确定商品通过配送中心进出的总规模、总容积以及订货处理的平均数量等。以下是配送中心整体布局设计的流程，同时见图 3－5。

1. 配送中心各作业区结构配置

（1）进货区。这个作业区主要完成货物入库前的工作，主要作业内容有：①接货、卸货、检验、分类和入库准备等工作车专用线或卡车卸货站；②卸货站台；③分类主要设施有进货验收区及暂存区。

（2）存储区。该区域为静态区域，主要保管有一定存储时间的货物，占地面积是储存型配送中心的一半以上。

（3）理货、备货区。在这个区域内进行分拣、配货作业，该区域面积根据配送服

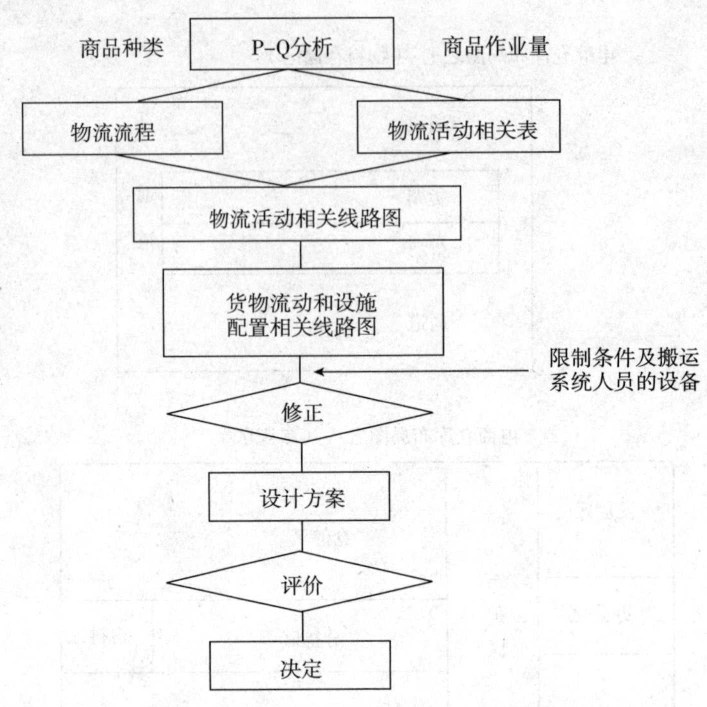

图3－5　配送中心内部整体布局设计程序

务水平有较大的差异，对于多用户、多品种、小批量和多批次的配送服务，需要进行复杂的分货、拣货和配货等工作，所以这部分作业区的面积要占去较大部分。

（4）分放、配装区。这个作业区是根据用户的要求，按订单将货物配齐后暂存待装运。货物堆放形式直接影响车辆配装，因此，最好根据配装方案进行堆放。

（5）发货区。在这个作业区，按订单配齐的货物装车运送，主要设施是站台、停车场等。很多配送中心不单独设置分放、配装区，将该作业区与发货区合在一起，分拣的货物直接堆放在发货区，发货区的面积根据停靠配送车辆的数量及发货量来确定。

（6）流通加工区。流通加工区所占面积根据加工作业的数量及加工类型来确定。

2. 进行货物种类与数量分析

在进行配送中心的布局规划时，要首先将什么种类的产品，有多大的作业量作为首要分析对象，而且是前提条件。分析这些数据时，仅凭平均数值是不够的，必须预测各个时期的多种变动因素，一般按照：①将所处理商品的种类按出入库批次顺序进行整理一下，并根据运营时的作业进行分类；②设定所分类的每种商品的作业量；③对于商品的种类用P－Q曲线图分类（见图3－6）。

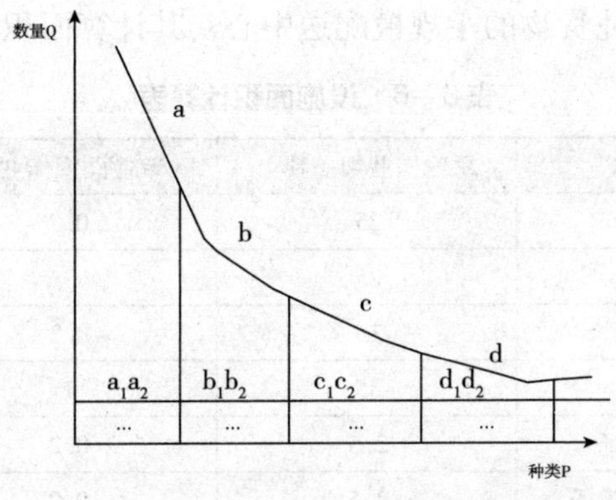

图3－6 P—Q曲线图

3. 配送中心内货物流动路线分析，见表3－5

表3－5 配送中心商品作业基本计划

类别	A	B	C	D
入库	1	1	1	1
验收	2	2	2	2
分类	3	4	3	
流通加工			4	
保管		3		
特殊作业				3
配送	4	5	5	4

注：1、2、3、4、5表示流程顺序

一般新建的配送中心，按以下的流程进行业务活动：接收货物—检验货物—进货分类—暂时保管—按订单分拣—配货—捆包—分类—发货场暂存—发货。另外，货物的种类不同，在配送中心的流程也不同。

4. 进行设施关联性分析

进行配送中心设计时，设施的选用、布局及评价项目等总称为关联性分析。关联性分析不仅包括进货场所、检验场所、保管场所、流通加工场所等配送中心内部设施，还包括办公室、工地形状、道路等辅助设施。

5. 规划配送中心的设施面积

按上述方法计算出设施关联性方案后，再计算这些设施的需要面积。其面积是按作业量计算的，根据经验确定的单位面积作业量为：

保管设施：1吨/平方米

处理货物的其他设施：0.2吨/平方米

假如是每日处理50吨货物的小规模配送中心，其计算面积如表3－6所示：

表3－6　设施面积计算表

序号	设施名称	每日作业量（吨）	单位面积作业量	设施面积（平方米）
1	收货场	25	0.2	125
2	验收场	25		
3	分类场	15	0.2	75
4	保管场	35	1	35
5	流通加工场	2.5	0.2	12.5
6	特殊商品存放场	2.5	0.2	12.5
7	发运场	25	0.2	125
8	办公室			30
				415

注：仓库经常储备定为7天的需要量（5吨/日）

按上述方法计算出各设施的面积，与它们之间的相互位置加以组合，则可以制定出配送中心内部的基本设计方案。

上述步骤只是一种理论上的设计方法。因而还要根据其他实际条件加以详细研究、设计。

关键点提示

按下列步骤进行整体布局设计：

1. 配送中心各作业区结构配置
2. 进行货物种类与数量分析
3. 配送中心内货物流动路线分析
4. 进行设施关联性分析
5. 规划配送中心的设施面积

3.6 配送中心设备选用

典型问题及案例

大阪物流配送中心的改革

大阪物流配送中心专门从事药品配送，主要为日本关西地区几百家药店提供配送服务，拥有面积达2万平方米的仓库。由于医药行业的改革，经销商面临必须小批量、高频次面对大量零售药店进行送货服务的实际情况。传统的物流方式已不能适应新形势要求。因此，大阪物流配送中心及时进行物流改革，采用信息化、自动化的方式来适应这种小批量、高频次、多配送点的物流方式。该中心建立了自动化立体仓库，采用了自动分拣系统和自动检验系统，从进货检验、入库到分拣、出库和装车，全部采用各种标准化物流条码并经电脑终端扫描，由传送带自动进出，人工操作只占其中很小的一部分，较好地适应了高频次、小批量分拣出货的需要，降低了出错率。

特别值得一提的是，大阪物流配送中心为解决部分药品需要在冷冻状态下保存与分拣的问题，采用了全自动循环冷藏货架。由于人不便进入冷冻库作业，因此冷冻库采用了全自动循环货架。取、放货时，操作人员只需在库门外操作电脑即可调出所要的货架到库门口，存、取货作业完毕后再操作电脑，货架即可恢复原位。先进的设备大大提高了配送中心的效率。

解读与阐述

配送中心设备选取也是规划设计中很重要的一步，由于配送中心设备的制造商，各自都有自己的技术战略和价格战略。因此，充分掌握各制造商的技术特长，从各种技术观点综合评价选定最满意、信誉度最高的生产厂商是十分重要的。选择最合适的制造商，就可以得到质量高、成本低的设备。

1. 明确配送中心设备选用的重点

配送中心的建设需要大量的设备，主要设备的选用尤其需要重视，配送中心设备要重点考虑下列因素：①设备的形状、尺寸和重量；②设备的使用方法；③设备的作业能力；④设备的占地面积；⑤价格等。特别重要的是设备的使用方法，如在自动化立体仓库内利用什么类型的托盘进行保管、必须从哪里进来、什么形状、什么时间发货等情况都要考虑在内。另外，也要控制设备成本，在预算内尽可能提高资金利用率。

2. 车辆的选择

2014 年，日本连锁经营协会对物流机械设备进行了调查研究，存在的问题见表 3 – 7。可以看出选设备的具体问题集中在“旋转箱或托盘用的升降装置车设备价格高”（占 65%），“车宽、车高等外形尺寸相适应的车辆价格高”（占 35%），同时，价格对车辆选择的影响是最大的。

表3－7　车辆选择问题具体理由调查　　单位：%

序号	占比	理由
1	20	没有同商品包装外形尺寸相适宜的车宽、车高的车辆
2	10	没有适宜单元包装外形尺寸的车宽、车高的车辆
3	65	旋转箱或托盘用的升降装置车设备价格高
4	35	车宽、车高等外形尺寸相适应的车辆价格高
5	10	其他

关于车辆的选定，60%的企业是根据“车辆制造商所提供的商品说明书同企业所要求的条件规格相近”作为原则来选定，而“合乎其条件和规格作为原则的特殊订货”的企业占35%，见表3－8：

表3－8　使用车辆的选定方法统计　　单位：%

序号	占比	理由
1	60	车辆制造商所提供的商品说明书同企业所要求的条件规格相近
2	35	合乎其条件和规格作为原则的特殊订货
3	5	其他

3. 装卸搬运、分拣和分类等设备的选定

在配送中心，对于货物的处理，如果作业量大、品种多，作业方面要求的高速度化、小批量化、多频率化就会被迫降低。因此，配送中心中装卸搬运合理化越来越成为重要的问题。

装卸搬运机械因为涉及分拣、分类，所以需先分析与货物装车有关的设备。与保管货物搬运作业相关的几乎都是托盘装载，采用叉车装卸的方法。在选择叉车、托盘、集装箱和平板车等装卸搬运设备时应将标准化、单元化、省力化及安全性、弹性等作为原则。

机械分类设备的代表是自动分类输送机，另外，还有轨道无人操作台车、托盘等。在选自动分类机时需要考虑的因素很多，最基本有以下的几点：

（1）物品的外形尺寸。注意最大、最小尺寸，特别是最小尺寸。

（2）品质。由于自动分类输送机存在货物破损的问题，可以采用水平分类的方法，将物品进行分类。

（3）种类。必须引起注意的是，将物品放置在自动分类输送机上，得到的分类批示信息是分类的地点和方向各不相同或相同，这两种情况作业效率并不一样。

（4）分类能力。要考虑自动分拣机的分类能力。

（5）分类方向数。如果配置足够，分类方向数就没有问题。

（6）分类方式。长途货物或短途货物，使其在水平或下落状态进行分类。

总之，应根据分类机械设备的特性、机械设备的分类能力、噪声、空间位置和维修管理五方面来选分类设备。

4. 流通加工设施与设备的选定

流通加工设施是进行产品简单的加工、组装、粘贴价签、粘贴标记符号和小包装作业的设施。现在，为了提高作业效率，已经使用自动粘贴价签机、自动粘贴各种符号机、自动简易包装机和自动封口机等。

总之，配送中心产品范围广泛，如果仅仅是多品种、小批量，自动化就很困难。机械设备的选定和组合大都根据机械设备的特征和机械设备的能力而定，很少存在根据配送中心特性决定使用何种机械设备的情况。低附加值的商品设备费用高，自动化难度大，在这种情况下，应该考虑人机协同作业。

关键点提示

配送中心的设备选用包括以下步骤：

1. 明确配送中心设备选用的重点
2. 车辆的选择
3. 装卸搬运、分拣和分类等设备的选定
4. 流通加工设施与设备的选定

3.7 设计方案评估

典型问题及案例

评估方案分级评分样表

如果要从多个方案中选择最佳方案，下面的表格会很有用，根据自己规划设计的几个项目分别打分，然后通过计算选出最佳方案。

表 3-9 配送中心设计方案分级评分表

序号	评价项目	权数	设计方案			
			A	B	C	D
1	经济性		/	/	/	/
2	作业能力		/	/	/	/
3	社会效益		/	/	/	/
4	发展能力		/	/	/	/

续表

序号	评价项目	权数	设计方案			
			A	B	C	D
5	技术先进性		/	/	/	/
6	劳力资源		/	/	/	/
7	交通运输		/	/	/	/
8	土地与气候		/	/	/	/
9	建筑结构		/	/	/	/
总分						

解读与阐述

配送中心规划设计的最后一个阶段是方案评估阶段，这个阶段的主要工作是进行方案的评估和选择。应该根据原规划的基本原则以及原规划的基本要求，如预算、预计完成的时限和效益等来评估，从而选出最佳方案。同时，在通常情况下还应有规划的备选方案。

方案比较法是选择最佳方案最常用的方法。它一般在一定的范围内选择 3 ~ 4 个比较理想的设计方案进行详细调查、论证和比较分析，列出不同方案的技术参数、建设费用和经营费用等进行优选，选出技术条件好且费用最省的方案。一般按以下步骤进行：

1. 建立方案

根据每一个方案地理位置的约束条件，如面积、交通情况、允许建筑高度和周围建筑类型等来确定在该地区建立配送中心的方案，主要项目为：

（1）配送中心日吞吐量，必须是将道路交叉口日允许通过最低数量，减去其他单位分配到的通过量，才为分配到该配送中心的通过量。

（2）配送中心进出车辆最大的载重吨数，受道路及所经由的桥梁等条件的限载制约，还要受到噪声等级的限制。车辆载重吨位决定配送中心进、发货设施的设计及造型，也决定运输及配送车辆的选择。

（3）配送中心的占地面积，只有先决定占地面积，才能决定配送中心的平面配置，进而规划配送中心的作业能力。

（4）配送中心的建筑高度，根据所在地的规划许可建筑高度来设计。

（5）配送中心的结构形式，根据配送中心的功能及环境条件规划建筑物结构的类型来决定。

（6）配送中心的技术装备及工艺流程，根据任务、技术现状以及上述许可条件来确定。

2. 计算各方案的经济效益

为了使各方案在经济效益方面具有可比性，需要对各方案的经济性进行量化，量化指标有以下几项：投资回收期、投资回报率、投资总额、单位固定资产生产能力利润率、成本、配送中心寿命期、配送中心至各用户的运费及吨公里总和等。

3. 确定主要比较项目

对各个方案进行全面的比较，首先需要选定项目比较的几个基准。例如，某配送中心对设计方案进行比较时，选定了以下几个比较项目基准：

（1）综合经济性。即综合各方案经济性量化指标中列举的各项经济指标或者选择其中比较重要的一项指标作为代表，如投资回报率。

（2）配送中心的作业能力。

（3）社会效益评价。

（4）配送中心发展能力。

（5）技术先进性、建设难易程度。

（6）劳动力资源状况和费用。

（7）交通运输便利性。

（8）土地与气候。

（9）建筑结构设计等。

4. 对确定的项目进行分级评分

分级评分主要决定各比较项目的重要程度，在所选定的比较项目中，每一项对整体的重要性都是有区别的，因此，可以采用打分的方式来确定每一项的重要程度。打分时可以采用投票打分或者强制性对比打分两种方法。譬如可以对步骤 3 中所列的项目进行强制性对比打分，结果为：（1）5，（2）4，（3）2，（4）1，（5）3，（6）0，（7）3，（8）1，（9）0。

5. 比较各方案对评价项目的满足程度

对配送中心各设计方案就步骤中所述项目进行比较时，可以采用投票或打分法，每一个方案都按步骤 3 的评价项目进行比较，并确定各方案满足程度的分值。将分值填入下表中小方格对角线的左上方。

6. 综合评价结果

将评价每个项目重要程度的权数乘以评价满足程度的分值，所得积填入下表小方格的右下方，再将乘积相加，得出总分数，理论上来说，总分数最高的为最优方案。

表 3－10　配送中心设计方案分级评分法

序号	评价项目	权数	设计方案			
			A	B	C	D
1	经济性	5	3/15	1/5	2 /10	4/20
2	作业能力	4	1/4	3/12	4/16	2/8
3	社会效益	2	2/4	1/2	4/8	3/6
4	发展能力	1	3/3	4/4	1/1	2/2
5	技术先进性	3	2/6	3/9	1/3	4/12
6	劳力资源	0	3/0	2/0	4/0	1/0
7	交通运输	3	1/3	3/9	2/6	3/9
8	土地与气候	1	2/2	3/3	4/4	2/2
9	建筑结构	0	4/0	2/0	2/0	4/0
总分						

关键点提示

选择最佳规划设计方案的步骤如下：

1. 建立方案
2. 计算各方案的经济效益
3. 确定主要比较项目
4. 对确定的项目进行分级评分
5. 比较各方案对评价项目的满足程度
6. 综合评价结果

3.8 进货作业管理

典型问题及案例

7－11 店的配送作业管理

多年前发源于美国的商店 7－11，是全球最大的便利连锁店，现在在全球 20 多个国家拥有 2.1 万家左右的连锁店：中国台湾地区有 2 690 家，美国 5 756 家，泰国 1 521 家，日本是最多的，有 8 478 家。由于连锁店越来越多，7－11 店的物流配送越来越复杂，配送时间和配送种类的细分势在必行。

以台湾地区的 7－11 店为例，全省的物流配送就细分为出版物、常温食品、低温食品和鲜活食品四个类别，各区域的配送中心需要根据不同商品的特征和需求量每天做出不同频次的配送，以确保食品的新鲜度，借此来吸引更多的顾客。新鲜、即时、便利和不缺货是7－11店配送管理的最大特点，也是各家7－11店铺的最大卖点。

解读与阐述

进货作业是整个配送中心作业的开始，进货作业的效率和质量直接影响整个配送作业流程。进货作业是指货品实物的接收，即从货车将货物卸下，并核对货品的数量及状态（数量检查、外观检查、开箱检查和技术检验等）以及记录相关信息等。一般进货的主要作业流程和内容如图3－7所示。下面分步骤来介绍各环节的主要工作：

图3－7 一般进货主要作业流程图

1. 合理安排进货流程

为了让作业人员能更高效地卸货，使配送中心迅速准确地完成收货，在安排进货流程时应该注意以下原则：

（1）尽量利用配送车司机来卸货，以减轻公司作业人员负担及避免卸货作业的拖延。

（2）尽可能将多种活动集中在一个工作站点，以节省不必要的空间。

（3）尽可能平衡停泊码头的配车，如依进出货物状况制定配车排程，或将部分耗时的进货转移至低峰时间。

（4）将码头月台至货物存储区的运动轨迹尽量保持直线移动。

（5）依据货物相关性安排货物移动，达到货物装卸时距离移动到最小。

（6）高峰时间安排足够的人力使货品能够保持正常速率的移动。

（7）考虑使用可流通的容器，以省去更换容器的动作时间。

（8）为方便后续存取、满足查询要求，应详细记录进货资料。

（9）为少量进货计划准备小车。

（10）在进出货期间尽可能省略不必要的货品搬运及储存。

2. 卸货作业

一般卸货作业要采用下列四种设施：

（1）可移动式楔块：又叫竖板，当装卸货品时，可放置于卡车或拖车的车轮旁作固定之用，以避免装卸货期间车轮意外滚动而带来的危险。

（2）升降平台：最安全也最有弹性的卸货辅助器械，应属于升降平台，而升降平台分为卡车升降平台及码头升降平台两种。

（3）车尾附升降台：装置于配送车尾部的特殊平台。当装卸货时，可运用此平台将货物装上卡车或卸至月台。

（4）吊钩：当拖车倒退入码头，碰到码头缓冲块时，码头设施即开动吊钩，使其钩住拖车，以免装卸货时轮子打滑。

3. 货物编码

由于进货作业是物流中心作业的第一阶段，为了让后续作业能够迅速正确地进行，并使货品品质及作业水准继续保持，在进货阶段就应对货品做好清楚有效的货物编号工作。编号就是将货品按不同类别进行有次序的编排，用简明的文字、符号或数字标明货品的名称、类别及其他有关信息。

4. 货物分类

将多种不同货物按其性质或其他条件划分，归纳为不同类别，并进行系统排列，可以大大提高后续作业效率。

（1）货物分类有下列原则：①按统一标准或统一原则来分类；②根据企业本身的需要来选择适用的分类形式；③分类必须有层次地展开，逐次细分，才能层次分明；④分类应明确而互相排斥，不能相互交叉；⑤分类必须具有完全性和普遍性；⑥分类应有不变性，即货品一经确定类别后，便不可任意变更；⑦分类应有扩展性，以便随时可增列新货品或新产品；⑧分类必须贴切实用。

（2）货物分类有下列方式：①为适应货物储存保管需要，按照货物特性来分类；②按照货品使用目的、方法及程序分类，譬如把需要流通、加工者归为一类，直接原料归为一类，间接原料归为一类，等等；③按照交易行业分类；④按照会计科目分类，方便账务处理；⑤按照货品状态分类，如货物的内容、形状、尺寸、颜色和重量等；⑥按照信息方面分类，如货品送往的目的地类别、顾客类别等。

5. 货物验收检查

根据下列几项标准进行检验：①采购合约或订购单所规定的条件；②以比价或议价时的合格样品为依据；③采购合约中的规格或者图解；④产品的国家质量标准。具体验收处理程序见表 3－11。

6. 进行货物入库信息处理

到达配送中心的商品，经过验收后，必须填写验收单，并将有关入库信息及时准确地录入库存商品信息系统，完成进货的全部作业。

表 3－11 货品验收处理程序表

进货验收的情况		a. 货品数量正确吗	b. 品质检验合格吗	c. 能够维修吗	d. 供应商愿意付维修费吗	e. 物流中心急需这批货吗	决策的类别	f. 退回这批货品	g. 使用这些货品但寻求新供应商	h. 维修缺点并使用之	i. 从别处寻求紧急供应商
问题形态	1	○	○	○	○	○				√	
	2	○	○	○	○	●				√	√
	3	○	○	●		○		√			
	4	○	○	●		●		√			
	5	○	○	○		○				√	
	6	○	○	○		●		√			
	7	○	●			○		√			
	8	○	●			●		√			
	9	●	○	○		○				√	
	10	●	○	○		●		√			
	11	●	○	●		○			√		
	12	●	○	●		○		√			
	13	●	●			○			√		
	14	●	●			●		√			

配送中心作业流程如图 3－8 所示：

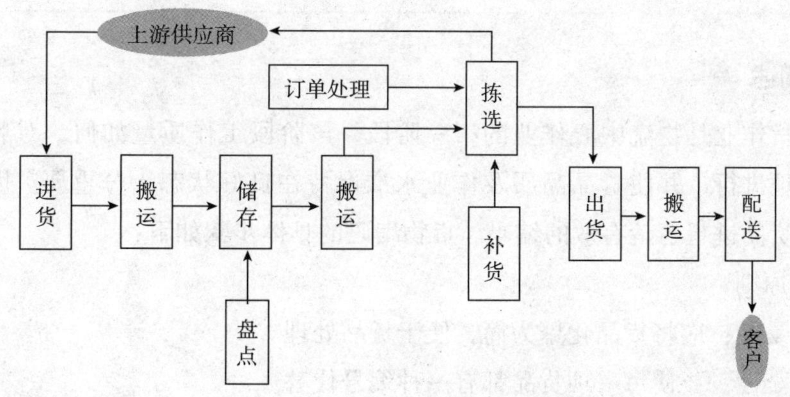

图 3－8 配送中心作业流程

关键点提示

进货作业管理的具体程序如下：

1. 合理安排进货流程

2. 卸货作业

3. 货物编码
4. 货物分类
5. 货物验收检查
6. 货物入库信息处理

3.9 货物编码

典型问题及案例

美国 SUPER RITE FOODS 公司的货物标签

在美国“SUPER RITE FOODS”公司中，进货商品依电脑指示发出托盘标签及箱子标签，如下所示：

（1）托盘标签内容包括：①Pallet ID 托盘识别码为 81253505A，含义如下：8—1488 年；125—从 1 月 1 日的累积日数；3505—当日的进货托盘的系列号码；A—保管的指定区域。②托盘每一层的堆积个数与层数、总个数。③储存的位置（包括拣取的位置及保留的位置）。④制造商的号码。

（2）箱子标签包括：①拣取位置。②商品码。③商品名。④店码。⑤送货日。⑥价格。⑦分类用的条码（采用订单拣取者不必印刷此项）。

解读与阐述

由于进货作业是物流中心作业的第一阶段，该阶段工作质量如何，对后续作业能否迅速顺畅地进行，并使货品品质及作业水准保持在良好状态十分重要。因而，在进货阶段就对货品进行清楚有效的编码。货物编码的具体步骤如下：

1. 编码原则：

（1）简易性：应将货品化繁为简，便于货品处理。

（2）完全性：要使每一项货品都有一种编号代替。

（3）单一性：每一个编号只能代表一项货品。

（4）一贯性：要统一而且有连贯性。

（5）充足性：采用的文字、符号或数字必须有足够的数量。

（6）扩充弹性：为未来货品的扩展及产品规格的增加预留余地。

（7）组织性：主要使编码易于组织和管理。

（8）易记性：应选择易于记忆的文字、符号或数字，或有一定的暗示性或联想性。

（9）分类展开性：若货品过于复杂使编号庞大，则应使用渐进分类的方式来做层级式的编号。

（10）应用机械性：编号应满足电脑等机械的需要。

2. 货物编码的方法

（1）顺序码：这种编号法是最简单的编号方法，又称流水编号法，即将阿拉伯数字或英文字母按顺序往下编码，常用于账号和发票编号等。在少品种、多批量配送中心也可以使用顺序码对货物进行编码，但为了使用方便，常与编码索引配合使用。见表3－12：

表3－12

编号	货物名称
1	白酒
2	葡萄酒
3	果汁
…	…
n	奶制品

（2）数字分段码：与顺序码法不同，数字分段法是把数字分段，让每一段数字代表具有共同特性的一类货品。见表3－13：

表3－13

编号	货物名称	备注
1	4 块装肥皂	1～5 预留给肥皂标号用
2	6 块装肥皂	
3	12 块装肥皂	
4	……	
5	……	
6	黑妹牙膏	6～10 预留给牙膏标号用
7	中华牙膏	
8	……	
9	……	
10	……	

（3）分组编码：这种编号法依货品的特性分成多个数字组，每一个数字组代表此项货品的一种特性，如第一数字组代表货品的类别，第二数字组代表货品的形状，第三数字组代表货品的供应商，第四数字组代表货品的尺寸，至于每一个数字组的位数需要多少，则视实际需要而定。

这种方法现今使用尤为普遍。例如编号：07（类别）－5（形状）－006（供应商）－110（尺寸）。其编码意义如表3－14所示：

表3－14

货品	类别	形状	供应商	大小	意义
编号	07				饮料
		5			圆筒
			006		统一
				110	4×9×15

（4）实际意义编码：依货品的名称、重量、尺寸乃至分区、储位、保存期限或其他特性的实际情况来编号。此方法的特点在于由编号即能很快了解货品的内容及相关信息。例如F04915B1，意义见表3－15：

表3－15

编号	意义
F0	表示Food，食品类
4915	尺寸大小，表示4×9×15
B	货物储放在B区
1	第一排货架

（5）后位数编码：运用编号末尾的数字，来对同类货品做进一步细分，也就是从数字的层级关系来看出货品的归属类别。见表3－16：

表3－16

编号	意义
260	服饰
270	女装
271	上衣
271.1	衬衫
271.11	白色

（6）暗示编码：用数字与文字的组合来编号，编号本身虽不直接表明货品的实际情况（与实际意义编号法不同），但却能暗示货品的内容，这种方法的优点是容易记忆，又不易让外人费解。见表3－17：

表3－17

货品名称	尺寸	颜色与型式	供应商
BY	005	WB	10
BY	自行车		

续表

编号	意义
005	大小型号
W	白色
B	儿童型
10	供应商代号

总结货品编号大致有下列两种形式：

1. 延展式：此形式并不限制货品分类的级数或字符的多少，可视实际需要不断延伸，较具弹性。但从排列上难以看出整体规律，这是美中不足的地方。

2. 非延展式：此形式之编号对于货品分类的级数及采用的字符数均有一定的限制，不能任意伸展，因而虽能维持整齐划一的形式，但缺乏弹性，难以适应实际增减的需要。

关键点提示

货物编码的方法有：

1. 顺序码
2. 数字分段码
3. 分组编码
4. 实际意义编码
5. 后位数编码
6. 暗示编码

3.10 存储作业管理

典型问题及案例

存储作业管理的储存方式

按储存量分类，储存方式可以分为以下几类：

1. 大批储存：一般指3个托盘以上的存量。大批储存皆以托盘运作，多采用地板积存或自动仓库储存的方式。

2. 小批储存：小批储存一般指小于一个托盘的储存，一般以箱为出货拣取单位。在储存区的小批量物品一般被存放于托盘货架、棚架和贮物柜等。

3. 中批储存：中批储存一般指1~3个托盘之量，可以用托盘或箱为出货拣取单位，多采用托盘货架或地板堆积的方式。

4. 零星储存：零星区或拣取区皆是使用贮物柜或棚架储存小于整包的货品的地方。

解读与阐述

储存作业主要任务在于把将来要使用或者要出货的物料做保存，且经常要做库存品的控制，不仅要善于利用空间，而且要注意存货的管理。尤其是配送中心的储存与传统仓库的储存因营运形态不同而有很大差异，更应注意空间运用的弹性及存量的有效控制。下面讨论存储作业管理的策略与方法问题：

1. 存储策略的选取

存储策略主要是指制定储位的指派原则，良好的储存策略可以减少出入库移动的距离，缩短作业时间，甚至能够达到充分利用储存空间的效果。一般常见的存储策略如下：

（1）定位储放。每一项储存货品都有固定储位，货品不能互用储位，因此，必须规划每一项货品的储位容量不得小于其可能的最大库存量。

此策略常用于以下两种情况：①厂房空间大；②种类多、数量少商品的储放。

（2）随机储放。每一个货品被指派、储存的位置都是经由随机的过程所产生的，而且可经常改变。

随机储放较适用于下列两种情况：①厂房空间有限，尽量利用储存空间；②存储种类少或体积较大的货品。见表 3－18：

表 3－18　随机储放记录表

储位号码	储位空间			货品名称	货品代号
存取日期	采购单号码	进货量	订单号码	捡取量	库存量

（3）分类储放。所有的储存货品按照一定特性加以分类，每一类货品都有固定存放的位置，而同属一类的不同货品又按一定的法则来指派储位。分类储放通常按产品相关性、流动性、产品尺寸、重量和产品特性等来分类。

分类储放较适用于以下情况：①产品相关性大且经常被同时订购；②周转率差别大的产品；③产品尺寸相差较大者。

（4）分类随机储放。每一类货品有固定存放的储区，但在各个的储区内，每个储位的指派又是随机的。

分类随机储放兼具分类储放和随机储放的特点，所需储存空间大小介于两者之间。

（5）共同存储：即各种方法的综合应用。

2. 指派储位的原则

储存策略是储区规划的大原则，因而还必须配合具体的储位指派法才能决定储存作业实际运作的模式。

（1）与随机储存策略、共用储存策略相配合的指派原则：靠近出口法则将刚到达的商品指派到离出入口最近的空储位上。

（2）与定位储存策略、分类（随机）储存策略相配合的指派原则：①以周转率为基础原则。按照商品在配送中心的周转率以存货量来排定储位。依周转率由高到低排出序列（销售量除再将此序列分为若干段，通常分为三段至五段。同属于一段中的货品列为同一级，依照定位或分类储存法的原则，指定储存区域给每一级的货品。周转率越高应离出入口越近）。②产品相关性原则：商品相关性大的经常被同时订购，所以应尽可能地存放在相邻位置。③产品同一性原则：即把同一性质的物品储放于同一保管位置的原则。④产品类似性原则：是指将类似品比邻保管的原则。⑤产品互补性原则：互补性高的物品也应存放于邻近位置，以便缺料时可迅速以另一物品替代。⑥产品相容性原则：相容性低的产品绝不可放置在一起，以免损害产品品质，如烟、香皂、茶不可放在一起。⑦先入先出的原则：指先保管的物品先出库。此原则一般适用于寿命周期短的商品，如感光纸、食品等。⑧叠高的原则：即像堆积木般将物品叠高。以配送中心整体有效保管的观点来看，力求保管效率最大化。⑨面对通道的原则：即物品面对通道来保管，将可识别的标号、名称让作业员能很容易地辨识，这也是使配送中心能够流畅进行作业的基本原则。⑩产品尺寸原则：在仓库布置时，要同时考虑物品单位大小及由于相同的一群物品所造成的整批形状，以便能提供适当的空间满足某一特定需要。⑪重量特性原则：即按照物品重量的不同来决定储放物品位置的高低。⑫产品特性原则：物品的特性不仅涉及物品本身的危险及易腐性，同时也可能会影响其他的物品，因此，在对配送中心储位进行设计时必须予以考虑。

3. 设计储位系统标记

清楚地设计好储区后，就要进行储位系统标记设计，指出物流中心的每一个点，让作业员能很肯定地指出什么东西被放在什么地方，使每品项皆有一个“地址”，以便于需要时能够马上找到它。简单地说，就是设计储位的标签，比如标签号码“103－15－723”的意义如下：

“10－BLOG”指储存区域，由“1”开始标号；

“3－FLOOR”指厂房楼层级；

“15－STACK”指较长列，又称“Gross Row”，一般设定标号不超过“50%”；

“72－Row”指较短列，即以货架区分，一般由“51”开始标号，因为01－50位数保留给较长列（柱）编号；

“3－LEVEL”指每一货架由下向上数的层数。

4. 考核储存管理的效率

可以通过下面指标来考核配送中心的存储管理效率：

（1）储区面积率＝储区面积/物流中心建筑面积

指标用途：衡量厂房空间的利用率是否恰当。

（2）可供保管面积率＝可供保管面积/储区面积

指标用途：判断储位内通道规划是否合理。

（3）储位容积使用率＝存货总体积/储位总体积单位面积保管量＝平均库存量/可供保管面积

指标用途：用以判断储位规划及使用的货架是否适当，从而有效地利用储位空间。

（4）平均每品项所占储位数＝货架储位数/总品项数

指标用途：由每一个储位保管品项数的多少来判断储位管理策略是否应用得当。

（5）库存周转率＝出货量/平均库存量＝营业额/平均库存金额

指标用途：库存周转率可用来检验公司营运绩效以及作为衡量当前货品存量是否适当的指标。

（6）库存掌握程度＝实际库存量/标准库存量

指标用途：作为设定产品库存的比率依据，以供存货管理参考。

（7）库存管理费率＝库存管理费用/平均库存量

指标用途：衡量公司每单位存货的库存管理费用。

（8）呆废料率＝呆废料件数/平均库存量或＝呆废料金额/平均库存金额

指标用途：用来测定物料耗损影响资金积压的状况。

关键点提示

进行储存作业管理须掌握以下内容：

1. 存储策略的选取
2. 指派储位的原则
3. 设计储位系统标记
4. 考核储存管理的效率

3.11 存货重点管理

典型问题及案例

某公司存货管理策略

下表3－19和表3－20是某公司根据顾客类型和产品类别划分的优先顺序矩阵和相应的服务标准。

表3－19　某公司对顾客类型和产品类别的划分

顾客类型/产品类别	A	B	C	D
Ⅰ	1	3	5	9
Ⅱ	2	4	8	16
Ⅲ	6	7	17	18
Ⅳ	10	11	19	21
Ⅴ	14	15	20	22

注：1表示最优先分配，2表示次优，其余依此类推。

表3－20　某公司对顾客之服务标准

顾客产品分配优先顺序	订单传递时间	订单处理时间	货运时间	交运周期	送货可靠性
1～5	3小时	6小时	12小时	24小时	接单至交货在24小时内完成，前后误差不超过6小时
6～10	6小时	12小时	24小时	42小时	接单至交货在42小时内完成，前后误差不超过12小时
11～15	12小时	24小时	48小时	84小时	接单至交货在84小时内完成，前后误差不超过24小时

解读与阐述

存货具有调节生产与销售的作用，不适当的存货管理往往会造成有形或无形的损失。许多企业常常惟恐无法满足客户需求而保留大量存货，结果产生许多不必要的成本浪费，甚至导致经营不善。因此对存货进行重点管理已日益引起企业的重视。

1. 对顾客进行ABC分析

我们最常听到的是“产品ABC分析法”。事实上，顾客类别ABC分析也有一定的道理。提高顾客服务水准是存货管理决策中较为重要的考虑因素，但当顾客众多，而公司为了有效运用有限的人力、物力却无法顾及每一位客户时，则可以进行重点管理。

也就是将顾客按其重要程度，分为A、B、C三类，分别采用不同的管理方法。如对于A类大客户予以特别留意。

我们一般按订单资料对顾客进行ABC分析，在对顾客分类时通常要考虑以下三个指标：①顾客的购买量占公司销售量的百分比；②顾客对公司收益的贡献度；③顾客与公司的其他关系。

管理策略：按照顾客的重要程度建立订单受理程序，一般而言，对A类客户应重点投入人力、物力进行优先处理，而对C类客户则可按步就班。此外，在设置配送中心时，还可参考此种分析，如将配送中心设于重要客户附近，以减少转运成本及对重要客户延迟交货的次数，从而提高服务水平。

2. 对产品类别进行ABC分析

"20－80"法则或ABC分析法是存货重点管理中常用的方法。

ABC分析法是将所有存货项目分为A、B、C三类：

(1) A类：存货品项少，但销售金额相当大，即所谓重要的少数。

(2) C类：存货品项相当多，但销售金额却很少，即所谓不重要的大多数。

(3) B类：介于A类与C类之间，存货品项与销售金额大致占有相同的比率。

ABC分析法提供了一套很有效的管理工具，将所有存货品项归为A、B、C三类之后，可以求出A、B、C三类存货品项数与金额的相互关系，然后再对A、B、C三类存货做不同程度的管理。典型的ABC分析法中A、B、C三类存货间的关系如表3－21所示：

表3－21　ABC类存货间的关系　　　单位：%

	占存货量的比重	占销售额的比重
A类货物	20	70
B类货物	30	20
C类货物	50	10

3. 存货的管理策略

(1) A类货物的管理策略：

a. 对每件产品皆做编号。

b. 尽可能慎重而准确地预测需求量。

c. 少量采购，尽可能在不影响需求的情况下减少存量。

d. 与需求方进行信息共享，有效掌握其销售情况，使出库量平均化，以降低需求变动，减少安全存量。

e. 与供应商协调，尽可能缩短前置时间。

f. 采用定期订货的方式，对存货做定期检查。

g. 严格执行盘点，每天或每周盘点一次，以提高库存精确度。

h. 对交货期限须加强控制，在制品及发货也须从严控制。

i. 货品放置在易于出入库的位置。

j. 实施货品包装外形标准化。

k. 采购需经高层主管核准。

（2）B 类货物的管理策略：

a. 采用定量订货方式，但对前置时间较长或需求量有季节性变动趋势的货品宜采用定期订货方式。

b. 每两、三周盘点一次。

c. 中量采购。

d. 采购时只需经中层主管核准。

（3）C 类货品的管理策略：

a. 采用复仓制或定量订货方式以求节省手续。

b. 大批量采购，以便在价格上获得优惠。

c. 简化库存管理手段，减少此类货物的管理人员，并尽量简化料账、出库单及订购单等单据，以最简单、最经济的方式管理。

d. 安全存量须较大，以免发生存货短缺现象。

e. 可交由现场保管使用。

f. 每月盘点一次即可。

g. 采购仅需基层主管核准。

（4）从配送速度来看：

A 类产品：常被列为快速流动，要有较多的存货，因此，要放置于所有的物流中心或零售店。

B 类产品：常被列为正常流动，应存放于区域性仓库或配销仓库。

C 类产品：可以缓慢流动，常存放于中央仓库或工厂仓库。

关键点提示

对存货进行重点管理的内容包括：

1. 对顾客进行 ABC 分析
2. 对产品类别进行 ABC 分析
3. 存货的管理策略

3.12 盘点作业管理

典型问题及案例

期末盘点与循环盘点的比较

国内许多公司现都已利用电脑来处理账面库存问题，然而由于有些公司作业繁杂，因而，每当实际盘点库存与电脑账面库存差异较大时，往往很难断定究竟是软件原先设计与实际作业原则不符，还是由于人员作业疏漏造成。针对此类情况，我们建议可选择一段时间采取"电脑与作业平行处理测试"，也就是说，在每星期或每月选定几项货品进行盘点，当盘点发生差异（不论盘盈或盘亏）时，即回头核对单据及电脑记录找出差异产生的原因。若是电脑问题则邀请有关的软件公司协助解决；若是人为疏忽，则要区分责任归属。

下表3－22是某公司针对不同情况的库存盘点情况的比较分析。

表3－22　期末盘点和循环盘点差异比较

盘点方式比较内容	期末盘点	循环盘点
时间	期末、每年仅数次	平常、每晚或每周一次
所需时间	长	短
所需人员	全体动员（或临时雇用）	专门人员
盘差情况	多且发现的晚	少且发现的早
对营运的影响	需停止作业多天	无
对品项的管理	平等	A类仔细管理；C类稍微管理
盘差原因追究	不易	容易

解读与阐述

货品因不断的进出库，在长期的累积下，库存资料容易出现与实际数量不符的情况。此外，有些产品因存放过久或存放不恰当，致使品质性能受影响，难以满足客户的需求。为了有效控制库存货品数量对各储存场所进行数量清点的作业就是盘点作业。盘点作业的步骤如图3－9所示：

1. 盘点的准备工作

为了使盘点作业在短时间内利用有限的人力达到快速准确的目标，事先的准备工作必须包括如下内容：

（1）明确盘点的程序和方法。

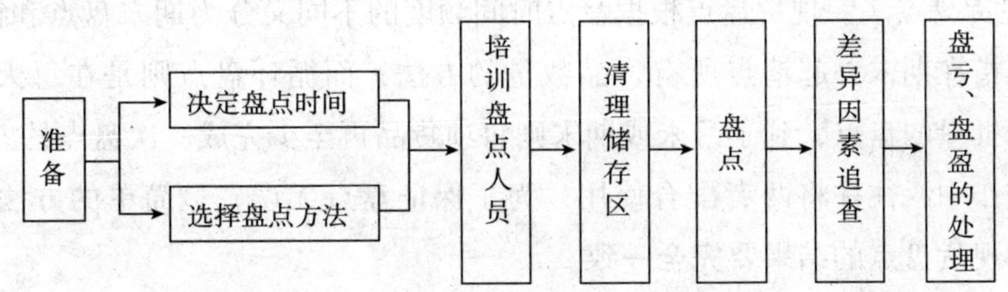

图3-9 盘点作业的步骤

（2）配合会计结算进行盘点。

（3）盘点、复盘和监盘人员必须经过训练。

（4）经过训练的人员必须熟悉盘点用的表格。

（5）盘点用的表格必须事先印制完成。

（6）库存资料必须确实结清。

2. 决定盘点的时间

一般而言，就账实相符的目标来说，货品盘点次数当然是越多越好，但因每次实施盘点必须投入人力、财力和物力，这些成本消耗很大，所以，要合理安排盘点时间和次数。既要防止过多盘点对公司造成的经济损失，又要避免不盘点，致使现有资产不清而对公司可能造成的更大损失。因此，最好能根据配送中心各货品的性质，制定不同的盘点时间。

可行的策略如下：

（1）A 类主要货品：每周盘点一次。

（2）B 类货品：每月盘点一次。

（3）C 类属于较不重要货品：每季或每半年盘点一次即可。

对于未实施商品类别 ABC 管理的企业来说，至少也应对较容易损耗、毁坏以及高单价的货品增加盘点次数。另外还应注意的是，当实施盘点作业时，时间应尽可能缩短，以 2～3 日内完成较佳。至于日期一般会选择在财务结算前夕或淡季进行（如年末或年中盘点）。

3. 选择盘点的方法

因盘点场合、需求的不同，盘点的方法亦有差异。为适应不同状况的需要，必须明确选定适宜的盘点方法，以便盘点时不致混淆。常用的方法有账面盘点法和现货盘点法。

（1）账面盘点法：账面盘点的方法是将每一种货品分别设账，然后将每一种货品的入库与出库情况详加记载，不必实地盘点即能随时从电脑或账册上查悉货品的存量。通常量少而单价高的货品比较适合采用此方法。

（2）现货盘点法：现货盘点根据盘点时间频度的不同又分为期末盘点和循环盘点。期末盘点是指在期末一起清点所有货品数量的方法；而循环盘点则是在每天、每周即做少品种少批量的盘点，到了月末或期末则每项货品再至少完成一次盘点的方法。

现实操作中，往往将两者配合使用，为了保证盘点无误，最简单的方法就是确定账面盘点与现货盘点的结果要完全一致。

4. 培训盘点人员

人员的培训必须分为两部分：

（1）针对所有人员进行盘点方法训练。其中对盘点的原则和工作程序、表格的填写必须充分了解，同时必须对盘点的重要性有充分的认识，这样工作起来才能得心应手。

（2）针对复盘与监盘人员进行熟悉货品的训练。因为复盘与监盘人员对货品大多数并不熟悉，因此，应加强其对货品的熟悉，以利于盘点工作顺利进行。

5. 清理储存区

具体工作如下：

（1）在盘点前，对厂商交来的物料必须明确其数量。

（2）储存场所在关闭前应通知各部门预领货物。

（3）整理储存场地，预先鉴定呆料、废品和不良品。

（4）整理、结清账卡、单据和资料，进行预盘，以便提早发现问题并加以预控。

6. 进行盘点工作

因盘点工作单调琐碎，盘点人员较难做到持之以恒，为保证盘点质量，除人员培训时加强宣传引导外，盘点工作期间还应加强引导与监督。

7. 差异因素追查

当盘点结束后，发现所得数据与账簿资料不符时，应追查差异的主要原因。着手的主要方向是：

（1）是否因记账员工作疏漏，导致货品数目有误。

（2）是否因料账处理制度的缺陷，导致货品数目有误。

（3）是否因盘点制度的缺陷导致账实不符。

（4）盘点所得数据与账簿资料间的差异是否在允许误差范围内。

（5）盘点人员是否尽责，产生盈亏时应由谁负责。

（6）是否产生漏盘、重盘和错盘等情况。

（7）盘点的差异是否事先可控，是否可以降低账实差异的程度。

8. 盘盈、盘亏的处理

差异原因追查后，应进行账目的调整与处理，至于呆废品、不良品减价的部分与盘亏一并处理。用表 3－23 所示内容进行更正。

表 3－23　货品盘点数量盈亏、价格增减更正表　　　　年　月　日

<table>
<tr><th rowspan="3">货品编号</th><th rowspan="3">货品名称</th><th rowspan="3">单位</th><th colspan="3">账面资料</th><th colspan="3">盘点实存</th><th colspan="4">数量盈亏</th><th colspan="4">价目增减</th><th rowspan="3">差异因素</th><th rowspan="3">负责人</th><th rowspan="3">备注</th></tr>
<tr><th rowspan="2">数量</th><th rowspan="2">单价</th><th rowspan="2">金额</th><th rowspan="2">数量</th><th rowspan="2">单价</th><th rowspan="2">金额</th><th colspan="2">盘盈</th><th colspan="2">盘亏</th><th colspan="2">增价</th><th colspan="2">减价</th></tr>
<tr><th>数量</th><th>金额</th><th>数量</th><th>金额</th><th>单价</th><th>金额</th><th>单价</th><th>金额</th></tr>
<tr><td></td><td></td><td></td><td></td><td></td><td></td><td></td><td></td><td></td><td></td><td></td><td></td><td></td><td></td><td></td><td></td><td></td><td></td><td></td><td></td></tr>
<tr><td></td><td></td><td></td><td></td><td></td><td></td><td></td><td></td><td></td><td></td><td></td><td></td><td></td><td></td><td></td><td></td><td></td><td></td><td></td><td></td></tr>
</table>

9. 盘点结果的评估

可以通过下面六个指标来考察库存管理中存在的问题：

（1）盘点数量误差＝实际库存数－账面库存数

（2）盘点品项误差率＝盘点数量误差/实际库存数

（3）盘点项误差率＝盘点误差品项数/盘点实施品项数

分析：当“盘点数量误差率”高，而“盘点品项误差率”低时，表示虽发生误差的货品品项减少，但每一个发生误差品项的数量却有增长的趋势。此时应检查负责此品项的人员有无尽责以及这些货品的置放区域是否得当，有无必要加强管理。相反的情况发生，则表示虽然整个盘点误差量有下降趋势，但发生误差的货品种类却增多。误差品项太多将使后续的更新修改工作更为麻烦，且可能会影响出货速度，因此，应对此现象加强管理。

（4）平均每件盘差品金额＝盘差误差金额/盘差总件数

分析：一旦此指标高，则表示高价位产品的误差发生率较大，可能是公司未实施物品重点管理的结果，对公司营运将造成非常不利的影响。

（5）盘差次数比率＝盘点误差次数/盘点执行次数

分析：当此比率逐渐降低时，表明不论是货品出入库的精确度或是平时存货管理的方式都有很大的进步。

（6）平均每品项盘差次数率＝盘差次数/盘差品项数

分析：此比率高，表示盘点发生误差的情况大多集中在相同的品项，此时对这些品项必须提高警惕，且应深入查找原因。

关键点提示

进行盘点作业管理的基本步骤如下：

1. 盘点的准备工作

2. 决定盘点的时间

3. 选择盘点的方法

4. 培训盘点人员

5. 清理储存区

6. 进行盘点工作

7. 差异因素追查

8. 盘盈、盘亏的处理

9. 盘点结果的评估

3.13 订单处理作业管理

典型问题及案例

一份订单的处理

假如您是一名有经验的物流管理人员，出现下列情况您应该怎么处理？

1. 北京的小王在网上定了5本书，但查询库存发现，北京的书库里只有4本书；经查询在广州书库正存有小王缺少的那本书，但需要5天才能转运过来。

2. 两家企业订购同一种货物，但库存货物有限，只能满足一家。

第一个问题属于分配后存货不足问题。您应该首先通知客户，告诉具体情况；如果客户就要北京现有的4本，则可以马上发货；如果客户说必须5本都有才买，则将订单延期处理。

第二个问题属于按订单分配存货。查询客户的分类等级，是否为重要客户，如果其中一个是重要客户，则优先满足重要客户；如果都是重要客户，则要和客户协商决定。

解读与阐述

从接到客户订货开始到准备着手拣货之间的作业阶段称为订单处理作业，包括有关客户、订单的资料确认、存货查询、单据处理乃至出货配发等。

订单处理流程如图3－10所示：

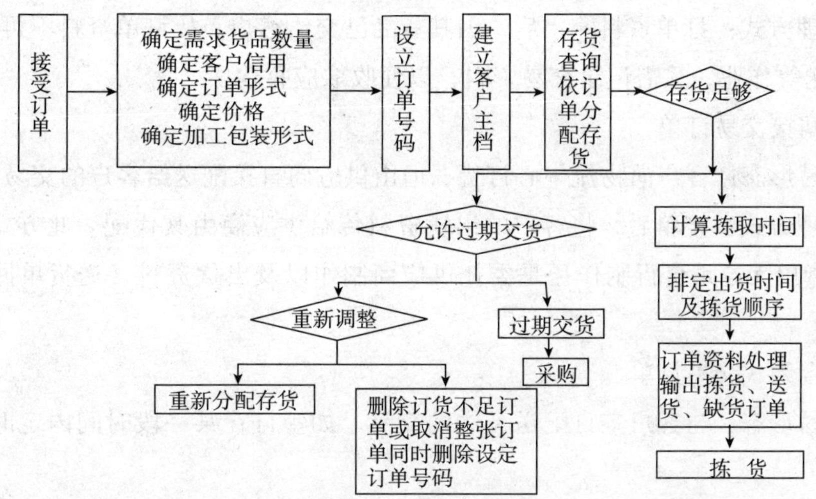

图3－10 订单处理步骤

下面介绍关键步骤的具体处理方法及注意问题：

1. 客户信用的确认

无论订单用何种方式传至公司，配销系统的第一个步骤即要核查客户的财务状况，以确定其是否有能力支付该订单的账款，其做法多是检查客户的应收账款是否已超过其信用额度。因而接单系统中应设计下列两种途径来核查客户的信用状况：

（1）客户代号或客户名称输入：当输入客户代号名称资料后，马上显示客户的信用状况，若客户应收账款已超过其信用额度时，应加以警示，以便有关人员决定是否继续输入其订货资料或拒绝其订货。

（2）订购品项资料输入：若客户此次的订购金额加上以前累计的应收账款，超过信用额度时，系统应将此笔订单的资料锁定，以便主管审核，审核通过，此笔订单的资料才能进入下一个处理步骤。

2. 订单的交易方式及相应的处理方法

（1）一般交易订单

a. 交易形态：正常、一般的交易订单是指接单后按正常的作业程序拣货、出货、配送和收款结案的订单。

b. 处理方式：接单后，将资料输入订单处理系统，按正常的订单处理程序处理，资料处理完后进行拣货、出货、配送和收款结案等作业。

（2）现销式交易订单

a. 交易形态：与客户当场直接交易、直接给货的交易订单。如业务员到客户处巡货、铺销所得的交易订单或客户直接到配送中心取货的交易订单。

b. 处理方式：订单资料输入后，因其货品已交给客户，故订单资料不再参与拣货、出货和配送等作业，只需记录交易资料，以便收取应收款项。

（3）间接交易订单

a. 交易形态：客户向物流中心订货，但由供应商直接配送给客户的交易订单。

b. 处理方式：接单后，将客户的出货资料传给供应商由其代配。此方式要注意对客户的送货单无论是自行制作还是委托供应商制作以及出货资料（送货单回联）的核对确认。

（4）合约式交易订单

a. 交易形态：与客户签订配送契约的交易。如签订在某一段时间内定时配送某数量的商品。

b. 处理方式：约定的送货日到来时，将该配送的资料输入系统处理以便出货配送；或一开始便输入合约内容的订货资料并设定各批次送货时间，以便在约定日期到来时，系统自动产生送货的订单资料。

（5）寄货式交易

a. 交易形态：客户因促销、降价等市场因素而先行订购某数量的商品，以后视需要再要求出货的交易。

b. 处理方式：当客户要求配送寄库商品时，系统应检查客户是否确实有此项寄库商品。若有，则调出此项商品，并且扣除此项商品的寄库量。注意此项商品的交易价格是依据客户当初订购时的单价计算的。

（6）兑换券交易

a. 交易形态：客户兑换券所兑换商品的配送出货。

b. 处理方式：将客户兑换券所兑换的商品配送给客户时，系统应核查客户是否确实有此兑换券回收资料。若有，依据兑换券兑换的商品及兑换条件予以出货，并应扣除客户的兑换券回收资料。

3. 建立客户主档

将客户情况详细记录，不但能让此次交易更易进行，且有助于以后增加合作机会。客户主档应包含订单处理时要用到的及与物流作业相关的资料，包括以下几个方面：

（1）客户姓名、代号、等级形态（产业、性质）。

（2）客户信用额度。

（3）客户销售付款及折扣率的条件。

（4）开发或负责此客户的业务员。

（5）客户配送区域。

(6) 客户收账地址。

(7) 客户点配送路径顺序：区域、街道和客户位置，将客户分配于适当的配送路径顺序。

(8) 客户点适合的车辆形态。

(9) 客户点下货特性：客户所在地点或客户下货位置，由于建筑物本身或周围环境特性（如地下室有限高或高楼层），可能造成下货时有不同的需求及难易程度，在车辆及工具的调度上须加以考虑。

(10) 客户配送要求。

(11) 过期订单处理指示。

4. 按订单分配存货

订单资料输入系统确认无误后，最主要的处理作业在于如何将大量的订货资料，做最有效的汇总分类和调拨库存，以便后续的物流作业能有效地进行。存货的分配模式可分为单一订单分配及批次分配两种。

(1) 单一订单分配：此种情形多为线上即时分配，也就是在输入订单资料时，就将存货分配给该订单。

(2) 批次分配：累积汇总数笔已输入的订单资料后，再一次分配库存。配送中心因订单数量多、客户类型等级多，且多为每天固定配送次数，因此，通常采取批次分配以确保库存能做最佳的分配。随着作业的不同，各配送中心的分批原则亦可能不同，总体来说有下面几种方法：

a. 按接单顺序：将整个接单时段划分成几个区段处理。

b. 按配送区域的路径：将同一配送区域路径的订单汇总一起处理。

c. 按流通加工需求：将需加工处理或相同流通加工处理的订单汇总一起处理。

d. 按车辆需求：若配送商品需要特殊的配送车辆（如低温车、冷冻车或冷藏车）或适应客户所在地、下货特性等特殊形态车辆，可汇总合并处理。

如果以批次分配选定参与分配的订单后，这些订单中某商品总出货量大于可分配的库存量，应如何来分配有限的库存呢？针对这种情况，可依以下原则来决定客户订购的优先性：

a. 具有特殊优先权者先分配。

b. 依客户等级来取舍，将客户重要性程度高的做优先分配。

c. 依订单交易量或交易金额来取舍，将对公司贡献度大的订单做优先处理。

d. 依客户信用状况，将信用较好的客户订单做优先处理。

5. 计算拣取的标准时间

由于要有计划地安排出货时间，因而，对于每一笔订单或每批订单可能花费的拣取时间应事先掌握，要预先计算订单拣取的标准时间：

阶段一：首先计算每一单元（一托盘、一纸箱和一件）的拣取标准时间，且将它设定于电脑记录标准时间档，同时将个别单元的拣取时间记录下来，这样不论数量多少，都很容易推导出整个标准时间。

阶段二：有了单元的拣取标准时间后，即可依每品项订购数量（多少单元）再配合每品项的寻找时间，来计算出每品项拣取的标准时间。

阶段三：最后，再根据每一笔订单或每批订单的订货品项，同时考虑纸上作业的时间，来将整张或整批订单的拣取标准时间算出。

6. 分配后存货不足的处理

若现有存货数量无法满足客户需求，且客户又不愿以替代商品替代时，则应依客户意愿与公司政策来决定对应方式。

（1）根据客户意愿有以下处理方法：①客户不允许过期交货，则删除订单上不足额的订货，甚或取消订单。②客户不允许不足额的订货，等待有货时再予以补送。③客户允许不足额的订货，留待下一次订单一起配送。

（2）根据公司政策有以下处理方法：

a. 重新调拨：若客户不允许过期交货，而公司也不愿失去此客户订单时，则有必要重新调拨分配订单。

b. 补送：一是若客户允许不足额的订货等待有货时再予以补送，且公司政策亦允许，则采行补送方式；二是若客户允许不足额的订货或整张订单留待下一次订单一起配送，则亦采取补送处理。

c. 删除不足额订单：若客户允许不足额订单可等待有货时再予以补送，但公司政策并不希望分批出货，则只好删除订单上不足额的订单。若客户不允许过期交货，且公司也无法重新调拨，则可考虑删除订单上不足额的订单。

d. 延迟交货：一是有时限延迟交货，客户允许一段时间的过期交货，且希望所有订单一起配送；二是无论等多久客户皆允许过期交货，且希望所有订货一起送达，则等待所有订货到齐后再出货。

e. 取消订单：若客户希望所有订单一起送达，且不允许过期交货，而公司也无法重新调拨时，则只有将该订单取消。

订单资料经过以上步骤处理后，开始打印出货单据，以开展后续的物流作业。单据中的拣货单或者出货单，进入拣货程序；送货单则进入配货程序；单据中的缺货资料，进入采购程序。

关键点提示

进行订单处理作业管理包括以下环节：

1. 客户信用的确认
2. 订单的交易方式及相应的处理方法
3. 建立客户主档
4. 按订单分配存货
5. 计算拣取的标准时间
6. 分配后存货不足的处理

3.14 补货作业管理

典型问题及案例

补货的方式

下面的两个场景是我们日常工作中经常遇到的情况，请选择合理的补货方式。

场景一：A配送中心是一家面积5 000万平方米规模的大型配送中心，在社会上有一定影响。根据统计发现，该中心每日的配货作业量变化不大，大约20 000件货物。如果您是该企业的物流经理，您应该选用哪种补货方式？

A. 批次补货 B. 定时补货 C. 随机补货

场景二：B公司是一家小型配货公司，主要配送桶装纯净水和大米；每日配货量很不均匀；经常有紧急订单，要求马上配送。如果您是该公司的物流经理，您应该选用哪种补货方式？

A. 批次补货 B. 定时补货 C. 随机补货

解读与阐述

补货作业包括从保管区域将货品移到另一个为了做订单拣取的动管拣货区域，然后将此迁移作业做书面处理的过程。一般以托盘为单位的补货，其主要作业流程如图3－11所示。

1. 选择合理的补货方式

与拣货作业息息相关的是补货问题。补货作业一定要认真计划，这样做不仅是为

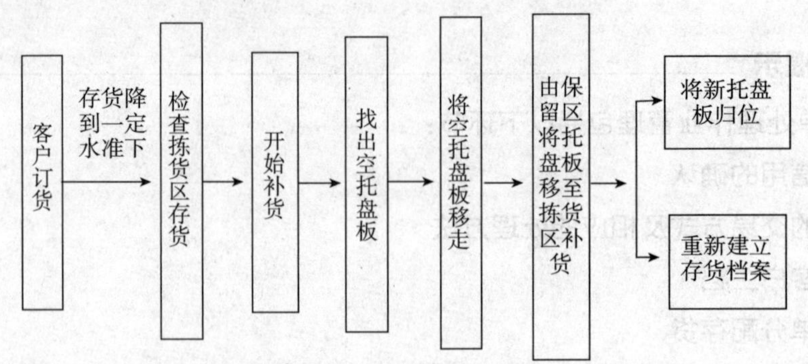

图3－11　补货主要作业流程图

了确保存货量，而且还要将补货安置于方便存取的位置。

常见补货方式有以下几种：

（1）整箱补货。由货架保管区补货到流动棚架的动管区。当拣取后发觉动管区的存货已低于水准之下则要进行补货的动作。其补货方式为作业员到货架保管区取货箱，以手推车载货箱到拣货区，由流动棚架之后方（非拣取面）补货。此保管动管区储放形态的补货方式比较适合体积小、少量多样出货的货品。

（2）整托盘补货（一）：由地板堆叠保管区补货至地板堆叠动管区。在这种补货方式中，保管区为以托盘为单位的地板平置堆叠储放，动管区也是以托盘为单位的地板平置堆叠储放。而当拣取后发觉动管拣取区的存货低于正常水准之下，则要进行补货作业，其补货方式为：作业员用堆高机由托盘平置堆叠的保管区搬运托盘到拣货动管区。此保管、动管区储放形态的补货方式比较适合体积大或出货量多的货品。

（3）整托盘补货（二）：由地板堆叠保管区补货至托盘货架动管区。此保管、动管区储放形态之补货方式比较适合体积中等或中量（以箱为单位）出货的货品。

（4）货架上层到货架下层的补货。对于这种补货方式，保管区与动管区属于同一货架。而进货时便将动管区放不下的多余货箱放至上层保管区。当动管区的存货低于正常水准之下时，则可利用堆高机将上层保管区的货品搬至下层动管区补货。此保管、动管区储放形态的补货方式比较适合体积不大，每品项存货量不高，且出货多属中小量（以箱为单位）的货品。

2. 选择合适的补货时机

究竟何时检查动管区存量？何时将保管区的货补至动管区？为了避免拣货中途才发觉动管区的货量不够，还要关注出现临时补货影响整个出货时间的情形，对补货时机的把握有如下三种方式：

（1）批次补货：在每天或每一批次拣取前，由电脑计算所得货品的总拣取量，再相应地查看动管拣货区的货品量，在拣取前的一个特定时点补足货品。此为“一次补足”的补货原则，比较适合一日内作业量变化不大且紧急插单不多的情况，或是每批次拣取量大且已事先掌握的情况。

（2）定时补货：将每天划分为数个时点，补货人员在划定时段内检查动管拣货区货架上货品存量，若不足即马上将货架补满。此为“定时补足”的补货原则，较适合分批拣货时间固定且紧急处理时间亦固定的公司。

（3）随机补货：指定专门的补货人员，随时巡视动管拣货区的货品存量，有不足随时补货的方式。此为“不定时补足”的补货原则，较适合每批次拣取量不大，紧急插单多以及一日内作业量不易事前掌握的情况。

关键点提示

补货管理要做好以下工作：

1. 选择合理的补货方式
2. 选择合适的补货时机

第四章　配送中心运营管理

一个好的设计方案只是成功的开始，配送中心成功的关键在于如何去运营；一个高效率的配送中心从投资分析到日常的人员管理等，都需要细心的经营。市场是残酷的，运营业绩差的企业必然会被市场淘汰。

4.1 配送中心设立分析

典型问题及案例

通用公司的第三方物流服务

美国通用汽车公司在美国的14个州中，大约有400个供应商负责把各自的产品送到30个装配工厂进行组装，由于卡车满载率很低，使得库存和配送成本急剧上升。为了降低成本，改进内部物流管理，提高信息处理能力，委托Penske专业物流公司为它提供第三方物流服务。

调查了解半成品的配送路线之后，Penske公司建议通用汽车公司在Cleveland使用一家有战略意义的配送中心，配送中心负责接受、处理和组配半成品，由Penske派员工管理，同时Penske也提供60辆卡车和2辆拖车。除此之外，还通过EOI系统帮助通用汽车公司调度供应商的运输车辆以便实现“准时制（JIT）”送货，为此，Penske设计了一套最优送货路线，增加供应商的送货频率，降低库存水平，改进外部物流活动，运用全球卫星定位技术，使供应商随时了解行驶中送货车辆的方位。

与此同时，Penske还通过在配送中心组配半成品后，对装配工厂实施共同配送的方式，既降低了卡车空载率，又减少了通用汽车公司的运输车辆，通用公司只保留了一些对Penske所提供的车队有必要补充作用的车，这同时减少了通用汽车公司的运输单据处理成本。

解读与阐述

投资分析问题是运营问题的起点，没有投资就没有配送中心的建设，更谈不上以后的经营了。而配送中心的设立分析又是投资分析的起点。

首先要知道企业是否要设置配送中心？要投资建设几个？投资什么形式的配送中心？对这些问题的决策，必须进行充分的调研和分析，用物流费用的削减来评价投资效果，用评价分析的结果作为决策依据。

1. 核算物流费用，分析投资效果

具体步骤如下（分析程序见图 4－1）：

（1）掌握现状。目前货物配送的方式及物流费用。

（2）制定方案。配送中心设置的位置及大体结构目标，并提出不同的多个设置方案。

（3）估算物流费用。估算出每个配送中心设置方案的物流费用。

（4）比较物流费用。比较各个方案，找出物流费用最少的最佳方案。

（5）计算削减额。利用比较后选出的最佳方案替换现行的运作，计算出能削减的物流费用数额。

（6）综合分析。对于由以上得到的最佳方案，用成本以外的其他因素进行分析，评价是否为最佳方案。

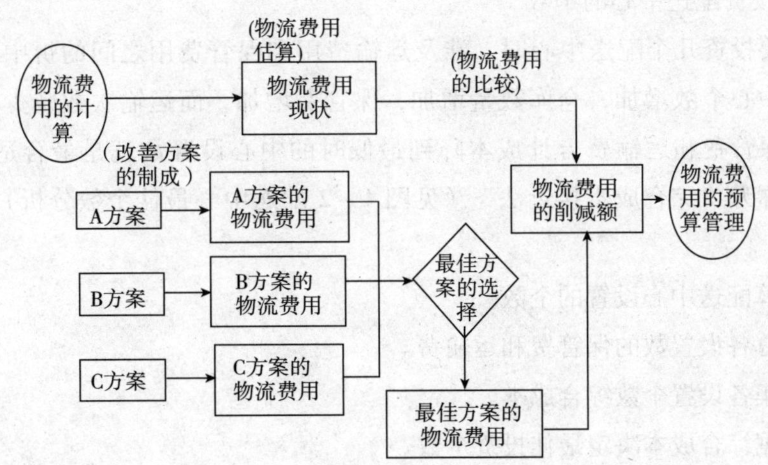

图 4－1　配送中心设置的分析程序

2. 综合比较物流成本，分析配送中心投资效果

比较配送中心各设置方案的投资效果时，必须将配送中心的物流成本同服务水平

综合在一起考虑。配送中心的物流成本不仅包括配送费、装卸搬运费等直接费用，还包括这些费用以外各个物流过程所发生的一切费用。综合比较物流成本时，应注意以下几项：

（1）配送费用。将销售的商品配送给顾客所需要的费用；由配送交易方业务委托支付的配送费和从顾客那里直接得到的配送费用构成。

（2）装卸搬运费。所销商品的进货及其他杂务等短距离运输所需要的费用；装卸、搬运、短距离输送及车辆运行等业务委托所支付的费用。

上述两项费用占配送中心成本的大部分，而且多属于直接费用。

（3）物流设施和设备费。主要由土地和建筑物费用、设备固定资产折旧费、设备及设施所缴税、设施设备维修管理费以及水电、供暖费用等构成。

（4）物流劳务费。包括仅限于配送业务所需的正式职工、合同工、临时工劳务费和保安警备费用。

（5）信息系统费。包括仅限于信息系统运营所需的订货费、信息仪器设备购置或租用费等信息处理费用。

（6）其他物流运营费。除了上述各项之外，还有用于物流业务所必需的电话、邮票、传真等通信费，再加上配送货单、包装纸、礼品纸和胶带纸等消耗品的费用。

总之，一方面要提高服务水平，另一方面又要降低配送运营的总成本，这是一个很大的课题，每个物流企业都要认真思考并在实践中不断积累经验。

3. 决定投资配送中心的个数

在决定要投资几个配送中心时，涉及运输费用和保管费用之间的折中问题。也就是说，配送中心个数增加，仓库数量增加，保管费增加，而运输次数减少，运输费相应的减少。保管费和运输费合计成本降到最低时的中心设置数就是最合适的设置数，这种方法被称为“综合成本接近法”（见图 4－2 配送中心最佳个数分析），具体步骤如下：

（1）试算配送中心设置的个数。

（2）预算各设置数的保管费和运输费。

（3）汇集各设置个数综合成本。

（4）根据综合成本决定最佳投资个数。

4. 决定投资哪种类型的配送中心

（1）投资本公司所有并负责运营的配送中心。因为公司要承建建筑物或购进仓储机械设备、土地等，初期投资比较大；一般适合大型制造业和零售业，它们作业量大，而且投资风险也平均，运营费比较小。

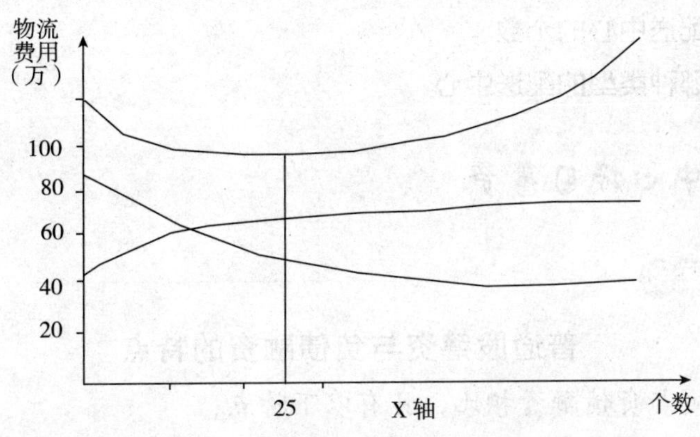

图4－2 配送中心最佳个数分析

（2）本公司租赁并负责运营的配送中心。长期租赁建筑物，根据合同条款，在规定的时间内负责运营。对于初期投资可以按年或月支付；设备为自己所有，其他设施出租方也可以提供。这种方式，初期投资少一些，风险也比上一种稍微小一点。

（3）本公司租赁，由第三方负责运营的配送中心。本公司长期租赁建筑物，同第三方达成协议，由第三方负责设施监管及运营，初期投资可以由租赁方和营运方按年或按月支付，设备为本公司所有，其他设施与设备，租赁者也可以提供。

本公司在租赁期间负主要责任，对于配送中心的运营，负责向第三方交纳租金，通常情况下，要按本公司的政策运营。

（4）本公司租赁由出租方负责运营的配送中心。本公司向出租方租借建筑物或场地，通常为1～5年，初期投资比前三种少，一般情况下，出租业主投资设备费用并支付装卸搬运等运营费用。公司风险很小，只支付配送中心租赁费，不承担任何设备的损坏、磨损损失费用。这种方式被很多中小企业采用。

（5）按月签订合同的配送中心。本公司按月租赁仓库、货场等配送中心设施，租赁方不负责初期投资，设备属于出租方所有，包括装卸搬运在内的所有设备由出租方承担。基本上是一种外包服务，公司运营费用最高，运营费同作业量成直接比例，公司不承担任何风险。

在实践中，管理者可以根据自己公司的情况选择合适的投资方式。

关键点提示

进行配送中心设置分析的步骤如下：

1. 核算物流费用，分析投资效果
2. 综合比较物流成本，分析配送中心投资效果

3. 决定投资配送中心的个数

4. 决定投资哪种类型的配送中心

4.2 配送中心项目筹资

典型问题及案例

普通股筹资与负债融资的特点

普通股筹资与负债融资相比，具有以下特点：

1. 资金成本高

2. 容易分散公司的控制权

3. 有利于提高公司的信誉

由于普通股投资者要求有较高的投资回报率，普通股股利从税后利润中支付，不具有抵税作用，而且发行费用较高，所以普通股筹集资金成本高。发行普通股增加新股东，容易分散公司的控制权。但是发行普通股，可以增加公司的自有资金，增强举债能力，从而有利于提高公司的信誉。另外，普通股筹资无须归还，没有固定的股利负担，所以财务风险小。负债融资能利用财务杠杆作用，股权筹资则不能利用财务杠杆作用。

解读与阐述

对于配送中心的建设，由于占地面积大、建设周期长等客观因素，即使在发达国家建筑物造价高，资金投入大，筹资问题也不是一个简单的问题。配送中心可选择的筹资方式主要有以下四种，如表4－1所示：

表4－1 配送中心可选择的筹资方式

条 目	内 容
通过银行贷款	银行贷款指银行在一定的利率下、一定的期限内把货币资金提供给需求者的一种经济活动。贷款使用期限是从贷款之日到协议偿还时止，一般固定资产的贷款日期按投资回收期来确定。流动资金贷款期限有三种确定方法：一是按流动资金周转率来确定，二是按物资耗用计划来确定，三是按销售收入来确定。银行贷款的利率随着贷款对象、用途和期限的不同而不同。 银行贷款筹资的优势有： (1)银行贷款筹资管理比较简单，但最初申请时比较困难。必须通过银行的严格审核，同时提供配送中心的详细可行性研究报告和财务报表。 (2)由于贷款的种类多、期限多，所以利用银行贷款建设配送中心相对比较方便、灵活。 (3)银行贷款筹资风险小，一般不涉及税务问题。 (4)银行贷款筹资不涉及配送中心资产所有权的转移。

续表

条　目	内　容
通过发行公司股票	公司股票分普通股和优先股。 发行普通股筹资主要有以下优点: (1)发行普通股筹措资本具有永久性、无到期日和无须归还等优点。 (2)没有固定的股利负担，筹资风险较小。 (3)普通股筹集的资本是公司最基本的资金来源，它反映了公司的实力，可增强公司的举债能力。 (4)普通股的预期收益较高，并可一定程度地抵消通货膨胀的影响，因此，容易吸收资金。 普通股的缺点是: (1)普通股的资本成本较高。 (2)容易分散公司的控制权，每股净资产的减少，可能引发股价的下跌。 股票筹资是现在最流行的方式，不管是大企业还是小企业，都可以采用这种方式。需要提醒的是，公司上市前的审查是很严格的。另外，股市变化不定，受外界环境影响大，所以风险比较大。
通过租赁	通过租赁进行筹资。租赁筹资在物流行业是比较流行的一种筹资形式;租赁形态可以分为筹资性租赁和经营性租赁两种，可以根据自己公司的情况进行选择。 租赁筹资一般适宜在中小企业使用，因为配送中心建设的初期投资很大，靠中小企业自身的技术和资金实力很难完成。
利用外资	从目前资本市场的情况来看，国外资本市场容量巨大，资本总是朝有利可图的方向流动，我国经济发展可以利用资本的这一特性，大力吸收建设资金，达到筹资目的。 这种筹资方式主要有以下几种:①发行境外股票;②发行境外债券;③利用国际贷款;④吸收境外的直接投资。前三种方式一般适合大中型企业，最后一种方式适合中小型企业。

总体来说，选用哪种筹资方式要根据自己企业的实际情况，而且大多数时候都是几种方式同时进行。在考虑运用多种筹资方式筹集资本时，一般要设计出筹集所需资金总额的几个不同资本结构方案，然后将几个方案进行数据计算，对比优化，从中选出好的方案，再进一步选出最佳方案。

关键点提示

配送中心常用的筹资方式有:

1. 通过银行贷款
2. 通过发行公司股票
3. 通过租赁
4. 利用外资

4.3 配送中心项目经济分析

典型问题及案例

某配送中心投资方案

某公司要投资建设一个配送中心，有如下三个投资方案：

期间	A 方案		B 方案		C 方案	
	净收益	现金净流量	净收益	现金净流量	净收益	现金净流量
0		−20 000		−9 000		−12 000
1	1 800	11 800	−1 800	1 200	600	4 600
2	3 240	13 240	3 000	6 000	600	4 600
3			3 000	6 000	600	4 600
W	5 040	5 040	4 200	4 200	1 800	1 800

参看表格，可以由净现值法（NPV）选择最佳方案（现率为11%）。

NPV（A）=（11 800×0.909 1+13 240×0.826 4）−20 000=1 669

NPV（B）=（1 200×0.909 1+6 000×0.826 4+6 000×0.751 3）−9 000=1 557

NPV（C）=（4 600×0.909 1+4 600×0.826 4+4 600×0.751 3）−12 000=561

通过比较可知 A 为最佳方案。

解读与阐述

配送中心的建设和运营是一个比较大的投资项目，怎么衡量它的投资效果呢？可以利用下列指标来分析：

1. 分析财务指标

（1）投资利润率。投资利润率是配送中心建成运营后，正常情况下获得的年净收益与项目总投资的比。计算公式为：

$E=R/C$

其中：E——投资利润率；

C——配送中心项目建设总投资；

R——年净收益率（正常运营现金流入—现金流出）。

（2）投资利税率。公式为：

$E=(R+X)/C$

其中：X——年税金。

(3) 投资回收期。以年计算：分为静态投资回收期（不考虑时间因素）和动态投资回收期（考虑时间因素）。

$$静态投资回收期 = 累计净现金流量开始出现正值的年份数 - 1 + \frac{上年累计净现金流量绝对值}{当年净现金流量}$$

$$动态投资回收期 = 累计净现值开始出现正值的年份数 - 1 + \frac{上年累计净现值绝对值}{当年净现金流量}$$

投资回收期越短越好，表明企业资金流转速度快，企业效益好。投资回收期虽然计算简单，但它没有考虑投资回收期以后的收益情况，所以还不能全面反映经营的效益。

(4) 财务内部收益率（IRR）。计算公式为：

$$\sum_{i=0}^{n}(R_i - C_i)(1 + I^{净})^{-i} = 0$$

其中：R_i——第 i 年的收益

C_i——第 i 年的支出

$I^{净}$——内部收益率

内部收益法的主要优点是：揭示了配送中心所具备的最高获利能力，从而成为衡量项目效益的非常有用的手段，而且它可以在配送中心寿命期内的任何时间点上进行测算，并获得同一结果。

(5) 投资现值率。投资现值率也称为现值指数或净现值比，其计算公式为：

投资的现值率 = NPV/投资的现值

其中：NPV 是配送中心整个寿命周期内的净现值；投资的现值是配送中心初始投资或各年投资现值之和。投资现值率越大，表明投资方案经济性越好。

(6) 资产负债率 = 总负债/总资产 ×100%。资产负债率越小，项目负债数额越小，债权人的财务风险越小，建设项目的清偿债务能力越强。

2. 分析国民经济指标

一个企业的运营，一定要关注社会的整体经济环境。

(1) 经济内部收益率（EIRR）。经济内部收益率是反映该项目对国民经济净贡献的相对指标，是建设项目在计算期各年经济净效益流量等于零的折现率。

计算公式为：

$$\sum_{i=0}^{n}(B - C)(1 + EIRR) - t = 0$$

其中：B——建设项目经济效益流入量

C——建设项目经济费用流出量

$(B-C)_i$——建设项目在第 i 年的净效益流量

$EIRR$——建设项目经济内部收益率

在分析配送中心对国民经济的贡献能力时，如果经济内部收益率等于或者大于社会折现率，表明配送中心对国民经济的贡献达到或超过国民经济的要求水平。

（2）经济净现值（ENPV）：这是反映建设项目对国民经济净贡献的绝对指标，是建设项目按照社会折现率将计算期内各年的经济净效益折现到建设初期的现值之和，计算公式为：

$$ENPV = \sum_{i=0}^{n} (B-C)_t (1+L_S)^{-t}$$

其中：L_S——社会折现率。

通过上述指标的计算，就可以对配送中心的整体运营情况作大致的了解，便于管理上的决策。

利用内部收益率法进行项目选择。如果某方案的内部收益率（资本成本率），接受该方案；内部收益率，则不接受该方案。对于多个方案：如果这几个方案的内部收益率都大于 i，而且各方案的投资额相等，则内部收益率与资本成本率之间差异最大的方案最优；如果这几个方案的内部收益率都大于 i，而且各方案的投资额不等，则决策的标准是：（投资额 × 内部收益率 - 资本成本率）所得差异最大的方案最优。

关键点提示

衡量配送中心建设的投资价值，应把握如下环节：

1. 分析财务指标
2. 分析国民经济指标

4.4 组织配送中心项目招标

典型问题及案例

招标程序与流程

某公司一直采用通用的招标程序与规定，一次次出色完成了招标工作。下面是通用的投标程序，试对比招标程序进行排序，并牢记此投标程序。

1. 接受投标邀请和购买招标文件

2. 编制施工计划

3. 研究招标文件

4. 进行招标前的准备工作

5. 向招标单位申请投标并递交资格预审书

6. 调查研究、现场考察及澄清问题

7. 估价和确定投标标价

8. 编制投标文件

9. 投标文件的投递

10. 参加开标和受标并签约

正确的流程顺序是：4—5—1—3—6—2—7—8—9—10

解读与阐述

工程项目的招标和投标实质上是一种期货交易，有很大的风险性，一定要进行有效的招投标管理。一般来说，按下表4－2所示几个步骤进行：

表4－2　组织配送中心项目招标管理规范

条　目	内　容
选择配送中心项目招标类型	(1)公开招标证质量，缩短工期。这种方式业主有较大的余地，有利于降低价格，但是资格审查和评标的工作量大，特别对那些故意压低投资报价以挤掉竞争对手的投机承包商，必须严格审查其资格并认真、公正地评标。 (2)选择性招标，又称有限竞争性招标或邀请招标。一般不发广告和通告，业主根据对经验和信息资料的了解，对那些有能力、讲信用的承包商发出邀请函，一般是5～10家，不得少于3家。这种方式属于现在最常用的方法，可以保证工程的质量和效率，但易漏掉有竞争力的后起之秀。 (3)议标，又称非竞争性招标或定性招标。专门邀请1～2家承包商来直接协商谈判，实际上是一种合同谈判。这种方式一般用于专业性强的项目或工期时间紧、保密性强的工程项目。
招标的程序与主要内容	根据国际惯例及我国有关规定，工程招标分为9个步骤： (1)发布招标广告及通告，对于选择性招标，发送招标邀请通知。 (2)资格审查。资格审查的内容包括：①投标单位的基本情况；②类似工程的经验与业绩；③人员状况，特别是高级技术人员、管理人员的情况及配备；④技术装备及施工能力；⑤财务情况，特别是企业可用于本项目的流动资金；⑥企业商业信誉，特别是已完成项目的工程质量及履约情况。 (3)发放招标文件。招标文件的主要内容：①工程项目的全貌及特点；②招标人须知内容；③合同条款；④工程技术说明书与图纸、资料；⑤工程量清单；⑥投标书或标函；⑦保证金及保函；⑧协议书。 (4)组织现场勘察。 (5)接受投标文件。一般从发放招标文件至投标截止日期应有2～4个月。

续表

条　目	内　容
招标的程序与主要内容	(6)开标。 (7)评标。评标一般是由招标单位的总经济师或总工程师负责组织，由技术专家组成评标委员会。 (8)谈判与授标。 (9)签订合同和发标。
做好评标工作	在配送中心建设期，无论是材料设备招标、工程设施招标还是其他招标，要想保证质量就必须把好评标这非常重要的一关。因此，评标及资格审查尤为重要。 (1)评标的组织。评标必须设立评标委员会或评标小组，评标组织应报当地招标管理机构审查批准，保证评标和决标合法公正、科学合理，防止建设单位的招标压价倾向。 (2)评标时应做到以下几点：①标价合理；②工期适当；③注意尊重业主的自主权；④研究科学的评标方法；⑤充分研究和分析投标文件的可信度。

关键点提示

组织配送中心项目的招标应包括以下环节：

1. 选择配送中心项目招标类型
2. 招标的程序和主要内容
3. 做好评标工作

4.5 确立配送中心竞争优势

典型问题及案例

UPS 的配送服务

UPS 如何运作：全世界的客户依靠 UPS 来运输 1 150 万件的包裹和文件。无论是送到城市的另一头，还是地球的另一头，每个通过 UPS 网络的包裹均会得到快速、可靠、有效且非常周到的服务。服务的第一步是取件。UPS 递送员沿着指定的特定路线行进，在这条线路上有固定的停车点。通常，驾驶员在早上递送包裹，下午提取包裹。大宗客户或许每天有成百上千的包裹要递送，UPS 的拖车可以在现场完成。小客户或许一个星期才运输 2～5 个包裹，也可由客户已熟悉的 UPS 包裹车来完成。

需次日送达的信或包裹等紧急货件的客户可以打电话给 UPS，要求电话取送件。使用一流的通信技术，航空分派员可以寻找到最近的包裹车并电子化地将它派遣到客户所在处来进行“适时”取件。临时客户可在便利的 UPS 信件中心和服务柜台处投递包裹。

解读与阐述

成本和服务是配送中心运行水平的核心要素，成本优势和服务优势的发挥是在市场竞争中取胜的关键。但成本和服务在具体实施中其实是“二律背反”的两个要素：一个要素优化和利益发生的同时，另一个要素的利益就会遭受损失，此消彼长。但物流追求的是整体效益，因此，要在成本和服务之间找到最佳点——也就是顾客与配送中心的“双赢点”。

1. 弄清楚谁是上帝

大家都知道“用户是我们的上帝”，因为企业最终要从顾客那里寻求效益，获得利润。这句话很正确，但对于处在中间环节（运输和配送只完成物品的转移，属于流通环节）的配送中心来说，其效益并非完全来自客户。配送中心要获得最大效益，一是让用户接受商品的价格尽可能高，二是从生产商购进的价格尽可能低。也就是说，配送中心的效益除了来源于自身外，还来自用户和生产商。配送中心处于生产商和用户之间，必须发挥各自的优势服务好两个“上帝”，形成自己的竞争优势。

2. 选择运营中的竞争类型

现代化的物流时代是“以消费者为起点”“以顾客需求为导向”“为顾客创造价值”的时代。企业竞争的成功只能通过成本优势和价值优势取得（见图4-3）。企业可以以成本取胜，走“成本领先道路”（象限Ⅲ），以差异化的服务制胜，走“服务领先战略”（象限Ⅱ）。如果两者都不具备，那么这个企业就失去了竞争力，它的前途只有灭亡（象限Ⅳ）。

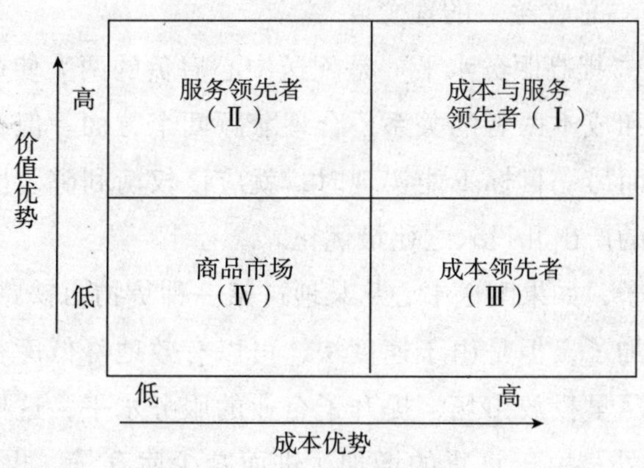

图4-3 竞争类型的选择

对于配送中心的管理，我们要选择第Ⅰ象限，既要降低成本，又要向顾客提供优质的服务，这是配送中心发展的基石。一个拥有卓越管理能力的配送中心，可以通过向顾客提供优质服务获得竞争优势，如果在存货的可靠性、配送的及时性和交付的一贯性方面领先于同行业，就能吸引更多的顾客，开拓更大的市场。

3. 如何使配送中心更有效益

作为一个为顾客服务并获取一定效益的配送中心究竟要做些什么、怎么做才能更有效益呢?

（1）配送中心能提供的服务项目。作为企业的配送中心，首要要解决的问题是“顾客需要哪些服务？我能提供哪些服务？能否提供最好的服务?”配送中心应该以客户的满意作为自己的最高宗旨。

（2）在服务区域内形成服务网络。配送中心的分布要科学合理，经营的商品品种要多，形成区域性配送网络。不管是大批量配送还是多品种、小批量和高频次的配送；也无论是共同配送还是一体化配送，都要形成区域性服务网络。

（3）形成合理的人才结构。配送中心运营的好坏最终仍追溯到人的素质，应该制定长远的人才结构规划，而不是只考虑眼前的一时需要，着眼长远，立足当前；要注重培训自己的员工，制定员工培训计划。

（4）信息处理系统的应用。一个高效率运转的配送中心必须有强大的信息系统做支撑。对于一个配送中心，要建成一个信息处理系统需要 1 ~ 3 年的规划和实施。

（5）配送中心的发展策略。要通过多种渠道和手段来争取用户，吸引顾客。要加强自身的宣传力度，让顾客知道你的实力、你的服务项目和服务水平。

（6）竞争意识。配送中心之间存在竞争，配送中心和其他物流企业间也存在竞争。作为一个管理者，不但要考虑现在的竞争还要考虑将来的竞争，要有忧患意识。

4. 在经营中树立“总收益”的理念

“降低配送成本”“提高服务水平”是配送中心肩负的两大使命。配送中心的经营管理必须处理好服务和成本两者的关系，合理兼顾两个方面。但在实际运作时，为了谋求实现某一目标，而另一目标不能实现时，就应该权衡利弊，用综合效益法求得两者的平衡，实现系统的产出和投入之比最优化。

举一个简单的例子，如果配送中心从某地进某一种货物由铁路运输改为航空运输，毫无疑问运输费用增加了，但是由于速度快，可以有效地降低库存量，同时货物可以及时配送到用户处，尽早投放市场，提升了企业的服务水平，这样用户向配送中心的订货量就会增加。另外，由于订货的增加，进而减少库存量，也就减少了储存费用。如果订货量增加和储存费用的降低所带来的收益大于航空运输费用增加带来的损失时，总收益增加了，这就是一个合理的决策。

关键点提示

增强配送中心的竞争优势应掌握如下内容：

1. 弄清楚谁是上帝
2. 选择运营中的竞争类型
3. 如何使配送中心更有效益
4. 在经营中树立“总收益”的理念

4.6 配送中心人力资源管理

典型问题及案例

沃尔玛的员工管理

在《富甲天下》一书中，山姆认为，作为高层管理者，既要谨慎，更要谦虚，丝毫不可松懈大意。他提出了六种管理方法，分别是：

1. 每次只考评一家商店
2. 沟通再沟通
3. 倾听最基层的声音
4. 下放责任和权力
5. 调动员工的积极性
6. 精简机构，防止官僚作风

在经营中，沃尔玛坚持让员工从公司的成长中获得利益；以员工为合伙人，使其与公司之间的利益紧密相连。沃尔玛还尽其所能地使员工有归属感，公司雇用当地人员，培训他们，鼓励他们提出问题，同时采取多种奖励手段来提高员工士气。公司努力营造出一个畅所欲言、面对面沟通的文化环境，任何员工都可以直接向经理提出改进公司工作的建议，如果被采纳，将会得到奖励。沃尔玛讲究团队精神，经常开展活动，员工们可以共享信息，并把好的建议运用到实际工作中。因此，在工资水平不高、福利待遇也不值得标榜的情况下，沃尔玛团队仍然有相当大的凝聚力。

解读与阐述

要想经营管理好一个配送中心，并在激烈的竞争中立于不败之地，良好的内部控制是必不可少的。人力资源管理是内部控制中极其重要的一环。它研究组织中人的调整、人与事的配合，进而充分发挥人的潜力，调动人的积极性，从而提高工作效率，配送中心人力资源管理规范，如表 4 - 3 所示：

表 4 -3　配送中心人力资源管理规范

条　目	内容
招聘配送中心员工	现代化配送中心功能齐全，运作复杂，因此，对管理人员、操作人员的素质要求都比较高。配送中心一般要配备以下人员： (1)高级管理者。负责协调运转，对公司和顾客负责，进行危机处理，制定发展战略及规划。 (2)现场管理者。对作业流程监督控制，对配送中心现场作业负责调度，并排除应急故障。 (3)信息管理员。负责信息的接收、处理及信息设备的维护。 (4)计划人员。负责短期作业计划活动。 (5)操作人员。包括分拣、理货人员，机动车辆驾驶人员，仓库保管人员，流通加工和包装等作业活动人员。
培训配送中心员工	为了使员工工作更有效率，一般要对员工进行内部培训。 (1)培训的内容应包括： a. 基本知识培训。使员工具备完成本职工作的基本知识，让员工了解配送中心的基本情况、发展战略、经营方针和规章制度等。 b. 职业道德培训。增强员工的主人翁精神，建立起配送中心与员工之间的相互信任，培养员工对配送中心的忠诚度。另外，还需通过对新员工的培训，使其具备必要的心理素质。 c. 作业技能培训。使员工掌握完成本职工作所必备的技能，如谈判技能、操作技能和人际关系技能等，并依此开发员工的潜在能力。另外，还需培训员工的一些综合技能，如写报告、做接待工作和打电话等。 (2)培训的方法有： a. 在职培训。为了使员工具备有效完成工作所需的知识、技能和态度，在工作中有计划地对他们进行教育培训。 b. 脱产培训。离开生产现场，由配送中心外聘人员进行必要的基础知识、技能、综合素质及新知识技能培训。既可以举办培训班，开办讲座，也可以到大中专院校及其他培训机构接受短期培训。 c. 参与式培训。主要是通过会议、案例研究、模拟训练和参观访问等方式从中获取新知识、新技能。
对员工的工作进行绩效评估	(1)确立工作评估的原则。工作业绩评估应该本着以下原则： a. 客观公开原则。对员工进行考核时应该定性定量相结合，建立科学适用的考核指标体系和考核标准。 b. 全方位考核原则。在实际工作中，可综合运用上级考核、同级评定、下级评定、专家鉴定和员工自评等多种形式。 c. 责、权、利相结合的原则。 d. 评估经常化、制度化原则。 (2)评估工作一般按以下程序进行： a. 明确任务目标标准。在每一个考评周期开始时，把上级向下级下达的任务目标作为考核评估的标准。 b. 进行自我评估。 c. 综合考核、评估。 d. 确定考评等级及评语。 配送中心人力资源的管理整体思路是选人、育人和评人。做好配送中心的人力资源管理工作意义重大。

关键点提示

进行配送中心的人力资源管理包括：

1. 招聘配送中心员工
2. 培训配送中心员工
3. 对员工的工作进行绩效评估

4.7 配送中心现场作业控制

典型问题及案例

配送中心存在的问题表

在看到本小节内容前，请回忆下您所在配送中心现场作业控制工作存在哪些问题？您会给出怎样的改进建议和措施？并填入下表。

配送中心现场作业存在的问题	改进建议与措施

解读与阐述

现场作业控制也属于内部控制的内容之一，现场作业管理涉及材料、人员、作业方法和设备管理等方面。6S 作业法和合理化作业法的相关知识，如表 4－4 所示：

表 4－4　6s 作业法运用规范

条　目	内　容
6S 作业管理法	6S 作业管理是作业现场中对材料、设备和人员等生产要素进行的 6 项管理活动，这 6 项活动具体如下： (1) 整理：区分有用与无用的物品，无用的物品清离现场，只保留有用的。 (2) 整顿：把有用的物品按规定的位置摆放整齐，并做好识别管理。 (3) 清扫：扫除现场作业环境及作业设备上的污脏部位。 (4) 清洁：维持以上整理、整顿和清扫后的局面。 (5) 素养：遵守规章制度，有良好的职业道德，养成良好的习惯和协作精神。 (6) 安全：作业现场以安全为第一要素，排除一切不安全的因素。 6S 作业管理法引入配送中心，对提高作业效率、改善作业环境都会起到很大的作用。

续表

条 目	内 容
对现场作业进行合理控制	对配送中心现场作业的控制就是通过对各功能要素进行合理化作业管理，寻求高效率的运营效果。配送合理化就是要在一定保障能力的基础上，通过实施现场合理化作业管理的措施，加快物流速度，尽量减少资金占用，把低成本、高效率和优质服务作为合理化作业的目标。具体策略如下： (1)明确配送目标。配送中心开始运营，各工位高效地完成自己的作业任务，向下一个作业环节推进，不管是人工作业还是自动化作业，整个流程协调一致，形成一个有机整体，共同完成配送任务。 (2)加强配送的计划性。配送作业有时是连续性作业，配送的计划性强，能使整个配送作业做到有条不紊，减少差错，合理控制库存，保障供应和较快的资金周转率。 (3)配送组织的灵活性。配送作业既要考虑及时送达，多品种、少批量地进行配送，又要减少库存，节约物流费用。配送中心的“二律背反”现象经常存在，所以，应该用信息系统及时准确地进行预测，在组织配送时采取适当的灵活性，在满足客户要求的前提下，实现效益最大化。
派车及发货的控制	该控制中的主要要点如下： (1)根据服务与成本的关系，选择最佳的配送路线、最佳配送时间和最佳配送工具。提高车辆的满载率，在同等成本下选择服务水平最好的运输方式。 (2)调度系统中司机及随车人员的调派要考虑到他们的工作能力及体力、以往的工作量及配送区域的范围，以便更有效地安排配送人员。 (3)车辆配送中出现问题或不能完成任务的时候，应及时返回配送中心进行原因分析，以避免下次车辆调派时重新出现类似错误。 (4)车辆调派系统应具有预测所需车辆的种类和台数的功能，并建立数据库，以便能随时与第三方物流公司联系，协助完成配送工作。 (5)由于配送的用户较多，而配送的批量少、品种多和用户分布范围广，故信息资料要完备，数据处理能力要强。
配送中心信息系统的控制	(1)配送中心的物流信息不仅对物流活动具有支持和保障功能，而且具有连接整个供应链和使整个供应链活动效率化的功能。 (2)建立物流信息系统，提供准确、及时和全面的物流信息是配送中心提升运营效率、降低成本和维持正常运转的关键一环。

关键点提示

如何进行配送中心现场作业控制须牢记如下要点：

1. 6S 作业管理法
2. 对现场作业进行合理控制
3. 派车及发货的控制
4. 配送中心信息系统的控制

4.8 行车人员管理

典型问题及案例

有效激励员工的方法

假设您是一名物流经理，考虑一下如何激励您的员工？

管理者都希望自己的员工拼命地工作，为企业创造更多的效益。要使员工在工作中付出最大的努力，管理者就必须对员工进行有效的激励，把员工的潜能焕发出来，这是每个管理者都必须面对的问题。您可以考虑下面几种方法：

(1) 为员工安排的职务必须与其性格相匹配。

(2) 为每个员工设定具体而恰当的目标。

(3) 对完成了既定目标的员工进行奖励。

(4) 针对不同的员工进行不同的奖励。

(5) 奖励机制一定要公平、公正和透明。

解读与阐述

行车人员可以分为驾驶员和随车送货员，一般称为装卸工。由于行车人员是影响车辆运行的关键因素，而且行车时常常会面临许多环境变化的情况，承担着安全运送商品的责任，所以对行车人员的管理有别于对配送中心内部人员的管理。具体管理规范，如表4－5所示：

表4－5　配送中心行车人员管理规范

条　目	内　容
行车人员的选用	(1)在要求人性化管理的今天，对于司机和装卸工，应该有符合其作业内涵的称呼，您在职位命名上应将“司机”改称为“运输工程师”“配送服务员”，将“装卸工”称为“理货员”“服务助理”等，以提升他们的社会地位，并与物流配送作业的内涵吻合。 (2)在选用司机时，应选用有驾照、驾龄长且有高中以上学历、人品端正、反应灵敏的人。由于司机有时要担负长途驾驶任务，因此，体格健壮、体力充沛也是选用时的必要条件。 (3)在选用随车送货员时，因为他们是辅助司机工作的，是司机的助手，所以要注意两者的配合。随车人员应选用有高中程度、体格健壮的人员，并要求其考取职业驾驶执照，作为储备司机之用。
行车人员的培训	对行车人员进行培训的目的，是为了让他们了解不同于传统运输的现代物流的内涵、各项作业流程、车辆相关的操作与维护知识、搬运装卸要领、紧急事件处理的原则和方法等，但是最重要的还是强化其遵守交通法规和服务客户的理念，强化他们的职业道德。

续表

条　目	内　容
行车人员的管理和控制	(1)车辆行驶管理现在已经可以通过现代化的车辆通信系统很方便地做到，这种科技方法的应用，消除了车辆运行管理的盲点。然而，不能忽视对行车人员的家庭生活的关心，适当做家访，加强和行车人员的沟通，做好思想工作可以稳定他们的工作情绪，提高他们的忠诚度，调动他们的积极性，保证行车安全。 (2)实际工作中，对行车人员实施有效的激励比管理控制更重要。可以通过具有目标导向的薪资制度、工作绩效竞赛制度、提供内部创业机会、第二职业技能的训练等措施进行激励。
车辆事故处理	车辆运行在外，难免会发生车祸、货品遗失或损坏等事故，这些都会对企业造成重大影响。一定要事先制定相应的处理办法来防范，以避免发生类似事故时引起纠纷。 (1)车辆发生交通事故时：①通知保险公司(提供保险卡、告知公司名称、车号、保险单号码和现场情况等)；②向公安交通管理部门报案，维持现场；③立即通知公司；④把伤者送往医院。 (2)驾驶员预判现场责任，做适当处理。 (3)财物损失必须要准备以下资料：①相片(整体物、损坏部分、车号和现场状况等)；②估价单(提出收据正本)。 (4)人员伤亡时要准备的资料：①医院诊断书正本；②医院收据正本：③继续治疗费；④死亡证明书。 (5)预先垫付和解款项时，需取得详细记载支付内容、出事地点、时间、双方车号、对方名称、领款人身份证号、详细地址和带有签名盖章的收据。 (6)准备和解书。 (7)现场与保险公司交涉时的技巧：①理赔要件必须先行认错，不要过分争执；②一般财物损失请保险公司相关人员直接处理；③未立案事件，双方车辆开到保险公司找保险公司相关人员处理。 (8)其他注意事项：①出事时，对方的姓名、车号、公司行号、地址、电话、车辆厂牌和财物损失初步估计等内容应该详细记载清楚；②驾驶员回公司后，应立即填写事故报告书，以此向保险公司理赔；③责任一方不是本公司驾驶员，行驶证和驾驶证切勿任意被扣留；④现场图及警局笔录，应该积极争取有利地位，并详阅所记载事项以免损害本身权益；⑤单纯事故案，驾驶员可以根据实际情况做最有利的处理；⑥道义上的赔偿可在适当范围内进行。

关键点提示

进行行车人员管理的内容包括：

1. 行车人员的选用
2. 行车人员的培训
3. 行车人员的管理和控制
4. 车辆事故处理

4.9 车辆养护管理

典型问题及案例

松花江客车的故障诊断与排除

一辆松花江中意微型客车，行驶中走错路，在掉转车头的过程中发动机突然熄火。经再次启动时，发现车辆不能启动。

故障诊断与排除：

接到救援电话，我们即驱车前往。到达后首先进行启动试验，同样发现启动机能带动发动机正常运转，但发动机不能顺利启动。凭感觉好像是没有高压电，于是分别拔掉1缸和3缸的高压线进行跳火试验，果然发现高压线不跳火。

该车装备了采用德尔福综合控制系统控制的多点电喷系统。该系统不仅能实现燃油喷射控制，而且能实现点火控制。在点火系统中，又采用了无分电器直接点火系统，也就是电子控制单元（电脑或EMS）根据曲轴位置传感器、凸轮轴位置传感器、节气门位置传感器和冷却液温度传感器等一系列传感器检测到发动机转速、转角、负荷和温度等工况信号，按照预先设置的程序进行判断和计算，从而确定出点火时刻和初级绕组的通电时间，然后将计算结果指令传送给点火控制器（与点火线圈合装在一起），点火控制器则按照所接收到的点火顺序（1、4缸或2、3缸）信号交替地控制点火线圈绕组电流的导通与切断，从而使每个次级绕组轮流产生的高压电经高压线直接加在1、4缸或2、3缸火花塞上，通过火花塞电极间隙的跳火来点燃汽缸内的可燃混合气。

通过对其点火控制原理进行分析后，我们找到位于驾驶员座椅下的点火控制器及点火线圈总成，拔掉其线束插头并打开点火开关，然后用万用表电压挡（DCV20）分别对手头的各端子进行测量，结果发现其电源电压正常，为12.3V，而两点火信号端子的电压为0.2V。于是将点火开关转至启动挡，使启动机带动发动机正常运转，同时再对两信号端子的电压即发生一致地变化。由此诊断，电脑根据所接收到的传感器信号适时地发出了点火指令，而高压不跳火，则问题可能出在点火控制器或火线圈上。由于该点火控制器与火线圈合装在一起，而且来时没有带备件，因此，只好将车拖回。

回到公司后，根据前面所做的检测及诊断，更换新的点火控制器及点火线圈总成，然后启动试车，一次启动成功。

解读与阐述

车辆、人和货物是运输配送活动中最主要的构成要素，因此，车辆保持良好的使用状态，对整个配送工作的顺利进行起决定作用。当然，配送中心也可以将运输配送任务委托给货运公司处理，以节省车辆养护的种种麻烦，但缺点是受制于人，主动性差。因而，自身的车辆养护管理还是必不可少的。具体内容如下表4－6所示：

表4－6　车辆养护管理规范

条　目	内　容
车辆种类的选定	货车车辆种类繁多，要根据用途及所载货物的种类来进行选择。一般常见的分类有根据载重量进行分类的，如小货车3.5吨以下，大货车3.5吨以上；根据车厢的形状分为柜式车和厢式车；根据燃油种类分为汽油车和柴油车等。 (1)一般配送中心均为市区内配送，而市区内对车辆通行都有载重的限制，因此，市区内配送一般以小货车为主。 (2)近年来，出现了大宗物品栈板化运输趋势，致使长途行驶的车辆逐渐采用联结车或拽引车，以节省物流成本。 (3)柜式货车载装容量虽然较多，装卸货速度也较快，但需要捆绑覆盖帆布，对物品的保护性较差。 (4)厢式货车，虽然载装容量相对少些，但可以装载多样品项，不用捆绑，可以保护商品，节省人力。 (5)选用何种车辆，经营者可以根据业务需求量审慎衡量，以免评估错误，造成损失与浪费。
车辆机具的检查	(1)驾驶员每日在车辆、机具使用前，应对传动、润滑、冷却和转向等系统按顺序进行检查，并于"每日行车前检查表"内详细记载实际状况。凡有杂音、漏油和松动情况时，应立即填具检修单送请维修厂检修。 (2)运输管理人员应每月定期检查车辆车况，作为对驾驶员考核的参考。
车辆机具的保养	(1)驾驶员除每日使用前对机具进行例行性检查外，对车容、配件也需勤加清洗维护。 (2)车辆机具应定期进行保养。 (3)车辆机具保养期间，调派人员应掌握情况，并加以记录，以掌握情况。
车辆机具的维修管理	配送中心的车辆要定期进行维修作业，主要步骤如下： (1)一般维修程序。①驾驶员填送请修单；②调派管理人员根据经验和具体状况核定请修单；③维修期间，所更换的零件或配件，必须按照公司规定领用；④维修完成后，驾驶员要试车，在确定维修妥善后，才可以再度加入运营行列。 (2)专门维修。驾驶员因操作不慎或使用不当致使所配属车辆机具发生故障，应填具车辆机具故障书或事故报告书。 (3)途中维修。①车辆在长途出勤任务途中发生故障时，若维修费用在公司规定的范围内，携带维修鉴定记录卡，准予报销可自行送请修理。②前项车辆返回公司后，必须将发生状况记载于车辆出勤途中故障处。③途中故障修护费用超过公司规定标准时，驾驶员应向运输单位联络，就近请公司维修人员支援，由公司派维修人员维修；情况严重者，派车拖回维修。若未经运输单位主管同意就地委托他人维修者，必须在返回公司后，立即填写车辆故障报告书，并经核定后提交报销申请单。当车辆在途中因故障无法迅速维修时，如果载有货物，则必须立即与公司联络，以其他车辆支援将货物准时运至客户指定的地点。 (4)车辆定期报检。安全监理处车辆定期检查业务依车辆购置年份及申领牌照日期确定报检时间。车辆行政管理人员在定期检查前一个月，预先告知车辆调派管理人员，并请转告驾驶员依通知单所载项目进行预检工作。如有不符合标准的，应立即送修。

关键点提示

进行车辆的养护管理包括：

1. 车辆种类的选定
2. 车辆机具的检查
3. 车辆机具的保养
4. 车辆机具的维修管理

第五章　运输配送物流系统搭建与管理

传统意义上，认为物流的核心是运输，而且运输费用在物流活动中占的比例最大。现代综合物流倡导者认为信息是物流的核心，信息技术将改变物流规则。信息技术引发了物流业的革命，标志着一个新的物流时代的到来。

现代物流与信息技术密切相关，似乎离开了信息技术的支持，就无法形成现代意义上的综合物流活动。这一点正如美国前总统克林顿所言，“现代运输已不再只是水泥、沥青和钢铁”，而是运输的信息化和智能化。因此，信息系统在现代运输与配送中占有非常重要的位置。

运输服务是将货物长距离、大批量地由生产地运送到客户或物流中心的活动；配送服务是指完成货物的“门到门”运输，将货物短距离、小批量地交给客户。它完善了整个运输体系，是运输服务的一种特殊形式。随着开展运输与配送服务的环境日益复杂化，如何实现运输与配送服务的合理化，达到降低服务成本的目的，成为物流服务管理必须解决的问题。

5.1 运输配送系统规划

典型问题及案例

沃尔玛运输的途径和五要素

沃尔玛物流运输合理化的途径和五要素。运输合理化是指从物流系统的总体目标出发，按照货物流通规律，运用系统理论和系统工程原理与方法，合理运用各种运输方式，选择合理的运输路线和运输工具，以最短的路径、最少的环节、最快的速度和最少的劳动消耗，组织货物的运输与配送，以获取最大的经济效益。

其中的五要素是指能够影响物流运输合理化的五个因素，包括：

1. 运输距离

运输过程中，运输时间、运输费用等若干技术经济指标都与运输距离有一定的关系，运距长短是运输是否合理的一个最基本的因素。

2. 运输环节

每增加一个运输环节，势必要增加运输的附属活动，如装卸、包装等，各项技术经济指标也会因此发生变化，因此，减少运输环节对实现运输合理化具有一定的促进作用。

3. 运输工具

各种运输工具都有其优势领域，对运输工具进行优化选择，最大限度地发挥运输工具的特点和作用，是运输合理化的重要的一环。

4. 运输时间

在全部物流时间中运输时间绝大部分，尤其是远距离运输，因此，运输时间的缩短对整个流通时间的缩短有决定性的作用。此外，运输时间缩短，还有待加速运输工具的周转，充分发挥运力效能，提高运输线路通过能力，不同程度地改善运输不合理现象。

5. 运输费用

运费在全部物流费用中占很大的比例，运费的高低在很大程度上决定整个物流系统的竞争能力。实际上，运费的相对高低，无论对货主还是对物流企业都是运输合理化的一个重要标志。运费的高低也是各种合理化措施是否行之有效的最终判断依据之一。

通过该案例分析，如何从综合物流系统的角度降低运输成本？

物流系统是指在一定的时间和空间里，由所需输送的物料和包括有关设备、输送工具、仓储设备、人员以及通信联系等若干相互制约的动态要素构成的具有特定功能的有机整体。沃尔玛在降低运输成本方面，也是从以下几个要素展开的：

物的要素：第一，沃尔玛采用的是卡车进行公路运输，大卡车装货多，运载量大，可以做到少批次、大批量的运输，利用规模效应的原理，同一辆车在允许的范围内，装的货物越多，平均到单位货物上的成本就越低；第二，公路运输机动灵活、适应性强。我们国家的公路覆盖面积最大，这也是沃尔玛采用公路的运输的原因之一；第三，公路运输可以实现“门到门”的直达运输，避免了多次转运的成本消耗；第四，运输途中不需要换装作业，适运距离内运送速度快；第五，厂商使用沃尔玛的卡车来运输货物，从而做到把产品从工厂直接运送到商场，因此，沃尔玛在仓储设备上并不用花费多少资金；第六，公路运输有较强的公用性和开放性，沃尔玛的卡车是自己公司所拥有的，在调度和使用方面十分方便，提高了运输的效率。

人的要素：第一，沃尔玛的司机很多都是它的员工，这样在人力资本方面就节约了大量的资金；第二，由于司机大部分都是自有员工，所以他们比较熟悉沃尔玛货物物流的流程，能够从容的应对各种状况；第三，沃尔玛遵循着"安全第一"的原则，把安全放在运输的首要位置，因为最大程度上保证安全运输，才能为公司节省其他不必要的开支，交通事故带来的花费是巨大的；第四，沃尔玛连锁商场的物流部门，24 小时工作，及时为卡车卸货，这就节约了很多时间，运输车队利用夜间运输，可以避开车流的高峰期，提高了运输效率，以高速度、高效率来降低物流运输的成本。

信息要素：第一，沃尔玛拥有一套先进的物流信息系统，能够确保商场所得到的产品是与发货单完全一致的产品，这样在卸货的时候，就不用对每一件货物进行检查，大大节约了卸货的时间；第二，沃尔玛采用全球定位系统对车辆进行定位，调度中心在任何时候都能掌握运输车辆的具体位置，并且能够精确地计算出距离目的地还有多少时间的路程，这样能够减少货物的丢失率，提高了整个物流系统的运作效率；第三，沃尔玛与商场在信息沟通方面，已经形成了一种默契，彼此之间相互信任，沃尔玛依靠先进的技术，准时准确地将货物送到指定的地点，甚至不需要对方的检验和督促，在这一方面就节约了大量的时间和人力成本。

总体来说，沃尔玛在这几个方面都做得非常好。不仅在运输时间和成本节约上下工夫，同时也辅助以安全保障措施，先进的物流信息技术的应用，以及与配送中心的工作密切结合。从而通过物流运输的合理化经营，减少运输环节，降低运输费用，缩短运输时间，实现运输成本在整个物流系统中的有效降低。

解读与阐述

运输配送作业在物流中心的物流成本中占有重要位置，因此，运输配送系统规划直接影响运输成本与效率。具体内容包括：

1. 制定运输配送规划时要考虑的因素

在实际运输配送的分派过程中，包括许多动态与静态的影响因素。静态因素如配送客户的分布区域、道路交通网路、车辆通行限制（单行道、禁止转弯和禁止货车进入等）和送达时间的要求等；而动态因素如车流量变化、道路施工、配送客户的变动可供调度车辆的变动等，使配送规划的制定更加困难。因此，需要在规划过程中进行有效分析与整合，充分考虑规划步骤中各要素对规划的影响程度。

2. 制定运输配送规划时要考虑的问题

制定规划时要考虑以下方面，如下表 5 -1 所示：

表 5 -1　运输配送规划制定相关问题

条　目	内　容
基本配送区域划分	为了使整个配送有章可循，物流中心通常会事先按照客户所在地点的远近、关联状况做区域的基本划分，如北京市的北区、东区、南区，或者是海淀区、西城区等。当然，若遇突发情况，这些基本分区也应能弹性调整。
配送批次决定	当物流中心的货品性质差异很大，有必要分批配送时，则须根据每笔订单的货品特性做优先性划分，如生鲜食品与一般食品的运送工具不同，须分批配送；还有化学物品与日常用品其配送条件有差异，也须将它们分开配送。
配送先后次序决定	信用是吸引后续客源的关键，然而，能在客户要求的时间准时送货非常必要。所以，在考虑其他因素做出确定的配送顺序之前，应先根据“各客户要求的到货时间”来排列配送的先后次序。
车辆安排	（1）究竟要安排什么类型的配送车，是使用自用车还是外雇车？对于这些问题，需要从客户方面、车辆方面及成本方面来共同考虑。 （2）在客户方面，必须参照各客户的订货量、订货体积、重量以及客户所在地等因素；在车辆方面，要知道到底有哪些车辆可供调派以及这些车辆的装载重量的限制；在成本方面，就必须根据自用车的成本结构及外雇车的计价方式来综合考量。结合以上三个方面的信息才能做出最合适的车辆安排。
确定每辆车负责客户数量	既然已做好配送车辆的安排，对于每辆车所负责的客户数量自然也就确定了。
路径选择	（1）知道了每辆车配送的客户地点后，要想以最快的速度完成这些客户点的配送，就必须根据“各客户点的位置关联性”及“交通状况”来选择路径。 （2）对于有些客户或所在环境及其送达时间的限制也要考虑到，如有些客户不愿意中午收货，或是有些巷道在某一特定时间不准卡车进入等，都应在选择路径时避开。
配送顺序	做好车辆的调配安排及配送路径的选择后，依据各车辆的配送路径先后即可确定客户的配送顺序。
车辆装载方式	决定了客户的配送顺序，接下来就是如何将货品装车、以什么次序上车的问题。原则上，知道了客户的配送顺序先后，只要将货品依“后送优先上车”的顺序装车即可，但有时为了妥善利用空间，可能还要考虑货物的性质（怕震、怕撞和怕湿）、形状、容积及重量来做弹性置放。此外，装卸方式也有必要依货品的性质、形状等来决定。

3. 规划过程中须注意的要点

在上述规划考虑过程中，必须注意以下要点：订单内容的检查、订单紧急程度确认、送货地址确认、配送路径如何更合理、货品送至客户手中的时间估算、装卸货时间，出发时间、运输配送手段的选定，装卸方式的确认和运输配送费用等。

关键点提示

如何规划运输配送须掌握如下内容：

1. 制定运输配送规划时要考虑的因素
2. 制定运输配送规划时要考虑的问题
3. 规划过程中须注意的相关问题

5.2 组织配送网络

典型问题及案例

日本宅急便的配送网络图

图5－1为日本宅急便的配送网络图。1976年，宅急便共受理了170万件货物，同年，日本国铁受理包裹为6 740万件，邮局受理小包则达17 880万件。到1988年，宅急便已达34 877万件，超过了邮局小包的23 500万件。该年，在宅急便所属的行业内，宅急便的市场占有率已达40%，居日本运输第一位的日本通运的“信天翁便”只占28%。到1995年，宅急便的受理件数多达57 000万件，营业额为6 000亿日元。宅急便的员工数由原来的3个人增加至57 797人，拥有的车辆从2 000辆增加到25 000辆。在日本，大和运输的宅急便已是无人不知、无人不晓，在马路上到处可见宅急便来回穿梭。

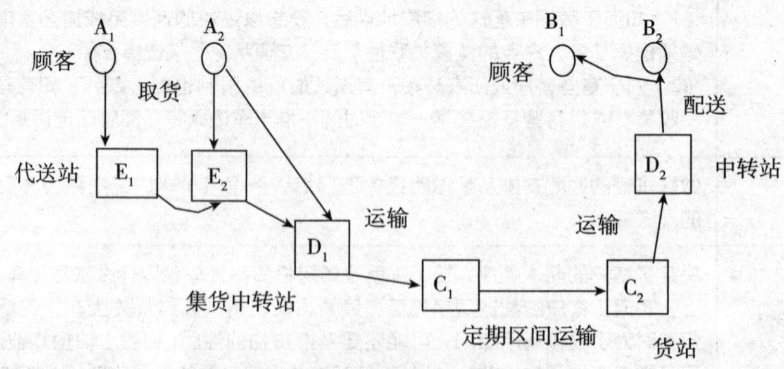

图5－1　日本宅急便配送网络图

解读与阐述

配送系统是一个网络结构的系统，配送网络由物流节点和线路组成，其中，物流节点包括物流中心、配送中心、货物的供应方和需求方。配送网络直接影响配送的效率，一个好的配送网络可以大大地降低运输配送成本。

1. 如何构建集中型配送网络

集中型配送网络是指在配送系统中只设一个配送中心，所有用户的物品配送都要经过这个配送中心完成。比如，一个城市范围内的中小型连锁公司自己设置的为所属连锁店配送商品的配送系统，在这种系统中只设一个配送中心。这种模式特别在中小城市的连锁店配送中应用很广，适合小区域内的物流配送。如图 5－2 所示：

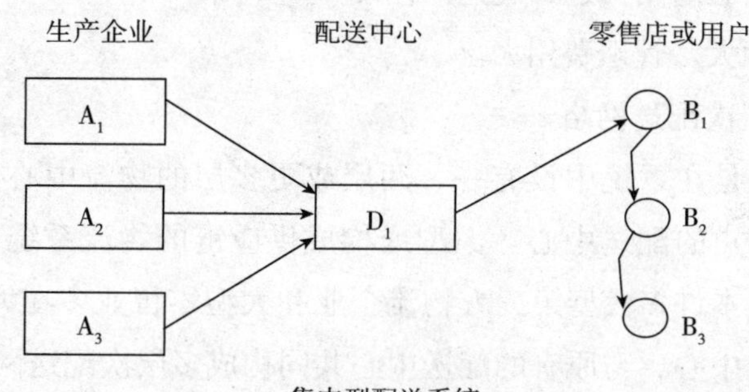

图 5－2 集中型配送系统

这类配送网络的特点有：

（1）管理费用少（相对于分散型配送系统）。

（2）安全库存低。在相同服务水平下，集中比分散需要的安全库存小。

（3）用户平均配送时间长。因为只有一个配送中心，对距离配送中心远的用户，服务水平会下降。

（4）运输成本中外向运输成本（从配送中心到顾客的运输成本）相对高一些；但内向运输成本（从生产厂到配送中心的）会低一些。

2. 如何构建分散型配送网络

分散型配送网络是指在一个配送系统中设有多个配送中心，而将客户按一定的原则分区，归属某一个配送中心。大城市中的大型连锁公司自己设置的为所属连锁店配送的系统通常要设几个配送中心才能满足需求，就属于这种配送网络类型。如图 5－3 所示：

这种结构的配送系统特点有：

（1）外向运输成本低，内向运输成本大。

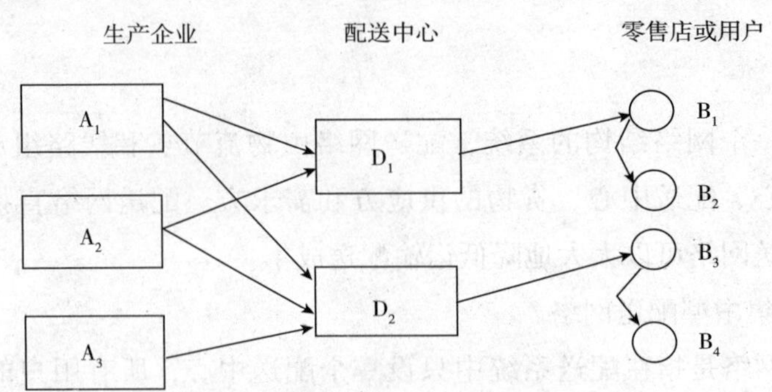

图5－3　单层次配送系统

（2）由于库存分散，安全库存增大，平均库存也增大。

（3）由于配送中心离用户近，配送时间缩短。

（4）初期投资额大，管理费用大。

3. 如何构建多层次配送网络

多层次配送网络是在系统中设有一、两层或更多层的物流中心和配送中心，其中至少有一层是接近客户的配送中心。大型或构成供应链的物流系统，它们的配送网络通常是这种类型。日本许多大型第三方物流企业和大型零售业多在大城市 40 公里圈外建立大规模地域配送中心，与原有的配送中心共同构成多层次配送网络。

多层次的网络结构，由于与供应商和用户的距离都比较近，服务质量大大提高，同时运输成本也大大降低。但是，它初期投资额大，运营费用也大。只有资金雄厚的企业才可以运用这种网络结构。如图 5－4 所示：

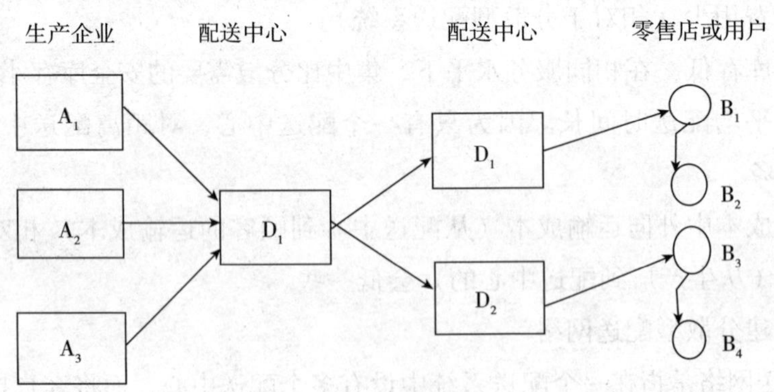

图5－4　多层次配送系统

4. 网络构建的案例

（1）工业生产资料配送网络。工业生产资料的配送也可以称为供应配送或供应物流，它是为生产企业提供原材料、零部件等物品而进行的配送。工业生产资料配送服务的对象都是企业，供应方是提供原材料或零部件的企业。生产企业消耗生产资料一般用量比较大，可替换性小，为了降低成本、保证生产顺利进行，需求企业方对配送系统在种类、数量、到达时间和到达地点的精确度要求比较高，一般采用多级配送网络来组织。

图 5 -5 是深圳中海物流配送中心的配送网络图：

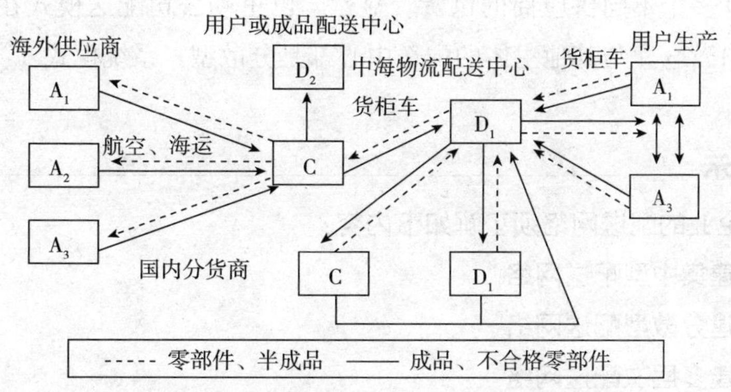

图 5 -5 中海物流配送中心的配送网络图

（2）生活消费品配送网络。生活消费品是由工农业企业提供的个人消费品，包括五金、家电、家具、餐具、纺织品、化妆品、工艺品、食品、饮料、果蔬和药品等。

图 5 -6 是意大利巴里勒公司的食品配送网络结构图。巴里勒公司是意大利一家通心粉制造商，其生产的通心粉占意大利市场的 35%，同时在欧洲市场上也占有一定的份额。

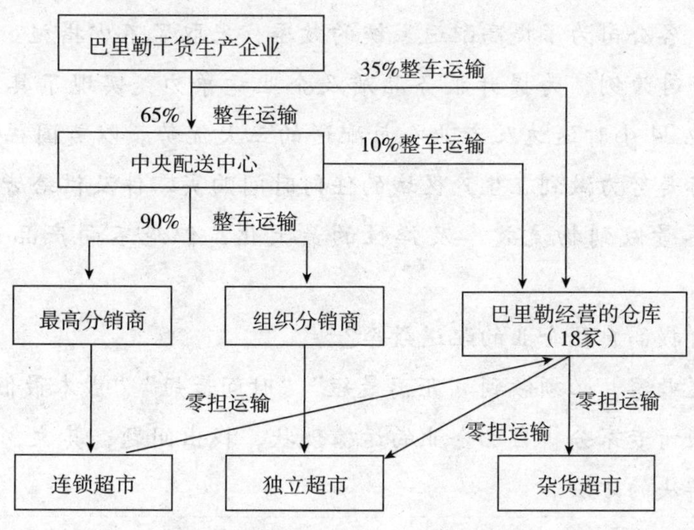

图 5 -6 巴里勒公司的食品配送网络结构图

如图所示，巴里勒公司65%的干货产品以整车运输方式直接运输到两个中央配送中心，35%的干货产品由生产厂家以整车运输方式直接运输到18家巴里勒自己经营的仓库，这18家仓库比中央配送中心低一个层次，它直接对连锁超市和杂货商店以零担运输方式配送，而且中央配送中心还向这18家仓库中转调运产品。图中“最高分销商”实际上是连锁超市的配送中心，它仅向连锁超市配送。“组织分销商”是向独立超市配送的配送中心。最高分销商和组织分销商只接受巴里勒公司中央配送中心的供货，一般要接受200多个不同供应商的供货。显然，巴里勒公司配送模式在上层中央物流中心和下层的自营仓库与其他主体的配送中心都是分散型、系统模式。

关键点提示

组织自己企业的配送网络须了解如下内容：

1. 如何构建集中型配送网络
2. 如何构建分散型配送网络
3. 如何构建多层次配送网络

5.3 提高运输配送运行效率

典型问题及案例

日本YAMATO和美国福特公司的配送

由于以专门知识配合产品形状类别来配送的时代已经来临，配送行业的竞争日趋激烈。各公司为了提高配送系统的效率，采取了不少措施：以日本YAMATO运输公司为例，为提升服务品质及企业竞争力，实现了具备全国统一价、全国各地24小时送达及专业人员配送的三大优势。以美国福特汽车公司为例，其目标是努力做到在生产区域的任何时间购买零件及供给皆不超过八小时；同时，尽量做到物流效率及弹性的最大化，但绝不向产品寿命及品质妥协。

想想怎样提高自己企业的配送效率？

提高配送效率，必须做到“距离最短”“时间最短”“成本最低”。

首先，应请专家分析自己企业的运输现状，找出问题；其次，根据出现的问题，选择解决的方法。

解读与阐述

随着运输与配送竞争的加剧，提高自身配送系统的效率是提高竞争力的关键所在。“距离最短”“时间最短”“成本最低”可以说是提高运输配送效率要达到的三个目标。在这三个目标中，最基本的方向应是提高每次运输配送量、提高车辆运行速率、削减车辆使用台数、运输配送距离及适当配置物流设施据点，但在考虑的同时，仍须注意下列几个问题：①满足顾客需求。②各配送路线货量不能超过车辆的能力。③不可超过车辆的配送时间。④不可超过配送点的收货时间。为实现距离、时间和成本最小化，可采用的手段包括：

1. 消除交错运输

在消除交错输送上，可采行缓和交错输送的方式。例如，将原来直接由各工厂送至各客户的零散路线以配送中心来做整合并调配转送，这样可舒缓交通网路的复杂程度，也能够大大地缩短运输配送距离。如图5－7所示：

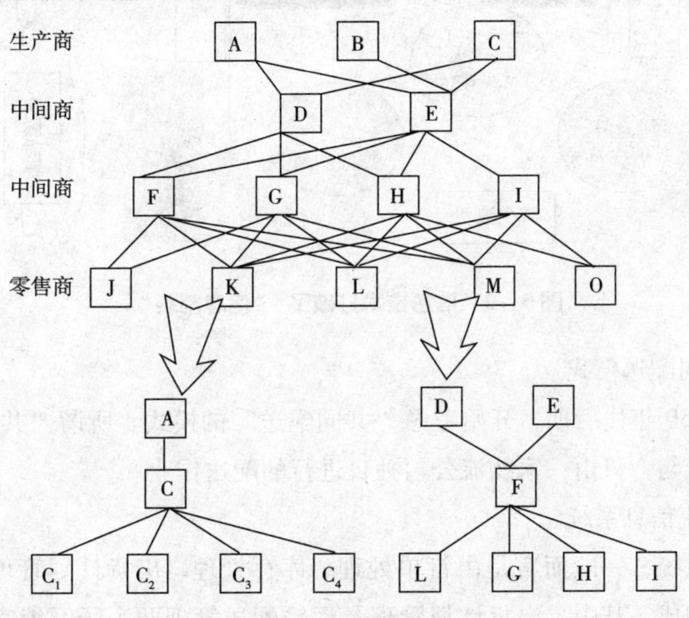

图5－7 缓和交错运输方式

2. 直配、直送

在我国，传统的商业流通系统大多采用从总代理商、一次批发和二次批发才到零售店的形态，其中，总代理和批发商中又分为全国性、地区性、全部承销或部分承销、专属某一特定厂商或同时销售不同生产商产品等不同形态，流通途径显得格外复杂。

过去，商品是由各工厂汇总到地区性物流中心，再根据代理商与销售公司的订单，交货到各自的物流中心，然后依三一二次批发、三次批发的订单顺序交货至指定地点。现在，由于信息技术和电子商务的均速发展，“信息割裂”的局面被打破，信息流通的顺畅使各类企业都更接近用户，订单仍可通过信息网路直接传给厂商，因此，各工厂的产品可从厂商的物流中心直接交货至各零售店，这种利用直配、直送的方式可大幅度简化物流层次，使中间的代理商和批发商无需存货，上游信息也能快速传达到上游，让整体联系收到快速的效果。如图 5－8 所示：

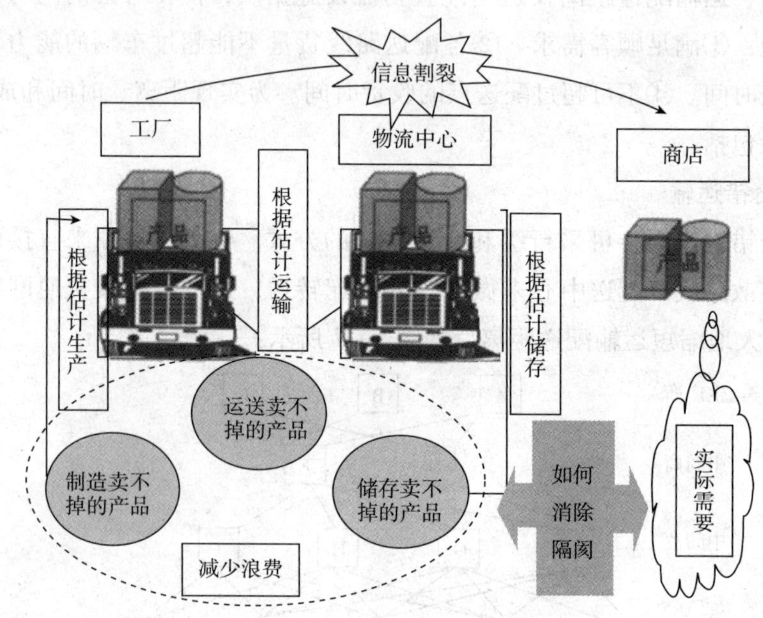

图 5－8　信息技术打破了“信息割裂”

3. 发展共同配送模式

自 20 世纪 50 年代后期，开始考虑“共同配送”的模式。所谓“共同配送”，是指多家企业共同参与，只由一家物流公司独自进行的配送作业。

4. 建立物流信息系统

物流信息系统，一般而言是由订单处理、库存管理、出货计划管理和运输配送管理四个子系统构成。其中，出货计划管理及运输配送管理两个子系统直接关系到运输配送业务的效率，因而，最好能具有以下功能：

（1）最适合运输配送手段的自动检索是根据交货配送时间、车辆最大积载量、客户的订货量、个数和重量选择一个最经济的运输配送方法。

（2）自动生成配车计划。根据货物的形状、容积、重量及车辆的能力等，由电脑自动安排车辆甚至装载方式。

（3）自动生成最优配送路线。在信息系统中输入每一个客户点的位置，则由电脑依最短距离提供最便捷的路线。

5. 改善运行车辆的通信状况

用现代先进的信息技术武装传统的运输工具，以船运为例，日本已能利用无线电传输做到临时得知某港口罢工，总公司马上电传通知商船绕道，避免延误行程的情况；至于铁路运输，货物归属哪一班火车哪一节车厢都早已在电脑中选定，以节省时间和人力。移动车辆的通信设置必须要具备并掌握以下的信息：

（1）掌握车辆及司机的状况。

（2）传达道路资讯或气象资讯。

（3）掌握车辆作业状况及装载状况。

（4）进行作业指示。

（5）传达紧急的资讯。

（6）提高运行效率及安全运转。

（7）掌握运行车辆的所在地。

即不论何时何地，只要有什么特殊状况或特别需求，即使是远距离的配送，司机也能及时与总公司保持联系。同样，总公司也能够随时把紧急信息通过通信装置通知司机。

6. 控制出货量

若能有效控制顾客的出货量，将其尽量平准化，则能提高整个运输配送的效率。此策略运行方式有以下四种：

（1）根据不同的订货量给予不同的折扣。

（2）确定最低订货量。

（3）调整交货时间。

（4）对于季节性的变动，尽可能通知客户提早预约。

根据自己的情况，灵活选用上述各种策略来提高自己运输配送系统的效率。

关键点提示

提高运输配送运行效率的方法包括：

1. 消除交错运输
2. 直配、直送
3. 发展共同配送模式
4. 建立物流信息系统
5. 改善运行车辆的通信状况
6. 控制出货量

5.4 构建现代化运输配送系统

典型问题及案例

信息技术在现代物流中的应用

CTI 技术使顾客、办公室和运输工具紧密地联系在一起。呼叫中心是为了客户服务、市场营销、技术支持和其他特定的商业活动而接收和发出呼叫的一个实体。早期的呼叫中心是利用电话，结合与自动呼叫分配系统（ACD）相连的中心数据库而开展商业活动的场所。物流企业的呼叫中心的主要功能包括：

（1）解答顾客的咨询；

（2）听取不满的心声；

（3）将顾客的要求传达给有关负责人；

（4）组织、协调运输作业，随时与司机和配送中心人员联系等。

GPS 在运输行业中的应用：

1. 用于汽车自定位、跟踪调度

根据丰田汽车公司的统计和预测，日本车载导航系统的市场在 1995—2000 年将平均每年增长 35% 以上，全世界在车辆导航上的投资将平均每年增长 60% ~80%，因此，车辆导航将成为未来全球卫星定位系统应用的主要领域之一。我国已有数十家公司在开发和销售车载导航系统。

2. 用于铁路运输管理

我国铁路开发的基于 GPS 的计算机管理信息系统，可以通过 GPS 和计算机网络适时收集全路列车、机车、车辆、集装箱及所运货物的动态信息，可实现列车和货物的追踪管理。只要知道货车的车种、车型和车号，就可以立即从近 10 万公里的铁路网上流动着的几十万辆货车中找到该货车，还能得知这辆货车现在何处运行或停在何处以及所有的车载货物发货信息。铁路部门运用这项技术可大大提高其路网及运营的透明度，为货主提供更高质量的服务。

解读与阐述

随着信息技术的高速发展，引发了运输业的革命。许多先进的信息技术的运用极大地提高了运输和配送效率，见图 5－9，正是利用了信息技术，如 FDI、CTI、ITS、GPS、AHS 和 VICS 等先进技术，才能及时掌握物流动态的变化，并据此制定出有效的应对措施，从而使物流活动更加快捷和准确。如何应用信息技术使配送更有效率？

1. 利用ID标签使各种货物信息化

ID标签，也称条形码，是贴附在商品外包装上的记有商品信息的标签，可以随商品一起移动，用相关的扫描仪器便可获知该商品的全部信息。

如果在车辆上安装了ID标签识读器的话，所有装车的商品就会被扫描，从而将所有车上的商品信息记录在数据库里；如果再和GPS（全球定位系统）相连，坐在办公室里就可以随时掌握装有什么货物的车辆行使在什么位置。

在物流中心出库时，往往会出现分拣错误及订单内容与包装箱内的内容不符的情况，如果在每个商品上都附上ID标签，就会提高分拣的效率，避免出错。

2. 利用ITS使道路和汽车信息化

ITS（Intelligent Transport System），即“高效率道路交通系统”。如图5－9所示：

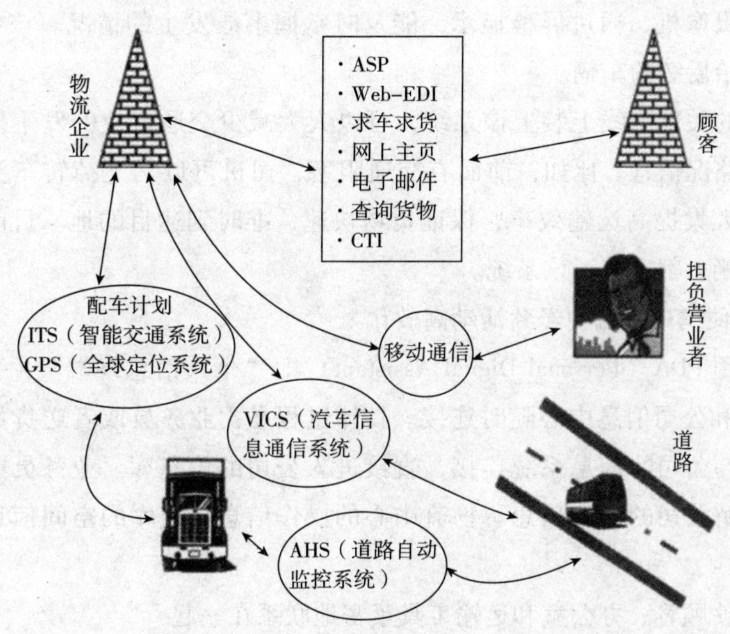

图5－9 信息系统整合后现代运输系统

其主要功能是通过信息反馈来准确掌握车辆行驶和道路交通的状况，通过及时发出疏导指令，改善交通拥塞状况和防止交通事故的发生。譬如，日本的建设省警察厅、通商产业省、运输省和邮政省联合推出了ITS系统，极大改善了交通状况，提高了整个日本的运输配送效率。只要在车上安装VICS（汽车信息通信系统），就可以随时接收道路交通信息，司机就可以准确知道道路的交通状况以及准确预定行驶时间，给物流运输和配送带来了极大的便利。

3. 通过 GPS 准确掌握运行中车辆的位置

GPS 即“全球定位系统”，是汽车驾驶的定位系统。该系统是利用卫星来测定地球车辆的位置。最早用在美国军方，测量误差不超过 10 米，现在已经大规模民用。

利用该系统可以及时而准确地掌握车辆所在的位置以及行驶的状态，因此，管理者只要坐在办公室里就可以准确掌握车辆的位置，随时根据路况信息来指挥车辆的行驶，从而提高运行效率。

具体运行构造如下：在各个车辆上装有卫星天线、GPS 接收器以及小型个人终端。办公室管理人员通过反馈的信息掌握各车辆的位置及行驶情况，并根据路况情况指挥车辆的行驶路线。利用该系统可使每天的集装箱运载量提高 20%。

4. 利用 AHS 技术来获取道路和车辆的信息

AHS（Advanced Cruise Assist Highway System），即“道路交通保障系统”。该系统在道路两侧装有摄像机，通过屏幕显示，能及时掌握事故发生的情况。该系统会在 2 秒钟内把信息传给后续的车辆。

在运输配送的关键路线上装上该系统，可以大大减少交通事故的发生，而且可以迅速了解前方的路况信息。比如，前面有交通阻塞，司机可以马上掉转车头，换另一条路行驶，从而大大提高运输效率，保证货物快速、准时到达目的地。目前，日本很多物流企业在车辆上都安装了该系统。

5. 利用各种便携式终端使经营活动高效化

外出人员利用 PDA（Personal Digital Assistant）即“个人信息终端”（手机、电话和车载电话等）和公司信息中心随时连接。具体过程是：业务员或者送货员将携带的笔记本或手机网与公司的信息系统连接，直接进入公司的信息库。业务员或运输员通过该手段可以了解公司的库存信息、物流中心的操作信息、仓库的空间信息以及车辆的配送信息等。

6. CTI 技术使顾客、办公室和运输工具紧密地联系在一起

“电话和电脑的联机应用”称为 CTI（Computer Telephone Integration）技术。对于物流企业，电话受理业务是企业面对顾客的服务窗口。可以设立电话中心（现在也叫呼叫中心），处理顾客的服务要求。

其过程是：如果电话中心服务人员接到顾客订货请求，可以通过信息终端，输入必要的事项，就可以迅速地向空载车辆发出指令，驾驶员可以马上收到发货信息，赶到最近的配送中心进行配货；如果是投诉电话，营业员可以转接到相关部门处理。同时，营业员也可以把处理过程存入电脑，下次遇到类似情况，电脑即可自动回复。

总之，信息技术的发展带来了运输配送业的革命，可以合理利用信息技术整合自己的运输系统，使其更有竞争力。

关键点提示

如何构造高效的现代运输系统的主要方法有：

1. 利用 ID 标签使各种货物信息化
2. 利用 ITS 使道路和汽车信息化
3. 通过 GPS 准确掌握运行中车辆的位置
4. 利用 AHS 技术来获取道路和车辆的信息
5. 利用各种便携式终端使经营活动高效化
6. CTI 技术使顾客、办公室和运输工具紧密地联系在一起

5.5 共同配送管理

典型问题及案例

三家连锁超市的共同配送管理

东京有三家连锁超市公司 A、B、C，A 公司在东京西部的练马区、B 公司在东京东部的葛西区、C 公司在东京中部的品川区，三家公司都有各自的配送中心，并面向东京都内本系统的店铺实施商品配送。在这种情况下，A 连锁超市公司的物流中心向葛西区分店实施商品配送，要穿过市中心繁华地带；C 连锁超市公司若在练马区开分店，也要从葛西区物流中心往练马分店进行配送，这样，A、B、C 三家连锁超市都存在“重复运输”过程。最终三家公司达成协议，将三公司设在三个区的配送中心公用，进行共同配送。毫无疑问，三家公司的配送效率将会大大提高。

从整个社会的角度来看，实现共同配送主要有以下好处：

通过集中化处理，减少闹市卸货妨碍交通的现象，改善交通运输状况，社会车流总量减少，有效提高车辆的装载率，节省物流处理空间和人力资源，改善商业物流环境，进而提升整体社会生活品质。

解读与阐述

共同配送是为了提高对某一地区用户的物流配送效率，而在配送中心的统一计划

和统一调度下开展的配送活动。

通过共同配送，企业可以得到以下几方面的好处：达到配送作业的经济规模，提高物流作业的效率，降低企业运营成本；不需投入大量资金、设备、土地和人力等，可以节省企业的资源；企业可以集中精力经营核心业务，促进企业的成长与发展；扩大市场范围，消除原有封闭性的销售网络，营建共存共荣的环境。

1. 选择共同配送的组织形态

共同配送最常见的组织形态有六种，其中在批发商及代理商之间进行的是一种水平式的共同配送；相对来说，由制造商主导来完成批发业的配送，或由连锁店总部主导来完成供货厂商的配送，则属于垂直式的共同配送。

（1）仓库中心型。多数同行业的企业（制造商或者批发商）将自己的存储和配送工作共同委托给一家物流公司。该物流公司有自己的仓库，多家制造商将货物放在物流公司仓库中，由物流公司配送到各制造商下游的批发商。

它适合中小型制造商，如果制造商资金有限，可以将运输和存储完全外包给物流公司，从而可以节省大量的固定资产投资。如图 5 – 10 所示：

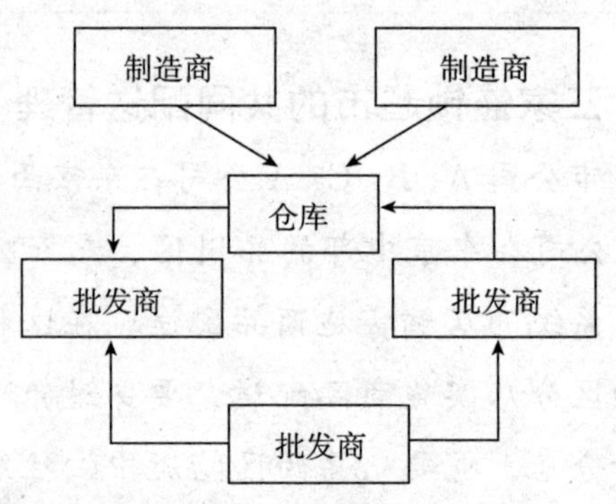

图5 – 10　仓库中心型

（2）物流中心分类型。这种类型中，各小店铺的采购通过配送中心统一处理，有的制造商将配送中心委托给多家批发商共同运营。一般大型制造商和批发商都有自己专门的配送中心，但对于有些地区，如果客户比较少或者环境比较特殊，投资风险比较大，这时可以考虑共同委托一家配送中心对自己的销售点进行配送。如图 5 – 11 所示。

（3）往复输送型。两家制造商，为了有效利用主要都市 A 和 B 间的运送货物，A 地的制造商 1 往 B 地的配送中心运货，从 B 地返回 A 时车是空载的；同样 B 地的制造商 2 往 A 地的配送中心配货，返回时也是空的。因此，两家可以协商，当制造商 1 从 B 地返回时，利用空车帮制造商 2 载运货，保证自己不空车。或者同理，制造商 2 从 A 地返回时也帮制造商 1 运送。这种方法必须要求双方能彼此掌握运货信息，彼此愿意合作，共同降低运送成本。如图 5 - 12 所示：

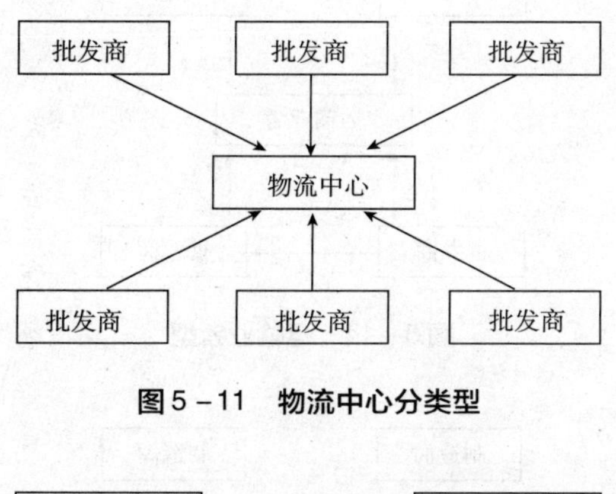

图 5 - 11　物流中心分类型

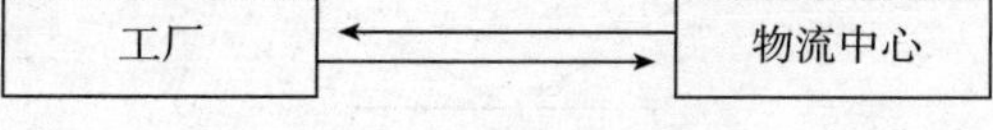

图 5 - 12　往复输送型

（4）百货店型。该类型中，多个批发商共同租用一个地区的配送中心，为自己的客户配货。比较适用中小型企业、中小型配送公司和小型批发商。为了节约成本，提高服务，这类企业或配送公司、批发商可以联合起来共同使用一些配送中心。一些大批发商如果在某一地区客户少，销售额也不大，不适合建立一个新的配送中心，也可以采用这种形式。这样既能节约成本，又能保证服务质量。如图 5 - 13 所示：

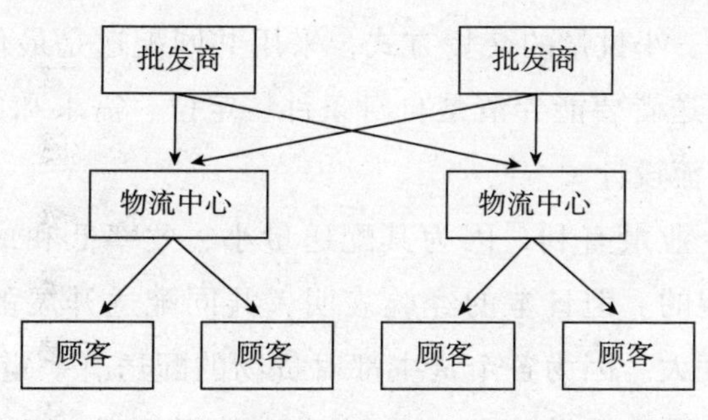

图 5 - 13　百货店型

（5）运输业者型

由专门的物流公司把制造商和批发商的货物集中运输比较适合大型制造商和批发商，由于货物比较多，可以和别的企业一起委托给专门的大型运输公司。

（6）组合型。几个的批发商、制造商共同投资组建一个专门的物流配送公司，由该公司完成多家投资企业的运输和配送。这种类型一般也适合大型制造商和批发商。如图 5 - 15 所示：

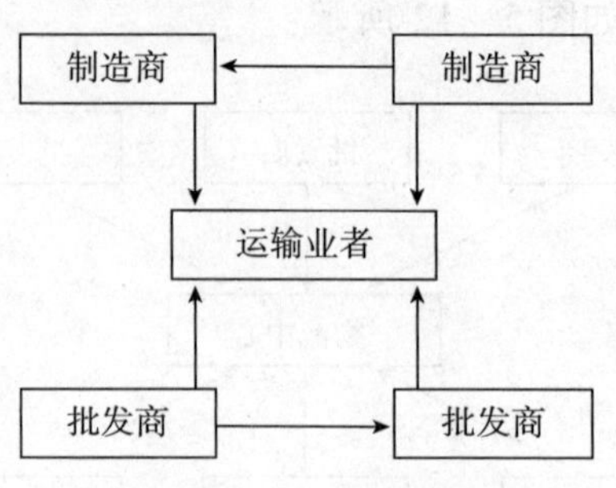

图 5－14　运输业者型

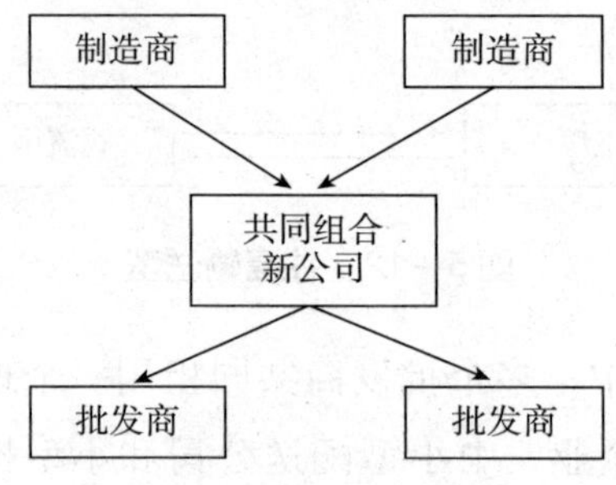

图 5－15　组合型

2. 共同配送的障碍和应对措施

实行共同配送，目的主要是为了降低物流成本、提高配送时效，特别是降低物流费用。为了适应多频度、小批量的交货方式，采用共同配送是最佳的选择。但是这种模式的要点在于参与配送者要能弄清楚自身条件、定位、需求和成长目标，并加强各自体系的经营管理与物流设计。

共同配送对中小企业最有利，因为其配送量小、效率低和成本高，共同配送的优势自然是他们所期望的。但日本的经验表明，共同配送开展的并不顺利，原因有三个：①组织协调难度大。因为各个货主都对货物的配送有一定的要求，包括时间、地点、数量和安全等，要在这些方面完全达成一致很困难。②利益分配上的矛盾。由于共同配送所实现的利益在各货主之间进行分配时缺乏客观标准，较难做到公平合理。③各经营主体的商业秘密（如价格、顾客和经营手段等），共同配送不易保密。

3. 共同配送应注意的问题

为了使共同配送健康发展，实施共同配送时要注意以下几点：

（1）参与共同配送的物流业务相对稳定，双方应签订比较稳定的共同配送合作协议。

（2）在客户分布、商品特性、物流作业特性和经营系统等方面应具有相似性，这样既便于组织管理和协调，也有利于利益分配。

（3）货主之间可以有生产、营销方面的竞争，但在物流方面是相互合作的，不应该存在竞争。

（4）货主和承担主体在物流信息管理方面有一定基础，包括已经建立起的信息管理系统、条码应用系统等。

（5）利益分配要有具体的制度和方法，应制定明确的收费和分摊标准。

（6）在共同配送协议中应对货主保守商业秘密，明确各自的权利和义务。

关键点提示

共同配送的组织形态包括：

1. 仓库中心型
2. 物流中心分类型
3. 往复输送型
4. 百货店型
5. 运输业者型
6. 组合型

5.6 配送中心车辆调度

典型问题及案例

7－11 配送中心的车辆管理

7－11 便利店在全球 20 多个国家共有 2 万多家分店，仅在日本就有 9 600 多家便利店，每年约有 31 万人次光顾。经过 30 余年的发展，7－11 成为日本最大的连锁便利店。这些店铺分布在全国各个地区，由于加盟店所处的地理位置不同，顾客层次也参差不齐，因此，各个店铺中陈列的商品是完全不同的。每家店铺面积 100～200 平方米，他们从总部推荐的 4 000 多种商品中选择适合自己需求的商品 2 000～3 000 多种，并且每年要对这些商品中的 70%进行更换。

这样一来，店铺就能够保证陈列更多的畅销商品，保持商品的新鲜度。但是，对于每家店铺来说，运送和保存的商品种类、数量和要求各不相同，每一种商品既不能短缺又不能过剩，而且还要根据顾客的不同需要随时调整货物的品种，因此，如此繁杂的商品信息如何能够做到因人而异、因地制宜，就依赖于物流系统了。

7－11 成功背后建立了自己的共同配送中心，分别在不同的区域统一集货、统一配送。配送中心有一个电脑网络配送系统，目前，该系统已经发展到第五代，利用卫星通信和综合数字通信网，将加盟店、厂家、供应商、工厂生产线、配送中心和总部连接在一起。每天总部会定期收到各个店铺发来的 POS 数据和订货销售数据，然后对收集到的 POS 数据、订货、销售和会计数据进行处理，将处理后的订货和会计数据传给厂家和共同配送中心，供应商会在预定时间内向中心发配货物。配送中心收到所有货物之后，对各个店铺所需要的货物分别打包，以备配送。

7－11 采用了共同配送系统，把不同厂家的商品载在一台卡车上进行统一送货，而且根据食品保存温度建立了配送体系，举例来说，7－11 在日本对食品的分类是：冷冻型（零下 20 摄氏度）、微冷型（5 摄氏度）、恒温型和暖温型（20 摄氏度）。不同类型的食品用不同的方法和设备配送。商品从厂家到送货再到货架上，整个过程都保持同一温度，这种配送体系能够将商品以最新鲜的状态提供给顾客。此外，不同食品对配送时间和频率的要求也并不相同。对于一般商品，7－11 实行一日三次的配送制度：早上 3～7 点配送前一天晚上生产的一般商品，上午 8～11 点配送前一天晚上生产的特殊食品，下午 3～7 点配送当天上午生产的食品，这种配送频率能够在保证商店不缺货的同时，保证食品的新鲜程度。对于有特殊要求的食品，以冰激凌为例，7－11 会绕过配送中心，由配送车早、中、晚三次直接从生产商送到各店铺。为了确保各店铺供货万无一失，配送中心还建立了特别配送制度，倘若店铺碰到一些特殊情况造成缺货，可以通知配送中心，配送中心会用安全库存对店铺紧急配送，如果安全库存告罄，中心会向供应商紧急订货，并且在第一时间送到缺货的店铺中。每天，整个配送过程循环往复，支撑着 7－11的正常运行。

在 7－11 的配送系统中，信息技术起着重要的作用，以送货车为例，每个送货车上都装有计算机，通过 GPS 卫星定位系统，总部能够随时给每辆车提供送货路线和天气状况等信息，如果遇到意外情况，如交通阻塞等，不能按时送到货，总部会调度另一辆车去按时送到。

共同配送的优点：①车辆装载率提高，单位成本降低，进而可以削减物流总成本。②不存在重复、交错运送问题，运输效率提高，单位成本下降。③货物一次运达、装卸和验货等作业也是一次性完成，提高物流效率。④可以缓解交通阻塞和环境污染。⑤物流服务水平有所提高。

解读与阐述

车辆是运输配送企业的一项重要资源，因此，车辆的调度工作直接影响运输配送的成本和效率。车辆调度的主要问题就是决定车辆的组合方式，配送车辆的使用主要分为自用车（公司车）及外租车（签约车）。

1. 车队的几种组合方式

（1）公司车、公司人：车辆和司机都是本公司的。这是最常见的组合，使用这种方法，容易把握配送质量（或服务质量）、短期成本低（相对租用别公司的车而言）、企业形象好，并且可配合公司政策；但缺点是长期粗重工作致使司机流动性大、风险较大，且长期成本相对较高，公司车辆损耗也很大。

（2）签约车、签约人：也称作“运输服务外包”，车辆及司机都与其他公司（如货运公司）签约，也就是说车辆及司机都为其他公司所拥有。

这种策略已逐渐被企业广泛采用；现在，很多第三方物流公司都提供这种外包服务。使用这种方法可将风险转嫁给第三方物流公司，不存在车辆维修问题，并且外包公司配送效率高，也愿意接受高难度工作；但缺点是很难控制配送质量，并且外包公司可能会斤斤计较，从而增加管理成本。

（3）公司车、签约人：车辆为公司自己的车，司机是从其他公司签约聘用的。这种方式是社会多元化的产物，签约人等于是兼职人员，其费用以“计时”“计次”或“计件”来计算。使用这种方法可以部分转嫁风险，配送效率高，也可接受较高难度工作，而且外聘司机性质较类似员工，管理成本较低；但缺点仍是配送质量较难控制。

（4）签约车、公司人：车辆是向其他公司签约租借，但司机为本公司内部的员工。此方式一般属于季节性或偶发性的需求，当运量突增或不可预测因素造成车辆不足时，公司就会考虑以租车方式来应对。这种方法适用于从事季节性运输的企业或公司。

从风险角度来考虑，外租签约车又有以下两种形式可供选择：①个人型（扶老携幼型）：全家出动协助配送，此形式的外租车并不签订合约，因而风险较大，但费用上较便宜。②公司型：为较有制度的租车公司，因而可以同它签订契约，合作上风险小，但费用较个人型要高。

2. 如何进行公司车和签约车的决策

使用外租签约车或签约人的考虑如下：①避免资源浪费。为满足调节季节性物品、节日型货品的需求（淡旺季），如果都使用公司车或公司人容易造成车辆、人员在淡季闲置的情况，造成资源浪费。②为避免罢工的风险。对于如今劳工意识较强，罢工、抗议事件时有发生的情况，使用签约人来配合作业未尝不是一个解决办法。③输送效率好。因外租签约车可应对时间及季节的变动，因而车辆的输送效率也较好。

然而，现在坚持采用公司车与公司人的公司仍不少，他们的考虑在于：①司机是公司内部员工，与本公司的配合较好，配送错误率低。②由于公司的人对公司状况了解，还能够兼顾与客户沟通及推销事宜，这是签约人所无法取代的优点。③一般外租签约车的管理水准难以把握，对品质的要求不一，虽然他们对货品的维护有契约的索赔保险，但仍会影响到客户对公司的信任。

事实上，使用外租签约车、签约人也有管理上的困难及临时解约的风险，因此，究竟要使用公司车还是签约车？要使用公司人还是签约人？其相互比例应如何把握？确实要按照公司的需求来做决策。

上述公司车与签约车的使用情况，可归纳为：“大型企业常使用签约车，而中小企业较常使用公司车来运输配送”。

一些物流中心在车辆调度方面采用的方式。如下表是日本各物流中心车辆调度方面采用的方式：

	公司车 公司人	签约车 签约人	公司车 签约人	签约车 公司人	说明
和盟	0				
资生堂		0			
捷盟	0	0			以公司车、公司人为主
德记	0	0			两者并重
康国	0	0			以公司车、公司人为主
全台					
环纬	0	0	0	0	以公司车、公司人为主
安丽		0			
彬泰	0				
陵阳	0				
三商行		0			
大统	0				
裕利	0	0			

3. 车辆调度时要考虑的其他问题

（1）使用签约车的费用计算问题。一般委托外车的运费计算方式有以下几种：①以配送重量计算；②以配送量（材积）计算；③以配送车次计算；④以距离（客户点）计算；⑤以配送品价值计算。

而除了配送货品价值外，其余四个因素对自用车配送的效果也有不同的影响，因此，可根据每吨重、每配送材积、每车次和每公里距离的配送成本来评估使用自用车或外租车的效益。同时，当外租车费用有过高倾向时，也应该从这四个因素着手探讨，看是否当初的计价方式已不适合目前的营运状况，是否应改以其他方式计价或与委托商重新调整费率，甚至考虑要不要更换配送委托商。

（2）外租车的选择策略。以外租车为主要配送车辆的厂商，对外租车的选择一定要非常审慎，因为外租车的种类形式很多，即使同一形式的车辆，不同的租车公司价格上的差异也很大。可以考虑以下策略：①若想以较低廉的费用从事配送，除了在调度时要选择合适的车辆运送形式外，还应考虑从多家选择。②随时将所有接洽过的外租车详细资料及当初计价协商结果保存在电脑中。就是将公司与各租车（货运）公司议定的运费计价模式输入电脑，然后每天确定出货品项及数量后，只要将其材积、重量或公里数输入，则电脑很快就能将每种外租车的效益计算出来，管理者只需做最后的决定即可。这样，车辆调度的处理速度将更快，同时选择的层面也将更广，效益也会更高。

总之，不论是选用自用车还是外租车，也不论是采用何种计价方式，都应尽量从运输配送合理化的角度来节省配送费用。

关键点提示

配送中心的车辆调度包括以下环节：

1. 车队的几种组合方式
2. 如何进行公司车和签约车的决策
3. 车辆调度时要考虑的其他问题

5.7 提高配送中心分拣效率

典型问题及案例

自动分拣系统在西方

自动分拣系统是美国、日本的物流中心广泛采用的一种自动分拣系统，该系统目前已经成为发达国家大中型物流中心不可缺少的一部分。该系统的作业过程可以简单描述如下：物流中心每天接收成百上千家供应商或货主通过各种运输工具送来的成千上万种商品，在最短的时间内将这些商品卸下并按商品品种、货主、储位或发送地点进行快速准确的分类，并将这些商品运送到指定地点（如指定的货架、加工区域和出货站台等）；同时，当供应商或货主通知物流中心按配送指示发货时，自动分拣系统会在最短的时间内从庞大的高层货架存储系统中准确找到要出库的商品所在位置，并按所需数量出库，将从不同储存位置上取出的不同数量的商品按配送地点的不同，运送到不同的理货区域或配送站台，以便装车集中配送。

国外建立自动分拣系统的目的之一就是为了减少人员的使用，减轻员工的劳动强度，提高人员的使用效率，因此，自动分拣系统能最大限度地减少人员的使用，基本做到仓库无人化。自动分拣系统的分拣作业本身并不需要使用人员，人员仅限于送货车辆抵达自动分拣线的进货端，由人工接货；而人工控制的分拣系统，分拣线末端则是由人工将分拣出来的货物进行集载、装车，这是两者的最大区别。

如美国一家公司配送中心面积为10万平方米左右，每天可分拣近40万件商品，自动分拣线做到了无人化作业。400名左右员工主要从事接货、出货装车以及自动分拣系统的经营、管理与维护工作。

解读与阐述

现在的配送中心一般采用按订单分拣的方式，分拣作业一般占配送中心所有工作时间的30%~40%，提高分拣作业的效率是提高配送效率的关键。

1. 分拣效率化的基本条件

为了提高配送速度，必须要缩短分拣时间。按订单分拣时间可以分为下面四种情况：

（1）将分拣的货物搬运到配货区放置在某场所的时间；

（2）寻找货物的时间；

（3）将货物取出来的时间；

（4）将多余货物取出来的时间。

因此，采用提高分拣速度的方法应尽可能缩短以下三个时间：行走时间、寻找时间和取货时间。特别是取货时间，相对于行走时间和寻找时间一般都长，因此，缩短这个时间是重点。提高分拣效率的两个关键：一是选用的机械设备是否适宜；二是使用的分拣方法是否合理。

2. 提高配送中心分拣的效率

配送中心特别是规模比较大的配送中心的分拣作业是一项既耗时又繁杂的工作，分拣的效率极大地影响配送时间和质量（分拣作业一旦出错，就会将 A 用户的货物错配给 B 用户，后果的严重性可想而知）。提高按订单进行分拣的效率一般有如下途径：

（1）在分拣配货单上输入货架编码。为了高效地按订单进行分拣，货物在哪里、是什么货物，必须是任一个分拣作业人员都应该熟知的，最好将所保管的商品进行四位编码，按货位编码进行分拣。四位编码为：①决定货架区域的编码；②决定货架列的编码；③决定货架层数的编码；④决定货架分段的编码。每一个货位的编号按其“区域—列—层数—段”的四位编码顺序来编排，这样可以大大提高分拣作业人员的分拣熟练度和准确度。

（2）在台架上保管的商品宜采用单一分拣。某些货物，特别是一些单品货物，不是存放在货架上，而是平放在台架上保管，这种情况采用单一分拣法效率比较高。

（3）利用重力式货架提高分拣效率。利用重力式的货架区域分拣，可以使商品补充从早晨到傍晚一直进行。分段分拣时，利用重力式货架也能提高分拣和补货的效率。

（4）采用数字化分拣即自动分拣系统。数字化分拣的过程如图 5 – 16 所示。数字化分拣使分拣效率大大提高，同时也可以减少人为的错误。

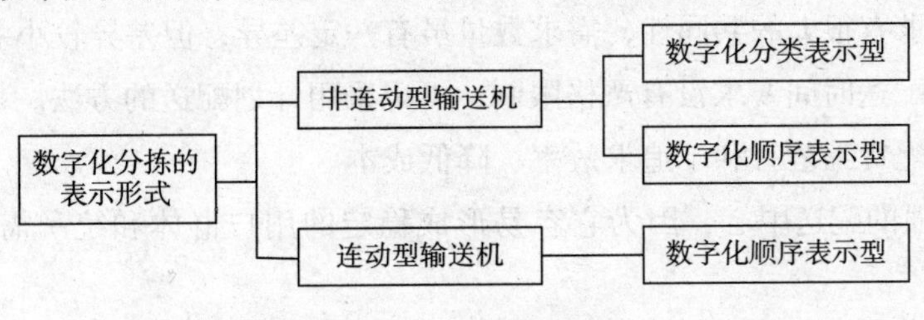

图 5 – 16　数字化分拣图

（5）利用信息设备作为分拣的支援系统。不仅是计算机，各种各样的信息设备和方法都可以利用。有效使用信息设备在分拣时发挥着非常重要的作用。

3. 分拣配货工艺与设备的选取

配送中心常用的分拣配货工艺有两种：拣选式配货工艺和分货式配货工艺。

（1）拣选式配货工艺是分拣员或分拣工具巡回各个储存点并将订单上的货物取出，完成配货任务。货位相对固定，而分拣人员和分拣工具相对运动。拣选式配货工艺可采用单一分拣法和摘果式分拣法两种方法，准确程度较高，一般较少发生货差等错误，并且机动灵活。

拣选式配货工艺可在以下几种情况下应用：

a. 用户不稳定，波动较大，不能建立相对稳定的用户分货货位，在这种情况下无论用户多少都可采用这种工艺。

b. 用户之间共同需求差异较大，在既有共同需求又有很多特殊需求的情况下，采取其他分拣配货工艺容易出错，而采用拣选式配货工艺是有利的。

c. 虽然用户需求种类不多，但增加了统计和共同取货的难度。

d. 用户配送时间要求不一。

e. 传统的仓库改造为配送中心，要用拣选式配货工艺；新建的配送中心初期运营时，拣选式配货工艺也可作为过渡的工艺。

（2）分货式配货工艺。是分货人员或分货工具从储存点集中取出各个用户共同需要的货物，然后巡回各个用户的货位之间，将货物按用户需求放在各用户的货位上，再取出下一种共同需求商品，如此反复进行直到按用户的需求将全部货物取出并分放完毕，同时也完成了几个用户的分拣配货工作。这种工艺难度大、计划性强，容易发生错误。

分货式配货工艺适用于以下情况：

a. 用户稳定，且用户数量较多，在这种情况下，可以利用其规模稳定的优势，按既定计划分货。

b. 用户需求种类有限，易于统计且不至于分货时间太长。

c. 用户需求有很大的共同性，需求数量虽有一定差异，但差异较小。

d. 用户对配送时间要求没有严格限制，可以采用计划配送的方法。

e. 分货式配货工艺有利于追求效率、降低成本。

f. 专业性强的配送中心，因为它容易形成稳定的用户群体和统一需求，而且货物种类比较单一。

关键点提示

提高分拣效率的环节包括：

1. 分拣效率化的基本条件
2. 提高配送中心分拣的效率
3. 分拣配货工艺与设备的选取

5.8 配送中心作业效率评估

典型问题及案例

衡量配送中心作业效率

配送中心作业效率评估主要有八个要素，填写下表，并牢记。

评估指标	实现功能
1. 设施空间利用率	
2. 人员利用率	
3. 设备利用率	
4. 商品、订单效率	
5. 作业规划管理能力	
6. 时间效益率	
7. 成本率	
8. 质量水平	

参考答案：

1. 衡量整个配送中心设施是否已经充分利用
2. 衡量每一个人员是否尽到自己最大的努力
3. 衡量资产设备是否发挥最大产能
4. 衡量商品销售贡献是否达到预定目标
5. 衡量目前管理层做的决策是否合适
6. 衡量每一项作业是否控制在最佳时间内
7. 衡量此项作业成本费用是否合理
8. 衡量配送中心服务质量是否达到客户满意的水平

解读与阐述

评估配送中心作业效率可以根据表 5－2 所示的八大要素来进行。

表5-2　配送中心作业效率评估规范

条　目	内　容
设施空间利用率	该指标衡量整个配送中心的设施是否已经充分利用。所谓设施是指除人员、设备以外的一切硬件，包括办公室、休息室、仓储室、拣货区、收货区和出货区等区域空间的安排及一些消防设施设置等。 所谓设施空间利用率就是空间利用度和有效度。一句话，提高单位土地面积的使用效率。一般以货架、仓储区的存储量和每天配货场地的配货周转次数等为主要指标。
人员利用率	衡量每个人员是否尽到自己最大的努力。对于人员作业效率的考核分析，是每一个物流企业经营评估的重要指标。人员利用率评估主要从三个方面着手： 第一，人员编制。要求人员的分配达到最合理的程度，避免忙闲不均，这里包括上班作息时间的安排人员流动性、加班合理性、工作需要性和工作量四个方面。 第二，员工待遇。 第三，人员效率。人员效率是管理的目的，是为了提高人员的工作效率，使每个作业人员在作业期间内能发挥最大的劳动生产效率。也就是说，掌握操作人员的作业速度，使配送中心的整体处理量相对提高。
设备利用率	衡量资产设备是否发挥最大的产能。配送中心设备主要用于保管、搬运、装卸和配送等物流作业活动。由于各种作业有一定的时间性，设备工时不易计算，通常从增加设备机动时间和提高设备每单位时间内的处理量来实现提高设备利用率的目的。
商品、订单效率	衡量商品销售是否达到预定目标。配送中心应该重点做好以下几项工作： （1）通过对配送中心出货情况的分析，提示采购人员调整水平结构。 （2）根据客户的要求，快速拆零订单。 （3）严格控制配送中心的库存，既要留有合理存货以降低缺货率；又要避免过多的存货造成企业资产积压、商品质量出现问题等损失。
作业规划管理能力	衡量目前管理层所做的决策规划是否合适。规划是根据决策目标应采取的行动方案，规划的目的是为了让整个物流活动过程选择合理的作业方式和正确的行动方向。 要制定出最佳的产出效果，规划管理人员必须首先决定作业过程中最有效的资源组合，然后依据环境设计出最好的资源方式，来执行物流运作过程中的每一个环节的工作。其中，及时修正规划是很重要的一环。
时间效益率	衡量每一项作业是否时间利用的最有效。缩短资源时间，一方面可以使工作效率提高，另一方面可以使交货期提前。时间是衡量效率最直接的因素，最容易看出整体作业能力的高低。例如，某段时间搬运了多少商品，平均一小时配送了多少箱商品，平均每天配送了多少家商店的货等。 评估时间效益主要是掌握单位时间内的收入、产出量、作业单元数及各作业时间比率等情况。
成本率	衡量此项作业的成本费用是否合理。配送中心的物流成本，是指直接或间接用于收货、存储保管、拣货配货、流通加工、信息处理和配送作业费用的总和。
质量水平	衡量配送中心服务质量是否达到客户满意的水平。对于物流质量的管理，一方面要建立合理的质量标准，另一方面还要加强对存货管理及作业过程的监督，尽可能避免不必要的损耗、缺货和不良率等，从而降低成本，提高客户的服务质量。

关键点提示

作业效率的评估要素包括：

1. 设施空间利用率
2. 人员利用率
3. 设备利用率
4. 商品、订单效率
5. 作业规划管理能力
6. 时间效益率
7. 成本率
8. 质量水平

5.9 进出货作业评估

典型问题及案例

进出货作业管理

一般物流中心都应有专用的进出货平台，才能达到迅速作业的目标。然而目前，国内不乏许多中小型的企业，其物流中心使用面积能省则省，像进货、拣货、理货和出货都共用一个空间，往往造成作业间相互干扰，影响效率及准确性。进出货作业相互干扰的原因不外乎以下几点：

1. 无专用进出货平台
2. 进出货利用同一侧出入口
3. 搬运线规划重叠
4. 上下游厂商不按照要求时间进出货
5. 紧急订货或生意太好造成拥挤
6. 仓管人员太忙无法兼顾

解决这些问题时，企业若一时不能扩充厂房，清楚划分各区域，则要事先安排、规划好拣理货与进出货的作业路线，并尽量要求上下游厂商能严格遵守时间进出货，以解决空间、人员不足的问题。

在对进出货作业的评估过程中，如发现站台使用率指标偏高，请问出了什么问题，应如何改善?

若站台使用率高，表示站台停车泊位数量不足而造成交通拥堵。

可以采取以下措施：

1. 增加停车泊位数。

2. 为提高效率，要做好时段管理，让进出配送中心的车辆能有序地行驶、停靠和装卸货作业。

3. 增加进出货人员，加快作业速度，减少每辆车停留装卸时间。

解读与阐述

进出货作业是配送中心整个流程中处在两端的作业环节，进货作业包括接受商品、装卸搬运、码托盘、核对商品数量、质量和签单；出货主要是根据各辆卡车和配送路径将分拣完的商品搬运到理货区，而后装车配送。可以说，进出货作业的效率直接影响配送的质量，衡量进出货作业效率的指标如下：

1. 空间利用率

考核站台的使用情况，是否因数量不足或规划不佳造成空间利用率低。指标如下：

$$站台使用率=\frac{进出货车次装卸货停留总时间}{站台泊位数\times工作天数\times每天工作时数}$$

如果是采用进货站台和出货站台分开的配送中心，那么指标为：

$$出货站台使用率=\frac{出货车次装卸货停留总时间}{出货站泊位数\times工作天数\times每天工作时数}$$

$$进货站台使用率=\frac{进货车次装卸货停留总时间}{进货站泊位数\times工作天数\times每天工作时数}$$

2. 站台高峰率

其指标为：

$$站台高峰率=\frac{高峰车数}{站台泊位数}$$

（1）若站台使用率高，表示站台停车泊位数量不足，而造成交通拥堵。可以采取以下措施：

a. 增加停车泊位数。

b. 为提高效率，要做好时段管理，让进出配送中心的车辆能有序行驶、停靠和装卸货作业。

c. 增加进出货人员，加快作业速度，减少每辆车停留装卸时间。

（2）若站台使用率低，站台高峰率高，表示虽然车辆停靠站台时间平均不长，站台停车泊位数量仍然有余，但在高峰时间，进出货车辆仍存在拥堵现象，此种情况主要是没有控制好进出货时间段引起的。关键是要将进出车辆到达作业面的时间岔开。可采取以下措施：

a. 应要求供应商依照计划准时送货，规划对客户交货的出车时间，尽量降低高峰时间的作业量。

b. 若无法与供应商或客户达成共识分散高峰期流量，则应特别在高峰时间安排人力以保持商品快速装卸和搬运。

3. 人员负担和时间耗用

人员负担和时间耗用主要考核进出货人员工作分配及作业速度以及目前的进出货时间是否合理。主要衡量下面几个指标：

$$每人每小时处理进货量=\frac{进货量}{进货人员数\times每日进货时间\times工作天数}$$

$$每人每小时处理出货量=\frac{出货量}{出货人员数\times每日出货时间\times工作天数}$$

$$进货时间率=\frac{每日进货时间}{每日工作时数}$$

$$出货时间率=\frac{每日出货时间}{每日工作时数}$$

如果进出货人员共用（特别对小的配送中心来说很普遍），则该指标应将进出货量时间合并加总指标则为：

$$每人每天进出货量=\frac{进货量+出货量}{进出货人员数\times每日进出货时间\times工作天数}$$

$$进出货时间率=\frac{每日进货时间+每日出货时间}{每日工作时数}$$

（1）如果每人每小时处理进出货量高且进出货时间率也高，表示进出货人员平均每天的负担过重，原因是配送中心目前业务量过大，可考虑增加进出货人员，以减轻每人的工作负担。

（2）若每人每小时处理进出货量低，但进出货时间率高，表示虽然配送中心一日内进出货时间长，但每位人员进出货负担却很轻。原因是进出货作业人员过多和商品进出货处理比较繁杂或进出货人员作业效率较低。可考虑采取下列措施：

a. 减少进出货人员。

b. 对于工效低下的人员，应随时督促、培训，将劳动报酬与绩效挂钩，同时应尽量想办法减少单纯依靠劳力的装卸次数（如通过托盘化工作方式）。

（3）如果每人每小时进出货量高，但进出货时间率低，表示上游进货和下游出货的时间可能集中于某一时段，以致作业人员必须在此段时间承受较高的作业量。可考虑平衡人员的劳动强度，避免造成车辆太多引起站台泊位拥挤，采取分散进出货作业时间的措施。

4. 设备移动率

评估每台进出货设备承担的工作量是否合理、达标。指标如下：

$$每台进出货设备每天装卸量 = \frac{进货量 + 出货量}{装卸设备数 \times 工作天数}$$

如果该指标数值较低，应开拓业务，增加进出货量；同时，表示设备利用率差，资产过于闲置，应积极扩大业务量，如果业务工作量不可能扩大，则考虑将部分装卸设备移至他用（出租等）。

关键点提示

通过下列指标对进出货作业进行评估：

1. 空间利用率
2. 站台高峰率
3. 人员负担和时间耗用
4. 设备移动率

5.10 存储作业评估

典型问题及案例

提高库存周转率的方法

在对存储作业进行评估的过程中，如果发现计算出的库存周转率很低请问目前存储作业管理中可能出现了什么问题，应如何解决？

周转率越高，库存周转周期越短，表示用较少的库存完成同样的工作，使积压、占用在库存上的资金减少。也就是说，资金的使用率高，企业利润也随货品周转率的提高而增加。周转率低则刚好相反。

通常采用下列做法来提高库存周转率：

（1）缩减库存量：通过配送中心自行决定采购、补货时机及存货量，特别是借助信息系统可以大大缩减库存量

（2）建立预测系统

（3）增加出货量

解读与阐述

存储作业的主要目的是把将来要使用或者要出货的产品妥善保存。这不仅要善于利用空间，有效地利用配送中心每平方米存储面积；而且要加强对库存存货的管理，做到既保证降低商品的缺货率，又不因过多库存而占用资源和资金。可以按下列指标评估存储作业绩效：

1. 设施空间利用率

主要分为下面两个指标：

$$单位面积保管量 = \frac{平均库存量}{可保管面积}$$

$$平均每品项所占储位数 = \frac{货架储位数}{货品项数}$$

平均每品项所占储位数若能规划在 0.5～2.0 平方米之间，即使无明确的储位编号，也能迅速存取商品，不至于造成储存、拣货作业人员找寻困难，也不会产生同一品项库存过多的问题。

2. 库存周转率

$$库存周转率 = \frac{出货量}{平均库存量}或\frac{营业额}{平均库存金额}$$

这是考核配送中心货品库存量是否恰当和经营绩效高低的重要指标。

周转率越高，表明库存周转周期越短，即用较少的库存完成同样的工作，库存积压、占用的资金减少。也就是说，资金的使用率高，企业利润也随货品周转率的提高而增加。

通常采用下列做法来提高库存周转率：

（1）缩减库存量：通过配送中心自行决定采购、补货时机及存货量，特别是借助信息系统可以大大缩减库存量

（2）建立预测系统

（3）增加出货量

3. 存货管理费率

库存管理费率：衡量配送中心每单位存货的库存管理费用

$$库存管理费率 = \frac{库存管理费用}{平均库存量}$$

如库存管理费率高，应对库存管理费用的内容逐一检查分析，寻找问题予以改进。例如，采取尽可能少量、高频的订货，以减少库存管理费用。一般库存管理费用包括：

（1）仓库租金

（2）仓库管理费用（包括出入库验收、盘点等人工费、警卫费、仓库照明费、空调费、温调温控费、建筑物、设备及器具的维修费等）

（3）损耗费（变质、破损和盘点等费用）

（4）货品淘汰费用（流行商品过时、季节性商品换季等造成的费用损失）

（5）资金费用（如货物变价损失、机会成本损失等）

4. 呆废货品率

用来测定配送中心货品损耗影响资金积压状况。

$$呆废货品率=\frac{呆废货品件数}{平均库存量}或\frac{呆废货品金额}{平均库存金额}$$

改进策略如下所示：

（1）验收时力求严格把关，防止不合格货品混入。

（2）检讨储存方法、设备与养护条件，防止货物变质。特别是对货物的有效期管理更应该重视。

（3）随时掌握库存水平，特别是滞销品的处置，减少呆废品积压资金和占用库存。影响库存管理作业成效的因素有：

a. 缺货

b. 挤货

c. 最低与最高订购量的订购

d. 订购时机与订购量的掌握

e. 市场预测准确度

f. 新产品滞销回收

g. 淡旺季、气候的不确定

h. 新货前置时间不规则

i. 强制配销及配送时效遵循的困难

j. 尚未使用电脑做储位管理

k. 周转率不高、库存量太大，以致储位不够

l. 出入库频率无法掌握

m. 物资 ABC 分类不准确

n. 储位库存成本压力增大

o. 库存单位与销售单位的混淆

关键点提示

通过下列指标对存储作业绩效进行评估：

1. 设施空间利用率
2. 库存周转率
3. 存货管理费率
4. 呆废货品率

5.11 订单处理作业评估

典型问题及案例

利用EDI技术处理订单

制成品的经销商可以利用电子数据交换EDI技术来建立直接源自供应商的配送系统。产品无须存放在经销商的仓库中或者货架上，客户可以直接从供应商那里得到订购的产品。在供应商、经销商组成的供应链中，订单信息和产品是以下述方式流动的：

通过EDI，客户告诉经销商所需产品的种类和数量以及需要的地点。

通过EDI，经销商告诉供应商需发运的产品种类和数量。

通过EDI，经销商告诉物流服务商提货的地点和数量。

通过EDI，经销商告诉物流服务商需配送产品的种类、数量、交货时间和地点。

供应商准备货物以供发运。

物流服务商将货物送到客户所在地。

下列各因素会影响订单的处理时间：

A. 订单处理的先后顺序

B. 订单的并行处理和顺序处理

C. 订单履行的准确度

D. 订单的批处理

E. 合并运输

解读与阐述

从接到客户订单开始到准备着手拣货之间的作业阶段，称为订单处理，它包括接单、客户的资料确认、存货查询和单据处理等。

订单处理相关的绩效评估指标如下：

1. 订单数

通过对日均受理订单数、每订单平均订货数量和平均订货单价的分析，观察每天的订单变化情况，以拟订客户管理策略和业务发展计划。

常用的分析指标如下：

$$日均受理订单数=\frac{订单数量}{工作天数}$$

$$每订单平均订货数=\frac{出货量}{订单数量}$$

$$日均商品单价=\frac{营业额}{订单数量}$$

2. 订单延迟率

订单延迟率是衡量交货延迟的情况。常用的分析指标如下：

$$订单延迟率=\frac{延迟交货订单数}{订单数量}$$

如何解决订单延迟问题，可以通过下面几种方法解决：

（1）仔细分析自己的订单处理流程，找出作业“瓶颈”，加以解决。

（2）研究物流系统前后作业能否相互支持或同时进行，谋求作业的均衡性。

（3）掌握库存情况，防止缺货延迟。建立自己的仓储信息管理系统，可以很方便地实时监测库存信息。

（4）合理安排配送时间。

3. 订单货件延迟率

订单货件延迟率用来评估配送中心是否应实施客户重点管理，使自己有限的人力、物力做到最有效的利用。常用的分析指标如下：

$$订单货件延迟率=\frac{延迟交货量}{出货量}$$

如何改善这种状况呢？可以考虑以下方法：考虑实施顾客 ABC 分析方法以确定客户重要性程度，对重点客户采取重点管理。例如，根据订单资料，按客户购买量占配送中心营业额的百分比做客户 ABC 分析。

对重要客户尽量减少延迟交货的次数可以有效降低延迟率。

4. 紧急订单响应率

紧急订单响应率是分析配送中心快速订单的处理能力及紧急插单业务的需求情况。这是反映服务质量的一个很重要的指标。常用的分析指标如下：

$$紧急订单响应率=\frac{未超过12小时出货的订单}{订单数量}$$

如何提高紧急订单的响应率，可以考虑以下两种方法：

（1）制定快速作业处理流程及操作规程

（2）制定快速送货计费标准

5. 缺货率

衡量存货控制决策是否合理，也是是否应调整订购点及定量点的基准。常用的分析指标如下：

$$缺货率=\frac{接单缺货数}{出货量}$$

降低缺货率的方法如下：

（1）加强库存管理

（2）记录并分析存货异动情况

（3）掌握采购、补货时机

（4）督促供应商送货的准确性

现在，物流逐渐朝供应链方向发展，信息在其中起到了纽带的作用，通过公司内联网，从材料供应商、制造商到零售商都可以实时看到供应商供货情况、制造商库存情况、零售商库存和销售情况等。

6. 短缺率

短缺率和上述缺货率不同。常用的分析指标如下：

$$短缺率=\frac{出货短缺数}{出货量}$$

改善此指标的方法如下：

（1）注重每位员工、每次作业的工作质量

（2）做好每一个作业环节的复核工作

关键点提示

通过下列指标对订单处理作业进行评估：

1. 订单数

2. 订单延迟率
3. 订单货件延迟率
4. 紧急订单响应率
5. 缺货率
6. 短缺率

5.12 拣货与配送作业评估

典型问题及案例

大井物流的拣货系统及改进方法

大井智慧型物流中心经过多年努力，为突破“自动化系统不适合处理多样少量且形状不规则商品”的限制，发展出能迅速处理多样少量出货需求及高品质作业的三个拣货系统：

（1）自动仓库与卸栈工作站间的栈板出库拣货系统

（2）货箱自动拣货系统

（3）单品拣货系统和实践练习

在对分拣作业的评估中，若发现拣误率比较高，可以考虑下面的方法加以改进：

（1）选择最合理的拣货方式

（2）加强拣货人员的培训

（3）引进条形码、拣货标签或电脑辅助拣货系统等自动化技术，以提高拣货精确度

（4）改善现场照明

（5）检查拣货的速度

解读与阐述

每笔客户订单都至少包含一项以上的商品，而将这些不同种类和数量的商品从配送中心取出，再集中在一起，即称为拣货。由于拣货作业多数依靠人工配合简单机械化设备，属于劳动力密集型的作业。因此，必须重视拣货人员的负担和效率的评估。

1. 拣货作业的评估

（1）人均作业能力：它是衡量拣货的作业效率，以便找出在作业方法及管理方式上存在的问题。常用的分析指标如下：

$$人均每小时拣货品项数=\frac{订单总笔数}{拣货人员数\times每天拣货时数\times工作天数}$$

提高拣货效率的方法有：①合理规划拣货路径。②合理配置储位。③确定高效的拣货方式。④拣货人员数量及工况的安排。⑤拣货的机械化、电子化。

（2）批量拣货时间：它是衡量每批次平均拣货所需要的时间，可供日后分批次参考。常用的分析指标如下：

$$批量拣货时间=\frac{每日拣货时间\times工作天数}{拣货分批次数}$$

如果批量时间短，表示拣货的反应时间很快，即订单进入拣货作业系统乃至完成拣取所需时间很短。它特别适合于处理紧急订单。

（3）每订单投入拣货成本：拣货作业是配送中心最复杂的作业，其耗费占成本的比例较大，因此，拣货成本也是管理人员关心的重点。常用的分析指标如下：

$$每订单投入拣货成本=\frac{拣货投入成本}{订单数量}$$

$$每件商品投入拣货成本=\frac{拣货投入成本}{拣货单位累计件数}$$

$$拣误率=\frac{拣取错误笔数}{订单总笔数}$$

（4）拣误率：它是衡量拣货作业质量的指标。

降低拣误率的主要措施有：①选择最合理的拣货方式。②加强拣货人员的培训。③引进条形码、拣货标签或电脑辅助拣货系统等自动化技术，以提高拣货精确度。④改善现场照明。⑤检查拣货的速度。

2. 配送作业的评估

要想开展有效的配送，必须要将适当的配送人员、适合的配送车辆以及每辆车的最佳运行路线结合起来，以实现配送量大、装载率高的目标。因此，人员、车辆及配送时间、规划方式，都是配送中心管理人员应重点考虑的问题。

（1）人均作业量：它评估配送人员工作能力及作业绩效。常用的分析指标如下：

$$人均配送量=\frac{出货量}{配送人员数}$$

（2）车辆平均作业量：它衡量车辆的空间利用率。常用的分析指标如下：

$$每辆车的配送量=\frac{配送总件数}{自备车数量+外雇车数量}$$

（3）空驶率：它衡量车辆空间利用率。常用的分析指标如下：

$$空驶率=\frac{空车行驶距离}{配送总距离}$$

减少空驶率，关键要做好“回程顺载”工作。可从“回收物流”着手，如“容器的回收”（啤酒瓶、牛奶瓶等），“托盘、笼车、拣货周转箱的回收”“原材料的再生利用”以及退货处理等。

（4）车辆运行状况：它表示车辆的运行情况。常用的分析指标如下：

$$配送车移动率=\frac{配送总车次}{（自备车数量+外雇车数量）\times工作天数}$$

$$平均每车次配送吨公里数=\frac{配送总距离\times配送总重量}{配送总车次}$$

（5）外雇车比率：它评估外雇车使用数量是否合理。常用的分析指标如下：

$$外雇车比率=\frac{配送总车次}{（自备车数量+外雇车数量）\times工作天数}$$

一般使用外雇车辆是为了应对季节性商品和节日商品与平日形成的旺淡季的需求差。若季节性商品比例较高，表示配送中心淡旺季出货量的差别很大，应尽量考虑多雇佣外车、减少自备车的数量。若季节性商品比例很低，表示配送中心淡旺季出货量的差别不大，应选择使用自备车来提高配送效率。

（6）配送成本：它包括商品在配送过程中的成本。常用的分析指标如下：

$$配送成本比率=\frac{自备车配送成本+外雇车配送成本}{配送总费用}$$

$$每单元货品配送成本=\frac{自备车配送成本+外雇车配送成本}{配送总货量}$$

$$每车次配送成本=\frac{自备车配送成本+外雇车配送成本}{配送总车次}$$

要降低配送成本，应采用共同配送的方法，以降低较远距离、较少出货量而造成的过高配送成本。

（7）配送延迟率：这是考察配送成本的准确率。常用的分析指标如下：

$$配送延迟率=\frac{配送延迟车次}{配送总车次}$$

造成配送延迟率过高的原因有：车辆、设备故障，路况不佳，供应商供货延迟、缺货以及拣货作业延迟。

关键点提示

通过下列指标对拣货作业和配送作业进行评估：

1. 拣货作业评估指标有：人均作业能力、批量拣货时间、每订单投入拣货成本和拣误率。

2. 配送作业评估指标有：人均作业量、车辆平均作业量、空驶率、车辆运行状况、外雇车比率、配送成本和配送延迟率。

5.13 评估结果分析

典型问题及案例

人寿保险公司的绩效评估

人寿保险公司通常每年对员工进行一次绩效评估，除非遇到特殊情况再进行临时性调整。每位评估者事先都要接受一项关于“绩效评估的职业道德”教育，介绍一些常会出现的错误与偏见。评估表格通常为半结构性的，要求每位管理者必须审慎对待。雇员有时为了确保自己所承担工作职责的全面性，也要参与进来。对于每一个项目，工作重要性是不同的，有不同的百分比，通常分为三类：（1）特别低8% ~10%；（2）5% ~6%；（3）大于1%。

总之，从绩效评估的选择和实施方面来考虑，从其中的主要问题来探讨，这有助于配送中心分析配送绩效，提高配送中心的经营能力，进而增加配送中心及整个供应链的整体效益。在实施绩效评估的时候，先明确目标，然后再关注在绩效实施过程中的一些细节，借鉴在绩效评估中取得成绩的成功案例才能取得有效成果。

解读与阐述

对于配送中心众多的作业绩效评估指标。该如何分析呢？

1. 物流绩效评估方法

常用的物流绩效评估方法有三种：

趋势比较法
指标评价
与分析
竞争比较法
目标比较法

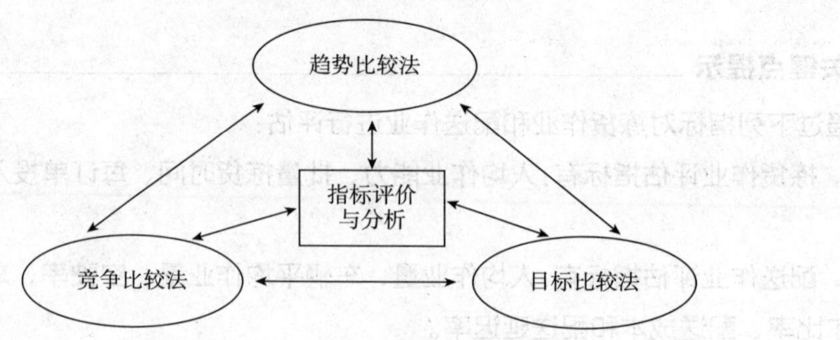

图5－17　物流业绩评估分析方法图

（1）同行业其他公司状况或同行业的平均值，就是竞争比较法，如果能和同行业其他公司做比较，就能判断自身的好坏。

（2）企业过去的状况，即趋势分析法。除了与同行业其他公司做比较，了解别人怎么做、做得如何外，将企业自身前后期的运营作业情况做比较，还可以清楚了解企业如今是处于成长还是衰退状态。

（3）对目标进行比较就是目标比较法。公司的自我分析，除了注意公司发展趋势的变化外，还应有针对营运状况设定好的目标或预测值，与目标或预测值做进一步的比较，以了解公司运作水平是否达到了预期的目标。

2. 进行指标分析

指标分析步骤如图5－18所示，对于问题，要不厌其烦地认真发掘确认，找出真正的症结，并且对于需要改善的问题找出真正的解决办法，对于指标的分析，应从两方面入手：

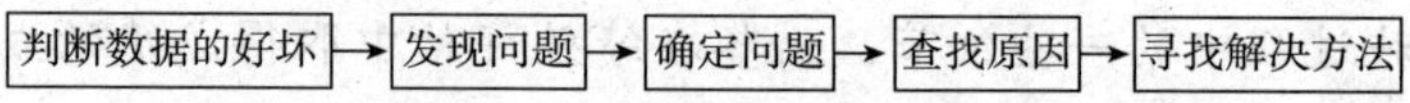

判断数据的好坏
发现问题
确定问题
查找原因
寻找解决方法

图5－18　指标分析的步骤图

（1）单一指标分析法：即以单一指标来评估营运生产率。不足是：一些指标在单独使用时，往往会掩盖另一些重要的方面。

（2）多元指标分析法：找出相互关联的指标，从多个相关性指标来分析公司现状，即同时以多个指标来评估生产率。不足是：各种指标在评估过程中的比重应如何确定。具体采用哪种方法，需要根据实际情况判断，以做出对公司发展有益的分析。

3. 改善步骤及重点

经过指标的分析，会发现一些问题，改善就是要把事情做得更好。具体步骤如下：

步骤一：在所有问题中找出待解决的问题。这一步骤就是对问题进行评估，也就是预测每一个问题对公司未来运营绩效的影响程度，根据程度的不同，分轻重缓急，安排先后解决的次序。经评估后的问题，其重要性通常可以分为下列四个等级：①错误的警示：对公司影响程度很小的问题，应予以摒弃。②非紧急性：对未来可能有影响，可先延后，将来再解决。③稍微紧急性：指必须在下一规划周期前解决的问题，改善的计划日期应在此阶段定出。④紧急问题：指必须立即处理的问题。

步骤二：收集事实。调查比较各个事实之间的相互关系，确定改善目标。

步骤三：分析事实，检讨改善方法。这一步希望全体工作人员共同献计献策，朝轻松（疲劳的减轻、熟练的转移）、良好（品质的维持和提升）、迅速（作业时间的缩短）、低廉（成本的下降）和安全（灾害事故的防止）的方向努力，寻求改善方案。

步骤四：就是将构想出的改善方案上报审核，并做好实施的准备计划。

步骤五：就是试行改善，并详细追踪记录实施结果。

步骤六：评价试行实施结果，并使之标准化。检查改善效果，是否确实比改善前的情况进步了。如果是，就考虑将改善后的方式标准化，作为以后的依据。

步骤七：针对新的作业方式制定管理标准，执行管理，使改善效果长期化和稳定化。

关键点提示

分析评估结果须牢记以下内容：

1. 物流绩效评估方法
2. 进行指标分析
3. 改善步骤及重点

5.14 物流信息系统开发

典型问题及案例

西尔斯·罗布克公司物流信息系统文档的编制

西尔斯·罗布克公司是一家大型家电零售企业，西尔斯每年送货上门量将近400万次。由于家电属于耐用消费品，客户每10~15年才购买一次此类商品，所以送货模式很少重复。以前，西尔斯的员工用人工方法核对客户的地址和地理代码。仅加利福尼亚的安大略一个地区，该流程就要花费2小时而成功率仅为55%。而通过应用核对地址的计算机软件后，现在仅需20分钟就可以完成，且成功率在90%以上。

在物流信息系统开发过程中涉及相关文档的编制，一般要做好如下开发文档的编制工作。一般可能涉及以下14种报告：

软件需求说明书、数据库设计说明书、数据要求说明书、可行性研究报告、项目开发计划、概要设计说明书、详细设计说明书、用户手册、操作手册、模块开发卷宗、测试计划、测试分析报告、开发进度月报和项目开发总结报告。

解读与阐述

现代化的特征之一就是物流信息系统已成为物流系统中不可缺少的一部分，而运输与配送信息系统只是物流信息系统中一个模块。作为管理者，有必要大致了解整个物流信息系统的开发过程。

其开发过程包括表5-3所示的六个步骤：

表5-3 物流信息系统开发规范

条目	内容
制定开发计划	（1）确定要开发系统的总目标，给出系统的功能、性能、可靠性以及所需的接口等方面的设想。 （2）研究完成该项软件的可扩性分析，探讨解决问题的方案，并且对可供使用的资源（如计算机硬件、软件和人力等）、成本、可取得的效益和开发的进度做出评估，制订完成开发任务的实施计划。
进行需求分析	需求分析主要是对开发的软件进行详细的调查和分析，充分理解用户的需求，确定哪些需求是可以满足的，明确这些需求的逻辑结构，并加以准确的描述。写出软件需求说明书或功能说明书及初步的系统用户手册。
进行软件设计	（1）设计是软件工程的技术核心。其基本任务是将用户需求转换成一个具体的软件系统的设计方案。该阶段包括概要设计（或称总体设计）、详细设计等步骤，每一个步骤考虑的详细程度有所不同。 （2）概要设计是在软件需求说明书的基础上建立软件的系统结构，包括数据结构和模块结构。模块结构中的每个模块意义明确且和某些用户需求相对应，进而进行详细设计，对每个模块进行具体的描述，确定模块的功能、接口和实现方式，以便为程序编写奠定基础。
程序编写	（1）把软件设计转换成计算机可以接受的程序，即写成以某一程序设计语言表示的“源程序清单”。 （2）这一步工作也称为编码。当然，写出来的程序应该是结构良好、清晰易读的，而且是与设计相一致的。

续表

条　目	内　容
进行系统测试	（1）测试是保证软件质量的重要手段，其任务是发现并排除错误，它通常又可分为单元测试（或称模块测试）、组装测试和确认测试等步骤。 （2）测试最好由另一个独立的部门（不参加该软件系统的设计和编写的人员）来完成，这样可以提高测试的效率。 （3）经过测试修改就得到了可运行的软件系统，交付用户使用。整个测试过程都要记录在测试分析报告中。
进行系统运行与维护	已交付的软件投入正式使用后，便进入运行阶段。在运行阶段，需要对软件系统进行修改，其原因可能有：运行中发现了错误需要修正；为了适应变化了的软件工作环境，需做适当变更；为了增强软件功能需做变更等。每一项维护活动都应该准确记录下来，作为正式的文档资料加以保存。

一般来说，软件开发都是由专业的软件公司来完成的，或是购买比较成型的物流软件，只做适当的修改；或是提出软件需求，由软件公司单独开发；这两种方式前一种成本低、耗时短，但软件的功能不一定都能用上；后一种成本高、耗时长，但因为是个性化定制，能够更加适合企业的需要。究竟采用哪种方式，依企业的具体情况而定。

关键点提示

物流信息系统的开发步骤包括：

1. 制定开发计划
2. 进行需求分析
3. 进行软件设计
4. 程序编写
5. 进行系统测试
6. 进行系统运行与维护

5.15 运输配送信息系统需求分析

典型问题及案例

C 公司配送物流信息系统的实施

C 公司是一家润滑油制造和销售的跨国公司。近年来，由于垄断国企的存在和其他跨国公司的进入，C 公司所面临的市场竞争也越发激烈。如何能够提供及时快速的物流服务来满足客户的需求，是事关 C 公司市场地位的紧要问题。而加强企业信息化建设、开发一套适合企业自身发展的物流信息系统，不但能够提高公司物流运作的效率进而赢得客户满意，还能够降低成本，使公司在激烈的竞争中占据优势位置。

在考察C公司物流现状和信息系统现状的基础上，通过业务流程分析和价值流程分析对C公司当前信息系统进行问题分析和总结。在此基础上，对C公司配送物流信息系统做出了详细规划和具体需求分析。采用UML建模的方法，对C公司配送物流信息系统进行了总体设计以及几个主要子系统的详细功能设计。最后，按照项目管理的方法进行配送信息系统的实施，对实施的成果进行宏观、中观和微观层面的评价。

研究结果表明，通过配送物流信息系统的实施，使C公司配送物流的效率得到了明显的提高，业务流程也得到了一定程度的优化，信息系统使配送作业更加标准化，也提高了C公司对第三方物流公司的监控和管理水平。C公司配送物流信息系统的成功实施，为企业未来探索全方位的信息化发展之路提供了宝贵的借鉴经验。

解读与阐述

物流信息系统的需求分析包括：①系统调查；②物流组织结构与管理功能分析；③物流业务流程分析；④物流数据流程分析；⑤物流信息系统功能需求分析。物流与配送信息系统的需求分析同样按照上面五部分进行。

1. 系统调查

系统调查的内容如下：

（1）调查组织结构及功能：在对组织结构进行调查时，要搞清楚企业部门设置及行政隶属关系，画出企业组织结构图。

（2）工作目标调查：了解企业经营管理目标及工作目标，可采用目标树或表格形式表示。

（3）业务处理流程调查。

（4）数据调查：对业务流程中所涉及的单据、账册和报表进行收集、分类和整理。并填写信息载体调查表。

（5）处理过程调查。

2. 物流组织结构与管理功能分析

（1）根据自己企业的情况做出组织结构图，如配送中心的组织结构可以如图5－19所示：

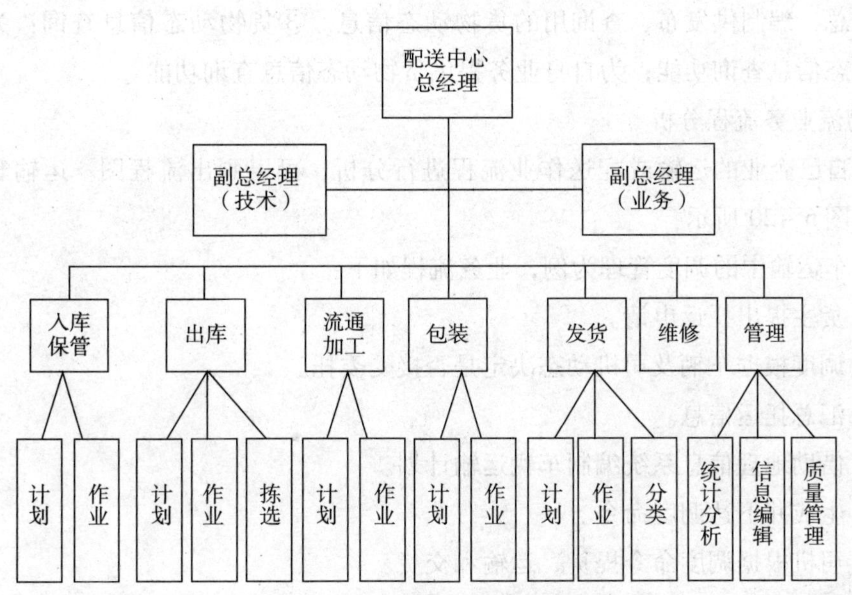

图5－19 配送中心的组织结构图

（2）物流管理功能分析就是分析通过信息系统所实现的功能。

运输管理要实现的功能一般包括：①运输方式的选择：运输方案的设定，不同方案的分析、比较选择。②运输服务商的选择：运输服务商评价标准的制定，运输服务商初选、评价和选择。③运输路线选择：建立运输路线选择模型，有关运输线路数据收集，建立地理信息系统，根据运输任务选择最佳运输路线。④运输计划编制：建立运输设备资料库，建立驾驶人员/船员资料库，运输任务汇总，运输任务与运输能力的匹配，编制运输计划。⑤运输能力配备：运输市场的预测，运价走势分析，运输投资效益计算，风险分析。⑥运输调度：根据计划生成调度指令，车辆/船舶动态跟踪，特殊情况的记录和处理。⑦运输统计、分析：运输统计报表设计，运输统计，运输成本分析。

配送管理功能包括：①配送中心选址：配送中心选址模型、方法研究，客户分布及需求量统计分析，配送中心规划。②作业流程设计：进货作业、存储作业和出货作业流程设计。③客户订单处理：客户和订单资料的确认，存货查询，单据处理。④分拣作业管理：拣货设备配置，拣货信息处理，拣货效率分析改进。⑤进货作业管理：进货计划，货物编号，进货标识，货物验收。⑥送货与退货处理。⑦发货作业管理：分货，发货检查，包装。

货物跟踪系统的功能包括：①货物动态信息收集：动态信息收集方案设计，包括信息源、信息结构和信息时间要求等。②货物动态信息整理：货物动态信息的检查、分类和汇总，编制供发布、查询用的货物动态信息。③货物动态信息查询：为客户提供货物动态信息查询功能；为自身业务提供货物动态信息查询功能。

3. 物流业务流程分析

要对自己企业的运输或配送作业流程进行分析，可以画出流程图。运输管理业务流程可如图 5－20 所示：

以汽车运输中的调度管理为例，业务流程如下：

（1）货主提出托运申请。

（2）调度根据车辆及司机动态决定是否接受委托。

（3）汇总托运信息。

（4）借助地理信息系统编制车辆运输计划。

（5）生成并下达调度命令。

（6）司机根据调度命令提货、运输和交货。

（7）填制有关单据并上报。

（8）运输业务统计。

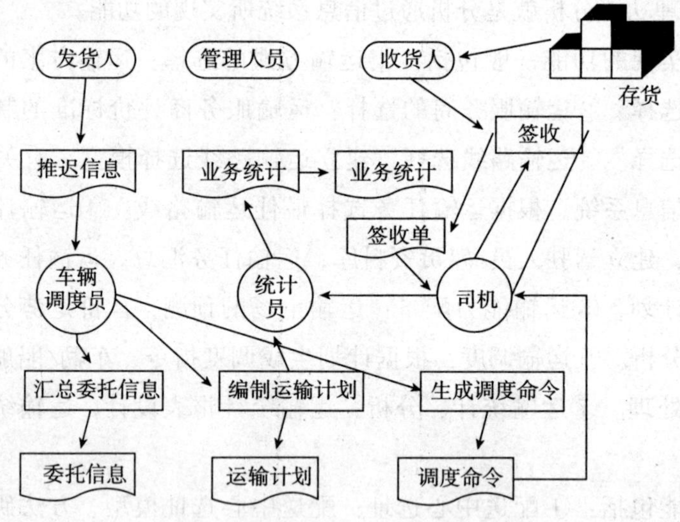

图 5－20　运输管理业务流程图

4. 物流数据流程分析

数据流程分析的基本工具是数据流程图以及对数据流程图说明的数据字典、数据流程/存储描述表、IPO 表处理和逻辑说明。

5. 物流信息系统功能需求分析

作为一个完整的物流信息系统包括下列模块：订单处理、仓储管理、运输管理、配送管理、货物跟踪管理、业务统计分析、客户关系管理和决策支持。这里仅介绍与运输、配送相关的模块。

（1）运输管理模块的功能包括托运、订舱管理、运输单证处理、发运管理和运费结算。

（2）配送管理模块的功能包括车辆调度、行车单的生成、修改和撤销、分拣单的生成和修改、发运管理及签收管理。

（3）货物跟踪管理模块包括 GIS（地理信息系统）、GPS（全球定位系统）和 EDI（电子数据交换）。

关键点提示

运输配送信息系统需求分析的具体步骤包括：

1. 系统调查
2. 物流组织结构与管理功能分析
3. 物流业务流程分析
4. 物流数据流程分析
5. 物流信息系统功能需求分析

5.16 运输与配送信息系统规划设计

典型问题及案例

沃尔玛零库存目标的实现

沃尔玛公司采用的“交错运输系统”被人津津乐道。这是一套商品存货管理系统，通过系统的作业，供应商将货物一送到沃尔玛的24个配送中心仓库之后，就会在24小时内配送到各个门店，没有闲置和延误，实现了零库存目标。在沃尔玛公司的仓库中，看不到货物的停滞，只会看到货物交错穿梭运动。这种方式有力地保证了沃尔玛公司营销使命的实现：以适当的价格、在最适当的时机、提供给顾客最需要的产品。

假设您经营一家运输公司，为了提高公司的竞争力，您准备采用车队管理信息系统，试画出车队管理系统流程图。

根据自己企业的具体情况来画，下面给出流程图供您选择：

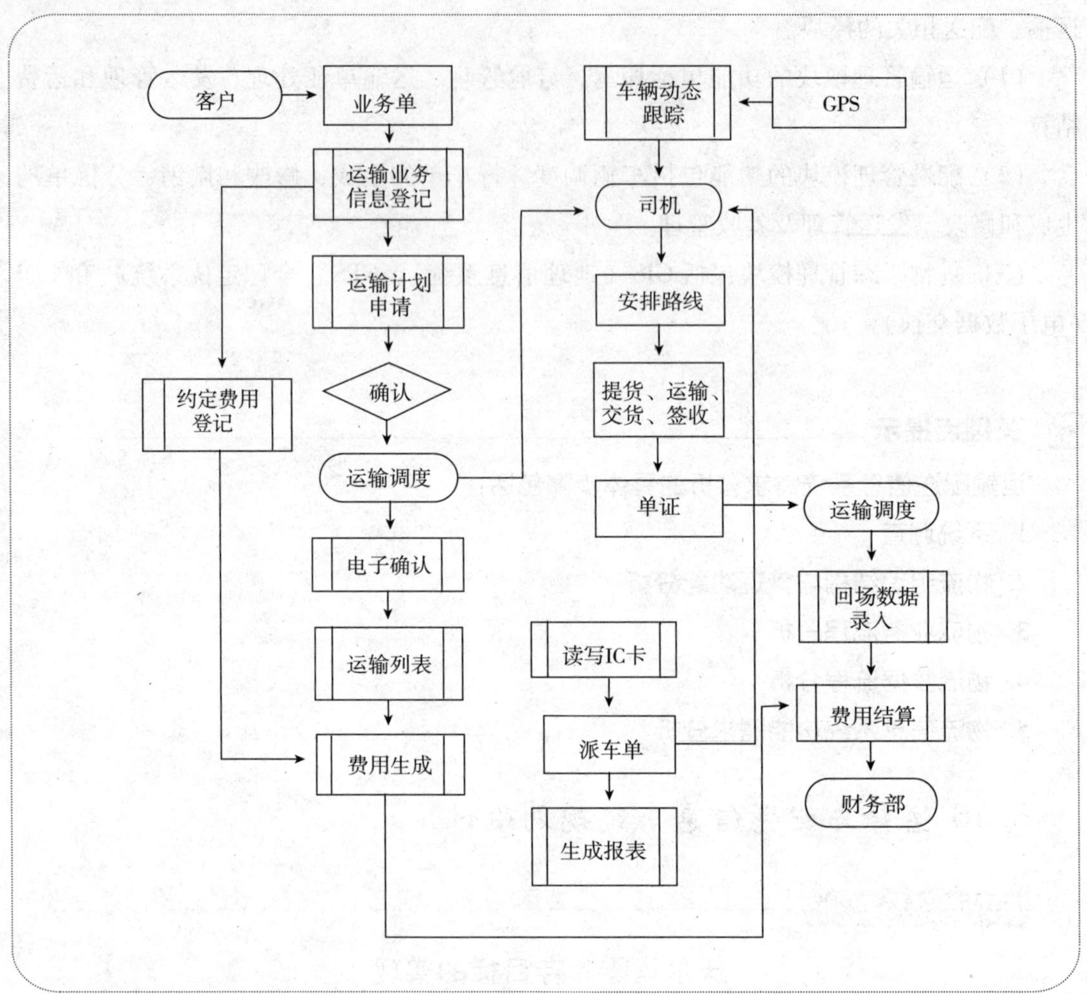

解读与阐述

关于物流信息系统的设计是一项复杂的系统过程，物流与配送信息系统可以看作是其中的一个子模块，也可以看作是一个独立的系统。特别是对一些中小企业来说，看作是一个独立系统来设计开发更具有实际意义。常见的运输与配送信息系统有：货物动态跟踪系统、配送中心管理系统和车队运输管理系统。

1. 货物动态跟踪系统

（1）系统目标：为客户和物流公司的员工提供货物在各操作环节的及时动态信息。

（2）系统结构图，如图 5－21 所示：

（3）主要功能：该系统将把货物在物流各操作环节的动态信息，通过多种方式及时反馈给客户和物流公司的管理层，使客户和物流公司的员工都能及时了解货物的动态，提前做好相应的准备工作。

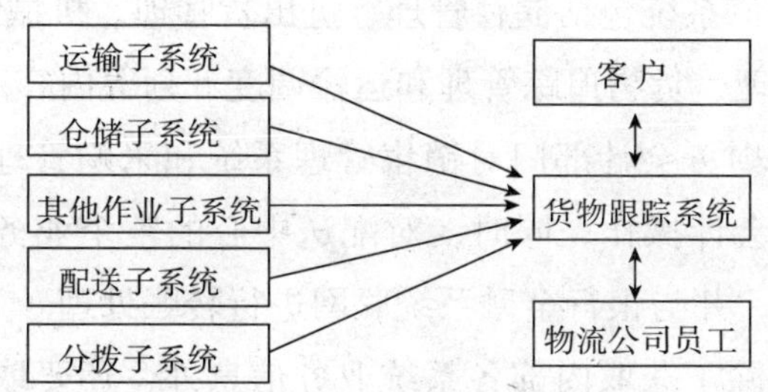

图5－21 系统结构图

a. 动态信息产生：动态信息通过 EDI 汇总，各作业系统将货物在本操作环节所产生的动态信息通过 FTP 和 e－mail 等传输方式，将信息汇总到货物跟踪系统中。

b. 动态信息反馈：货物跟踪系统将根据客户、货物品名和批号等条件对各作业系统产生的动态信息进行分类汇总，根据客户的不同要求，将动态信息及时反馈给客户，或存放于网络服务器，客户可通过互联网及时查询。

c. 动态信息比较：从各作业环节提取的信息和接受客户委托时的计划做比较，了解操作环节可能存在的问题，做好预防工作。当出现问题时，可以提前采取相应的补救措施，以保证客户的服务质量。

2. 配送中心管理系统

（1）系统目标：解决及时准确传递配送中心订货、库存、采购和发货等一系列信息的任务，并收集各种表单以及关于物流成本、仓库和车辆等物流设施、设备运转等资料，帮助物流管理部门有效地管理物流活动。见图5－22所示：

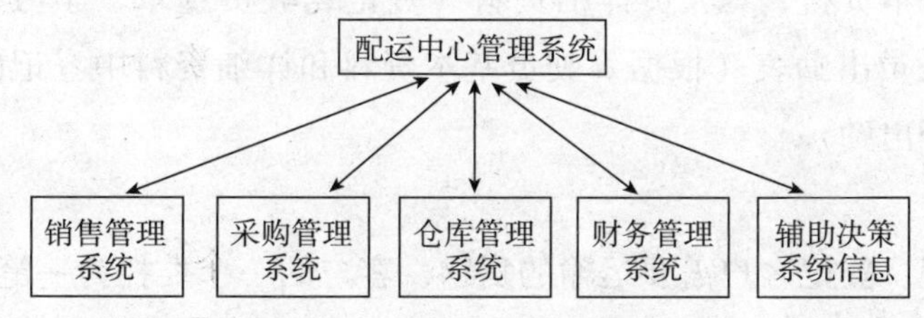

图5－22 配运中心管理系统结构图

（2）系统主要功能介绍

a. 销售管理系统：其主要职能是订单处理。如采取配销模式，还应包括客户管理系统、销售分析与预测系统、销售价格管理、应收款及退货处理等系统。

b. 采购管理系统：如果采取物流模式，其主要职能是接受进货及验收指令；如果是授权模式或配销模式，其主要工作是面对供货商的作业，包括供货商管理、采购决策、存货控制、采购价格管理和应付账款管理等系统。

c. 仓库管理系统：该系统包括储存管理、进出货管理、机械设备管理、分拣处理、流通加工、出货配送管理、货物追踪管理和运输调度计划等内容。

d. 财务管理系统：财务会计部门对销售管理系统和采购管理系统所传送来的应付资金进行平衡应收账款会计操作；同时，对配送中心的整个业务进行测算和分析，编制各业务经营财务报表，并与银行金融系统联网进行转账处理。

e. 辅助决策系统：除了获取内部各系统业务信息外，还要取得外部信息，编制各种分析报告和建议报告，供配送中心的高层管理人员作为决策的依据。

3. 车队运输管理系统

（1）系统目标：利用信息技术和现代化管理方法来提高车队运输效率。

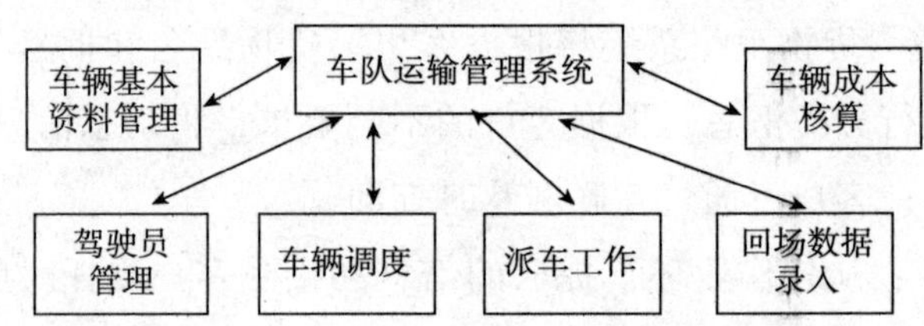

图5－23　车队运输管理系统结构图

（2）主要系统功能

a. 车辆基本资料管理

包括车辆基本资料维护、车辆的维修与保养和车班与流向。

b. 驾驶员管理

包括驾驶员基本资料、驾驶员详细资料（登记驾驶员违章、学习、事故、证件等变动资料）和驾驶员出勤表（根据驾驶员基本资料和详细资料中登记的内容，自动判断驾驶员当日是否出勤）。

c. 车辆调度

运输业务登记：登记客户需要运输的货物，客户的一个委托为一笔业务。

运输计划安排：根据客户的要求安排运输计划，客户可以安排一笔运输计划，也可以安排几笔运输计划。

任务列表制作：根据运输计划，将运输计划分解成一笔一笔的任务，每个任务代表一个自然项的运输，我们将运输计划分解成一个一个的子任务后进行优化与组合，这样在安排车辆时就可以根据地点、时间和车班情况进行，以达到较高的车辆利用率，提升经济效益。

任务列表修改：对已经制作出来的任务列表进行修改或者进行暂停当前任务。

d. 派车工作

根据地点、时间和车班情况选择任务，然后制作派车单，将派车单的内容写入 IC 卡，这样出车的车辆就具有电子身份证的功能。

e. 回场数据录入

派车单回场确认：车辆回场后，输入本次执行任务过程中的一些信息，如行程、油耗和车班数，这些数据将作为数据统计的基础。

白卡管理：白卡基本资料输入、白卡使用记录和白卡最新流向查询。

装箱点代码维护：过桥（境）费、站点维护、线路维护、装箱单维护。

f. 车辆成本核算

查询与报表：各种车辆运营情况、派车情况、任务完成情况，以及月度统计报表。

关键点提示

常用的运输、配送信息系统有：

1. 货物动态跟踪系统
2. 配送中心管理系统
3. 车队运输管理系统

5.17 系统开发方案选择

典型问题及案例

信息系统开发方式的选择

结合自身的工作经验与体会，粗略填写关于五种信息系统开发方式吗？如果可以，尝试把答案填写在下表空白处。

开发方式	优点	问题	适用范围
全盘引进			
引进改造			
全面委托			
完全自主			
合作开发			

解读与阐述

目前，建设物流信息管理系统有以下选择：全盘引进开发方式、引进改造开发方式、全面委托开发方式、完全自主开发方式和合作开发方式。如何根据自己企业的实际情况做出合理选择呢？具体分析如表5-4所示：

表5-4　系统开发方案选择分析

条　目	内　容
全盘引进开发方式	（1）全盘引进就是指引进一家比较先进的物流公司或软件公司的信息系统和系统的配置，并同时引进该系统的内部管理模式和对外客户服务方式。该公司同时负责在本公司实施这一系统，并负责随后若干年的维护和更新。 （2）选择这种方式可能会出现的问题是：现有的管理体制、现有的信息系统、数据库和平台都要转换成新的系统。这种转换是十分复杂的系统工程，耗时较长。这种转换的设计、组织和实施的复杂性不亚于开发一个新的信息系统，价格当然也十分昂贵。
引进改造开发方式	（1）引进应用软件，但不引进管理模式，将引进的软件按本公司的管理模式加以改造。采用这种方式的好处是一次性获得了一个系统的总体框架和核心软件。 （2）要注意的问题是：设计、组织和实施引进软件的改造必须十分小心，而且要有坚强的领导和高水平的项目管理能力。
全盘委托开发方式	（1）请一家计算机公司或其他信息技术机构提供一揽子解决方案，包括业务需求的调研、物流信息系统设计和系统开发等，并负责随后的维护和更新工作。采用这种方式的好处是：一揽子解决，减轻企业自身的负担。 （2）要注意的问题是：开发公司需要时间熟悉业务；开发公司倾向于满足企业近期需求，不大可能考虑企业长远发展利益；开发工作结束后用户对新系统的修改要求是否能够继续得到满足。
完全自主开发方式	（1）依靠公司自己的信息技术力量独立开发。这种方式对公司自身条件要求很高，公司要有较强的技术实力。这种方式的好处是：熟悉业务，对开发有利；自己掌握软件，便于不断地根据公司业务的发展对系统更新；使系统开发和人才培养相结合。 （2）要注意的问题是：设计、组织、实施和管理项目，需要有大量的组织准备工作，特别对公司的项目开发技术力量有较高的要求。适合于大企业的信息系统开发；一些中小型企业如果技术力量雄厚的话，也可以自主开发一些不太大的信息系统。
合作开发方式	（1）由公司主持，把本公司的信息技术力量和引进技术力量相结合，共同完成系统的开发。特别适合希望自主开发但技术实力又不够的物流企业。 （2）要注意的问题是：日后的系统维护和更新是否容易取决于本公司业务人员和技术人员参与开发的程度。
选择开发方式时要注意的问题	(1)不要急于求成。大型物流信息系统从分析、设计、开发到系统能够比较稳定可靠运行往往需要相当长时间的努力，是一项长期、复杂的工作，需要大量的人力、物力和财力投入。 (2)重视项目管理。 (3)注意开发人员和用户的协同合作。 (4)必须有长期、稳定的规划及自主研发力量的设计计划。 (5)分段开发，分步实施。为了满足当前业务的需要，应该在长期规划指导下，一个一个子系统，一个一个模块地进行开发。

关键点提示

信息系统开发方案的选择方式有：

1. 全盘引进开发方式
2. 引进改造开发方式
3. 全盘委托开发方式
4. 完全自主开发方式
5. 合作开发方式

5.18 系统开发人员组织

典型问题及案例

配送中心系统开发人员组织

如果您是一家物流企业的主管，贵公司要自主开发一个配送中心信息系统，作为这一项目的负责人，您怎样组织自己的开发队伍？

首先就是要选人进入开发项目，由于该项目涉及企业的很多部门，为了方便以后工作，在成立项目领导小组时，领导小组至少要有一名公司领导和主要参与部门的负责人；其次进行技术人员的挑选，要包括下列技术人才：高级系统分析师、软件工程师、程序设计员、网络工程师、数据库管理人员、数据录入人员和系统维护工程师。由此组成开发小组，在项目开发小组中还可以做进一步分工，如可以分为系统设计组、业务分析组和数据库分析组等。

解读与阐述

物流信息系统的开发，特别是较大信息系统从分析、设计、开发到系统比较稳定可靠的运行，是一项长期、复杂的工作，需要大量的人力投入，如何合理组织开发队伍显得至关重要。组织系统开发队伍可以从表 5 –5 所示方面着手：

表 5 –5　系统开发人员组织

条　目	内　容
成立项目领导小组	由公司领导和有关职能部门负责人组成项目领导小组。 项目领导小组负责整个项目的计划、开发和实施。 具体包括： (1) 确定建设目标。 (2) 审定、批准长远规划和项目建设计划、实施计划。 (3) 审核项目投资计划和经费预算。 (4) 审定和批准重要的技术方案。

续表

条　目	内　容
成立项目领导小组	(5)组织开发机构，任命相应的负责人。 (6)聘请技术顾问。 (7)批准合作开发的公司或机构。 (8)其他项目工作。
组织专家小组	聘请公司内部和社会上知名的物流管理、信息技术专家组成专家小组，负责制定各种技术方案、计划，并指导项目组工作。
成立项目开发小组	项目开发小组主要负责项目的建设，承担信息系统的开发。项目开发小组由本公司业务代表、信息技术人员及合作开发公司和机构人员共同组成。 项目开发小组应该设置一些重要的岗位，并分成若干工作小组，包括： (1)总工程师:全面负责系统开发的技术工作。 (2)项目管理组:负责项目开发管理、技术标准、进度、质量、财务管理和控制等。 (3)系统设计组:负责系统结构设计、系统硬件配置、系统软件配置、工具和平台等。 (4)业务分析组:负责业务流程分析、业务流程再造和设计决策模型等。 (5)数据库设计组:负责数据库建模、数据库设计、数据库转储、装入和数据库建设方案等。 (6)各子系统软件开发组:负责各子系统的功能实现。 (7)网络组:负责网络方案的设计、建设。 (8)机房建设组:负责机房建设。
技术队伍组成	信息系统的建设是一项人才密集性工程，需要各种层次的信息技术人才组成团结合作的技术队伍，分工负责相关的建设任务。技术队伍组成的建议方案如下： (1)高级系统分析师:高级系统分析师一般应具有高级职称，比较熟悉物流业务，精通信息系统的设计方法和理论，有长期从事信息系统开发和主持全面工作的经历，还要有较强组织才能和领导艺术。 (2)软件工程师:软件工程师应是计算机软件或信息管理专业毕业的、有三年以上软件开发经验的软件工作者。软件工程师的主要职责是设计功能模块、编写详细设计说明书、测试计划和测试分析报告以及指导程序员编程调试。 (3)程序设计员:程序设计员应该熟悉标准查询语言 SQL、前端开发工具 PB 或 C 语言等，从事编程工作 2 年以上。 (4)网络工程师:业务上熟悉网络技术，有建网经验，有从事因特网或局域网工作两年以上经历，熟悉常用的网络操作系统，如 WINDOWSNT 等。 (5)数据库管理员:数据库管理员应熟悉 ORA、GLE、Sybase 等典型的 DBMS，有负责数据库建模和数据库维护的经历。 (6)数据录入人员:要求录入准确、快捷，有终端工作的经历。 (7)系统维护工程师:负责系统软硬件的消化、维护工作，保证系统安全可靠的运行。

关键点提示

进行系统开发人员的组织应做好以下工作：

1. 成立项目领导小组
2. 组织专家小组

3. 成立项目开发小组
4. 技术队伍组成

5.19 构筑共同配送体系

典型问题及案例

沃尔玛的配送中心

沃尔玛公司取得了令全世界瞩目的销售业绩，其成功的主要秘密就是拥有庞大并且高效率的配送体系。通过这个体系，不仅大大降低了商品的配送成本，而且加速了存货周转，形成了沃尔玛的核心竞争力。

到现在该公司已建立62个配送中心，为全球4 500多个连锁店提供配送服务。它的配送中心有六种，分别是：干货配送中心、食品配送中心、山姆会员店配送中心、服装配送中心、进口商品配送中心和退货配送中心。整个公司销售几万种商品，85%由这些配送中心供应。采用集中配送的方式为各连锁店提供了更快捷、更可靠的配送服务，60%的配送车辆可以在一次配送过程中完成送货和取货两种作业。相比之下，其竞争对手只有50% ~65%的商品能够实现集中配送。

沃尔玛前任总裁大卫·格拉斯说：如果说我们有什么比别人干得好的地方，那就是配送中心。

解读与阐述

共同配送是配送服务合理化的一个重要手段。通过共同配送体系的构建，企业可以达到减少配送网点设施、减少配送车辆行驶里程和降低配送成本的目的，从而为缓解社会的交通压力，改善环境做出贡献。企业应当在条件允许的情况下，积极寻求合作伙伴，共同构建一套完备的共同配送体系。

共同配送体系的构建可以按照表5－6所示步骤：

表5－6　共同配送体系构建工作规范

条　目	内　容
共同配送可行性研究	共同配送虽然有许多优点，但是同样也可能给企业带来一些风险。在构建共同配送体系之前，企业必须根据自身的特点，深入研究实行共同配送的可行性，做出准确的判断。可行性研究主要包括： （1）确定可能构建的共同配送体系类型。共同配送体系有多种形式，按照主导企业的性质可以划分为： ①生产制造企业主导型。这种类型的共同配送体系是由相同产业或不同产业的生产制

续表

条 目	内 容
共同配送可行性研究	造企业，采用共建配送中心或相互承担配送任务的方式，实现产品的集中，提高配送效率。对企业来说，构建这种类型的共同配送体系可能会增加商业机密的泄露、配送成本分担不明确或企业物流系统缺乏独立性等风险。 ②批发企业主导型。这种类型的共同配送体系是由大型批发企业或中小型批发企业组建的联盟，通过配送中心集中多数企业的产品，向一定地域范围内的零售店及便利店进行配送。 ③大型零售企业主导型。这种类型的共同配送体系是由大型零售企业建立自己的配送中心或由批发企业建立零售企业专用的配送中心，将所有供应商的产品全部集中起来，再通过配送中心向所有的连锁店进行配送。 ④物流服务企业主导型。这种类型的共同配送体系是参与合作的生产制造企业或批发企业将产品交给物流服务企业负责，由物流服务企业组织产品的配送过程。 (2)挑选合作伙伴。在确定了企业可以构建的共同配送体系类型后，就应该开始挑选可能的合作伙伴。由于构建共同配送体系会对企业的经营战略产生影响，因此，对合作伙伴的情况应当进行深入的分析。分析的内容包括：企业的商圈范围、产品特征、物流体系运行状况、物流服务水平和配送点分布情况等。
确立运营主体	确立运营主体就是要与可能的合作伙伴进行充分的沟通，明确所构建的共同配送体系的组织形式和规章制度，实现各参与企业的思想统一和决策统一，从根本上保证共同配送体系的正常运营。运营主体通常可以有两种形式：一种是由参与企业共建一个专门的组织，负责整个系统的协调工作；另一种是由参与企业委托一家物流服务企业对所组建的共同配送体系进行管理。
体系方案设计	成功的共同配送体系必须能够保证各合作企业的物流服务水平。系统方案设计就是要通过对体系的运作进行规划，从而保证企业构建共同配送体系的目的能够实现。系统方案设计的内容包括：共同配送的信息系统设计、集配方式的确定、共同配送的作业流程设计、人员及岗位配置和系统运行的保障措施等。
方案实施与评价	接下来，就可以筹措资金，成立相应的组织，进行共同配送体系的方案实施工作。合作企业应当始终注意协调各方面关系，统一决策，遵守订立的规章制度。在实施的过程中，应当定期对系统运行状况做出评价，主要包括以下三个方面： (1)企业的服务水平是否达到要求； (2)企业的配送成本是否得到降低； (3)企业的商业机密是否被泄露。

总之，企业构建共同配送体系应当按照上述步骤，与各合作伙伴紧密配合、通力协作，从而使所有的参与企业都能从中获益。

关键点提示

构建共同配送体系可以按照以下步骤进行：

1. 共同配送可行性研究
2. 确立运营主体
3. 体系方案设计
4. 方案实施与评价

5.20 电子商务下的配送服务

典型问题及案例

亚马逊的配送服务

全球最大的网上书店——亚马逊，通过因特网在约160个国家销售各种商品，包括图书、音像制品、玩具、游戏、电子产品、应用软件、药品和其他日用品等。亚马逊拥有自己完整的配送体系，在美国、欧洲和亚洲共建立了15个大规模的配送中心，通过它们实现全世界范围内的商品配送服务。在收到网上订单后，按照客户的要求，亚马逊在1~14个工作日内就可以将商品送到客户的手中。时间的长短主要是由距离远近和客户选择的送货方式决定的，如果是在美国国内，客户选择空运，通常只需要1~3个工作日。

亚马逊的配送体系得以高效率的运转，和管理人员的高素质是分不开的。亚马逊聘请了沃尔玛公司的前任物流总裁怀特先生，负责公司的物流系统的规划与管理工作。凭借怀特在物流管理方面丰富的经验和其他高水平管理人员的努力，亚马逊的配送体系已经可以和以配送著称的沃尔玛公司的配送体系相媲美。

解读与阐述

电子商务的迅猛发展，改变了人们传统的商贸观念和形式，也给物流服务带来了新的挑战和机遇。物流配送作为电子商务网外主体的配送服务活动，是电子商务从虚拟到现实的重要保障，它可以提高电子商务的效率和效益，扩大电子商务的市场范围，实现基于电子商务的供应链集成。

1. 构建电子商务环境下的配送体系

在电子商务环境下，企业可以通过三种方式构建配送体系来保证电子商务活动的开展。

（1）与传统商务活动共用配送体系。对已经拥有一定规模配送体系的企业来说，开展电子商务活动首先应当考虑利用原有的配送体系来承担电子商务的配送活动。也就是说，要将电子商务的配送与传统商务的配送渠道打通。这样，不但可以避免重复投资造成的浪费，还可以提高现有物流系统的利用率。

一些大型的制造企业和批发商、零售商在这方面是有优势的，它们需要做的就是对原有系统进行必要的调整、优化和完善，使其能够满足电子商务对物流服务的要求。

（2）自建配送体系。电子商务的网络接入供应商（ISP）和网络信息服务商（ICP）可以自己投资组建物流公司，建立完整的物流服务体系。

当然，这样做不但需要雄厚的资金作为保证，还会面临着巨大的投资风险，而且由于信息服务和物流服务有着本质的区别，这样做势必会削弱企业的核心竞争力。因此，必须慎重做决策。

（3）采取外包方式。控制电子商务交易中的信息流、商流和资金流，而将物流活动外包给专业的物流服务企业，是许多开展电子商务的企业采取的一种有效方式。这样，企业可以充分利用社会资源，用专业的物流服务实现对电子商务交易的对接。

2. 实现符合电子商务要求的配送服务

从总的作业流程来看，电子商务下的配送服务和传统的配送服务没有太大的区别。电子商务对物流配送服务的影响主要体现在以下几个方面：

（1）快速反应的配送服务。在电子商务环境下，少批量、多批次的配送要求配送服务的提供者能够对上、下游的配送需求快速做出响应。这种快速响应的要求，使多数企业必须对配送活动的全过程，甚至是整个物流系统进行优化。

（2）系列化的配送服务。在电子商务环境下提供配送服务，除了传统的储存、运输、包装和流通加工等服务内容外，还必须提供更加丰富的增值服务。比如货款回收与结算、培训、维护、设计或安装、咨询、24 小时营业和代办业务等。这对配送服务人员的素质提出了更高要求。

（3）低成本的配送服务。由于电子商务带来了小批量配送增多、需求预测困难和配送计划性差等问题，较之传统的配送服务，电子商务环境下的配送服务成本居高不下。低成本的配送服务将给企业带来更大的优势。降低配送服务成本除了应该在配送作业过程上下功夫外，共同配送的运作方式也是很好的选择。

总之，电子商务的出现和发展，给物流配送服务提出了许多新的要求，企业必须结合电子商务的特征，制定有效的配送服务方案，保证电子商务的顺利进行。

关键点提示

进行电子商务下的配送服务应当：

1. 快速反应的配送服务
2. 系列化的配送服务
3. 低成本的配送服务

第六章　供应链架构与设计

供应链是围绕企业核心，通过对信息、资源和资金的控制，从采购开始，到制成中间产品以及最终产品，最后到提供产品服务。这一过程将供应商和制造商通过销售网络与分销商、零售商直到最终客户连接成一个整体。供应链管理战略就是要从企业发展战略的高度考虑供应链管理中事关全局的核心问题。

供应链的设计围绕着企业的核心内容，要求理论联系实际，需要不断更新观念，把企业生产经营理念扩大到整个产业价值链上，通过了解现有供应链企业状态，分析自身企业在供应链环节中所处的位置，通过友好合作、服务创新、科技创新和吸引人才等手段树立企业的竞争优势。

6.1 企业组织架构与供应链管理模式关系协调

典型问题及案例

企业效能型员工的管理方式

应该采取怎样的组织模式才能够谋取企业的可持续发展是每个经理人都在认真思索的问题，同时也是支撑企业战略目标的关键问题。通常来说，组织的类型有两种：一种是机构精简、人员精干和流程高效的效能型组织；另一种是机构臃肿、人员冗余和流程低效的肥胖型组织。

众所周知，机构精简、人员精干和流程高效的效能型组织可以帮助企业精简不必要的机构，并作为快速响应市场需要的手段。面对瞬息万变的市场、日益缩短的产品生命周期和成本及价格的压力，A 公司作为全国乳品行业的龙头企业之一，其营销部门于 2013 年开始实行组织扁平化，取消所有的大区经理，35 个区域经理直接归属销售总监。改革的目的是建立一个机构精简、人员精干的效能型的组织。

然而，在组织扁平化的同时，A 公司发现企业运作并不像原来想象的那样，出现信息流不畅通、费用开始失控和员工抱怨人手不够的情况，人员流动也较前更加频繁。过度的扁平化为企业的管理带来了困难，由于增加了管理宽度，每位经理人管辖的员工数量超过其控制能力，造成了顾此失彼的情况。

反思A公司的组织变革，可以得到以下经验教训：

1. 组织扁平化不成功的原因：①扁平化的组织没有围绕流程来建立；②扁平化的组织没有科学的管理制度；③依然存在企业等级现象。

2. 成功地实行组织扁平化：①围绕工作流程调整组织结构；②利用信息管理系统的辅助；③完善薪酬分配制度；④通过充分的授权，调动员工的工作积极性；⑤组织结构的设计应该与企业目标相一致。

解读与阐述

现代供应链管理理论强调核心企业与相关企业的协作关系，通过信息共享、技术扩散（交流与合作）、资源优化配置和有效的价值链激励机制等方法来实现经营一体化，为此，需要通过变革企业组织以满足供应链管理的需求。

物流组织的出现和发展是人们对物流认识不断深化的结果。物流组织的演进大体可分为以下几个阶段，如表6－1所示：

表6－1 物流组织的不同发展阶段

条 目	内 容
功能集成化发展阶段	20世纪60年代初期，开始出现的集成往往只发生在同一职能部门和组织的直线管理层。20世纪70年代后，随着企业集成物流运作的成本降低和物流水平的提高，专业的物资配送和生产组织下的物料管理各成一套体系，发展很快。在制造业中，这种各成一体的物流组织结构目前仍很普遍。
功能一体化组织阶段	20世纪80年代初出现了物流功能一体化组织，即在一个高层物流经理的领导下，统一所有的物流功能和运作，将采购、储运、配送和物料管理等物流的每一个领域组合构成一体化运作的组织单元，形成总的企业内部一体化物流框架。
过程一体化组织阶段	自20世纪90年代以来，物流管理也由重视功能转变为重视过程，通过管理过程而非功能，提高物流效率成为物流整合的核心，产生了矩阵型、团队型和联盟型等物流组织形式。
虚拟与网络化组织阶段	自20世纪90年代中期后，信息和网络技术的快速发展，为虚拟与网络化物流组织的产生和发展提供了外部环境。
物流组织的发展趋势	21世纪在全球市场化的激烈竞争中形成多元化网络，物流业将呈现信息化、网络化、智能化、柔性化、标准化和社会化的特征，企业物流组织发展将呈以下趋势： a. 由职能垂直化向过程扁平化转变。 b. 由固定刚性化向临时柔性化转变。 c. 由内部一体化向虚拟化、网络化发展。

1. 建立市场快速反应机制

市场快速反应机制是企业面对不确定的市场竞争环境条件下所进行的快速、高效的条件反射机制，也是高速度企业或企业面对激烈的竞争环境进行的快速适应和自我调整。必须通过建立市场快速反应机制，才能使企业始终处于组织高效发展态势并在行业中始终处于领先地位。市场快速反应机制在高速度企业或企业转型中主要表现为以下几个方面：一是企业对外部市场环境的快速反应；二是企业对竞争对手及其行为所做出的快速反应；三是企业对自身组织机体发展变化所采取的快速反应；四是企业对市场变化的一种快速适应能力；五是企业对市场变化和市场发展趋势的一种快速跟进能力。

要实现对市场的快速反应的机制要求，企业必须具有以下几个方面的能力：首先是对市场信息的敏锐感知能力；其次是对市场商机的领悟能力；再次是对市场机会的果断决策能力；最后是企业转型是否具备拥有快速反应机制的基本资源和基本条件，也就是企业的基本素质，如资本、技术、人才和市场等市场竞争方面的基本条件。

2. 进行技术创新机制变革

技术创新机制是适应企业战略发展要求，支撑组织运行的技术系统，它包括组织技术快速发展机制、组织快速运用技术机制两个主要方面。组织技术快速发展机制是指企业转型为适应组织环境变化速度、更好地发挥组织功能而采取的一种推动组织快速发展的组织技术。组织快速运用技术机制是对组织内部和外部各种新技术和适宜技术的快速推广、快速引进和快速运用的机制。

技术快速创新机制在企业发展中主要体现为三个方面，如表6－2所示：

表6－2 技术快速创新机制

条 目	内 容
组织技术快速发展创新的机制	为适应企业转型战略发展需要以及组织环境的高度变化趋势，更好地发挥组织功能，企业通过采取一种推动组织快速发展的组织技术，如组织结构从职能制发展为事业部制，再进一步发展为矩阵结构和网络结构以及在不同组织之间的技术组合，就是一种组织技术快速发展的体现，是企业适应外部市场结构变化和竞争环境变化要求的技术体现。
快速运用技术创新的机制	为使组织跟上技术发展步伐，企业要对组织内部和外部的各种新技术和适宜技术进行快速引进、推广和运用，为实现战略目标提供技术支持。
技术快速创新机制	由于电子商务和现代信息技术发展十分迅速，产品与技术的生命周期十分短暂，使企业技术运用的时间差大大缩短。因此，企业必须通过加快技术创新，不断用新技术来推动和促进企业转型与发展。

3. 进行管理创新机制变革

企业组织的创新不仅受企业规模、企业生命周期和人员素质等内部因素的影响，还受产业特征、竞争状况和环境变动等外部因素的影响，而管理创新机制正是为保证企业的未来产业发展战略、发展目标的实现而应运而生的。具体内容包含：

（1）战略管理创新。这种创新就是在对外部环境分析和判断的基础上及时进行准确的战略定位和目标调整。以流通产业为例，就是从传统的业态和领域逐步转向新的产业方向，以供应链管理为基础的第三方物流，并对传统的业态进行及时的调整与收缩。

（2）内部管理和流程创新。这种创新是根据产业发展要求及时、果断地进行企业业务流程的调整和组织职能的调整。如某些企业的发展路径可将以传统贸易业务为主逐步转向以新型物流为主要方向，在组织功能上突出第三方物流的组织结构设计，增加物流技术含量等。

（3）激励机制创新。这种创新是根据外部市场竞争的需要和组织进一步发展的要求，进行人力资本激励制度的重新设计。

4. 进行决策机制变革

实现企业产业转型和未来发展的关键机制是高效、科学的决策机制。所谓高效、科学的决策机制就是对决策的问题通过科学的方法与程序，达到快速、高效的决定与执行的效果。它的基本要求是：第一，权力结构设计要高效、科学；第二，管理层次设计要高效、科学；第三，执行设计要高效、科学。高效、科学的决策机制具有不同于一般决策过程的以下几个特点：

（1）决策的层次较少。

（2）决策经过了合理、科学的权力分解，即根据需要决策的类别、重要性程度和项目金额大小等因素进行决策重新组合。

（3）通过专家或者智力系统进行决策预审和决策分流。没有必要将不同类别、大小不一和轻重缓急不一的问题都集中在决策部门进行解决。

5. 建立平衡协调机制

平衡协调机制是企业组织发展过程中为实现战略发展与既定目标而采用的自我调节和自我平衡方法，这种机制可使企业组织在实现战略目标的进程中更为顺畅。平衡协调机制具体包括以下内容：一是组织协调与平衡机制；二是目标协调与平衡机制；三是机制协调与平衡机制；四是文化协调与平衡机制。

6. 建立客户差异化服务机制

在供应链中，任何企业都不可能具备所有的资源要素。因此，资源不同的企业要根据自身的资源、组织、能力和技术等因素确定自身的定位，确定企业发展战略，发展自己的核心竞争力。

在各自的领域精耕细作，把核心业务做深、做透、做大和做强，才能构建一个有竞争优势与核心竞争力的赢利模式，确保企业的可持续发展。依据不同客户需求，提供差异化服务，最大限度地实现企业利润。

变革企业组织以适应供应链管理的需要，可以参考同类企业的经验，但不能简单地照搬，还要在企业稳定发展中进行创新。

关键点提示

变革企业组织以满足供应链管理的需求，需要：

1. 建立市场快速反应机制
2. 进行技术创新机制变革
3. 进行管理创新机制变革
4. 进行决策机制变革
5. 建立平衡协调机制
6. 建立客户差异化服务机制

6.2 供应链企业分层管理

典型问题及案例

供应链集成服务

浙江某供应链集团股份有限公司通过行业整合，为浙江某汽摩配产业集群提供包括采购、销售、仓储、流通加工、物流金融和配送等于一体的供应链集成服务。

该公司利用订单采购和JIT流通加工方式降低供应链采购和仓储成本，建设物流园区为产业集群提供集成供应链服务，利用供应链龙头地位为集群企业提供供应链融资服务，运用ERP系统提升企业管理效能等方法实现企业的飞速发展，促进产业集群的转型升级，具有较强的引领示范作用。

解读与阐述

供应链企业为了实现管理创新、品质提升和市场拓展的目标，需要完善组织管理职能，理顺企业的组织管理系统和企业战略层、管理层与执行层之间的关系，提高工作积极性和工作效率，促进企业规范运作。为此，需要的努力如表6－3所示：

表6－3 供应链企业分层管理规范

条 目	内 容
形成有行为能力的股东大会	股东大会的行为能力是整个企业治理结构形成的基础。如果股东大会不能有效行使权力，所谓股东大会的决策权、授予权和监督权（如对监事会的监督权）就难以真正发挥，使股东大会有行为能力，是保证股东利益的重要前提。
形成企业的组织治理结构	（1）供应链企业可以通过建立相互制约的组织体系，并进行各主体之间的权责划分、权责制衡，就能充分实现股东大会的有效授权。股东大会不能充分授权是由于股东或股东大会能力的局限性，如果股东或股东大会拥有各种行为能力，就可以自己经营，也就不必聘请经营者。正是由于股东或股东大会的行为能力有限，就有必要设立经营权主体，在建立经营权主体后，必须设立另一主体来监督经营权主体的行为是否符合所有权要求。原本属于所有者的权力、责任和利益，必须在设立的各主体之间进行划分，并使之相互制约，最终实现经营者的行为与所有者的目标一致。 （2）企业的组织治理结构是分权的结构，不仅产生了不同功能的主体，而且相互制衡，最终保证董事会和总经理及其集体的行为与所有者的目标一致。 （3）从这个意义上来讲，企业组织治理结构的根本任务是要完成对经营者集体的监督制约，使经营者集体不发生背德行为。
形成企业的决策治理结构	（1）在企业组织治理结构的分权体系中，经营者集体享有经营决策权和经营执行权。 （2）企业的根本任务不仅是要保护股东投入资本的价值，更重要的是要经营投入的资本，使资本增值。为达成此目标，经营者必须进行科学、有效的经营决策。为此必须实现两个基本条件：一是经营者能够站在客观公正的立场进行决策，也就是决策必须反映决策事项本身的性质，不能以各自的好恶进行决策或者说要为所有者或股东的利益而决策，不能以经营者的利益为出发点进行决策；二是经营者能够做出正确的决策，这当然要求决策主体具有专业水平。两个条件中，第一个条件是第二个条件的前提，它的根本目的是要实现决策维权，就是维护股东投资的安全。 （3）要建立决策制衡机制，一是要防止侵权决策；二是要实现决策维利，就是维护股东投资的收益，因此，要建立决策优化机制，防止错误决策。
建立健全企业的内部控制制度	（1）内部控制制度是为了保护企业财产的安全、防止会计信息失真和保证企业的经营决策得以实行而在企业内部建立的一整套制度体系。之所以必须建立这套制度体系，是基于企业内部存在分层委托代理关系，首先是董事会与经理层之间的分层委托代理关系，其次是基于企业内部实行分层管理，在每一个上层与下层之间发生的委托代理关系。 （2）在这一委托代理关系体系中，所有者的财产被分层委托代理经营、管理；经营者或其集体的决策也在分层授权执行；企业各层次的信息也被逐层上传或逐层下达，要保证所有者或股东的利益全面实现，不能仅仅依靠高层的组织治理和决策治理结构，还必须建立一个有效的控制体系，使企业的每个层次都能保证所管财产的安全，所提供信息的真实，对决策的执行有力。

在企业内部分层管理的情况下，所有者过去自己出钱、自己经营的状况有所改变，变为所有者出资、企业内部多层次经营管理。所以，所有者或股东的财产不仅由经营者或其集体代理经营和管理，而且，也要由各个较低层次的员工代理经营和管理。这是对所有者与经营者委托代理关系的一种延伸。

供应链企业内部治理结构的四个方面是一个完整的体系，股东或股东大会的行权能力是治理结构的基础；组织治理结构是要在两权分离条件下，保证经营者或其集体的行为与所有者或股东的目标达成一致；决策治理结构是为了保证经营者或其集体的决策科学、有效，组织治理结构和决策治理结构正好能够实现两权分离下所有者资本保值和增值这两个目标，且其针对主体是经营者或其集体；内部控制制度则是为实现经营者或其集体所有者资本保值和增值的目标以及为做出的经营决策在企业各个层次得以落实的制度保障。四者缺一不可。

关键点提示

实现供应链的分层管理，需要做到以下几方面：

1. 形成有行为能力的股东大会
2. 形成企业的组织治理结构
3. 形成企业的决策治理结构
4. 建立健全企业的内部控制制度

6.3 企业业务流程重组

典型问题及案例

沃尔玛配送系统的组成

美国沃尔玛公司的成功建立在快捷的业务流程上，它的配送系统由三部分组成：一是高效率的配送中心，二是迅捷的运输系统，三是先进的卫星通信网络。如卫星网络系统的运用，使配送中心、供应商及每一家分店的每一个销售点都能形成在线作业，短短几个小时内便可完成“填妥订单、各分店订单汇总和送出订单”的整个流程，大大提高了营业的高效性和准确性。其独特的配送体系极大地降低了成本，加速了存货周转，提高了资金利用率，形成了公司的核心竞争力。

解读与阐述

企业的各种经营活动可以归结为在一定组织结构体系下跨部门形成的各种业务流程。传统的组织结构所形成的业务流程，已无法适应当今市场的变化和要求。为此，企业对业务流程进行重组，从而提高企业经济活动的运作效率，已成为当前很多企业迫切需要解决的问题。企业进行业务流程重组，需要：

1. 遵守企业业务流程重组的原则

BPR是“Business Process Reegineering”的简称，即企业业务流程重组，下文简称“BPR”。思想是一种着眼于长远和全局，突出发展与合作的变革理念。如表6-4所示：

表6-4 业务流程重组原则

条目	内容
组织结构应该以产出为中心，而不是以任务为中心	这条原则是说应该由一个人或一个小组来完成流程中的所有步骤。围绕目标或产出而不是单个任务来设计人员的工作。
让那些需要得到流程产出的人自己执行流程	过去，企业的各个专业部门只做一项工作减少，同时又是其他部门的客户。现在，与流程关系最密切的人自己完成可以完成的流程，减少了原有各工作组之间的摩擦，从而减少了管理费用，但是这并不意味着要取消所有的专业部门的专业职能，如对于企业主要设备和原材料，还是需要由采购部门来专门完成。具体如何安排，还是要以全局最优为标准。
将信息处理工作纳入产生这些信息的实际工作中	过去，大部分企业都建立了这样的部门，它们的工作仅仅是收集和处理其他部门产生的信息。这种安排反映了一种旧思想，即认为低层组织的员工没有能力处理自己产生的信息。而今伴随着信息技术的运用和员工素质的提高，信息处理工作完全可以由低层组织的员工自己完成。
将各地分散的资源聚为一体	集权和分权的矛盾是长期困扰企业的问题。集权的优势在于规模效益，而缺点是缺乏灵活性。分权，即将人、设备和资金等资源分散开来，能够满足更大范围的服务，但却随之带来冗员、官僚主义和失去规模效益的后果。为解决集权与分权的矛盾，采用信息系统把供应链企业各地分散的资源以“信息”形式存于集中式数据库中。
将并行工作联系起来，而不是仅仅联系他们的产出	实际工作中存在着两种形式的并行，一种是各独立单位从事相同的工作；另一种是各独立单位从事不同的工作，而这些工作最终必须组合到一起。在企业推出新产品的周期中，两种形式的并行往往同时存在。如新产品研发过程把开发工作分割成一个个任务同时进行，以缩短开发周期；但在组装和测试阶段则采用后一种形式的并行方式。
使决策点位于工作执行的地方，在业务流程中实现内部控制	在大多数企业中，执行者、监控者和决策者是严格分开的，这是基于一种传统的假设，即认为一线工人既没有时间也没有意愿去监控流程，同时他们也没有足够的知识和眼界去做出决策。这种假设就构成了整个金字塔式管理结构的基础。而今，信息技术能够捕捉和处理信息，专家系统又拓展了人们的视野，于是，一线工作者可以自行决策，在流程中实现内部控制，这就为压缩管理层次和实现扁平组织提供了技术支持。而一旦员工成为自我管理、自我决策者的时候，金字塔式的组织结构以及伴随的效率低下和官僚主义，也都会随之消失。
从信息来源地一次性地获取信息	在信息难以传递的时代，人们往往会重复采集同一信息，因而不可避免地造成企业业务滞后、额外费用乃至错误信息。今天，当我们采集一条信息之后，将它储存于在线数据库中，就能与所有需要的人实现共享。

2. 认识企业业务流程重组的意义

BPR以追求顾客满足度最大化为目标，以信息技术为手段，以订单为凭据，最终实现信息流、资金流和物流三流合一，以此提高企业的竞争能力。

BPR是关系到企业发展的系统工程，涉及企业管理的方方面面，波及企业所有人员的利益、责任与义务，是企业的一次彻底革命。

（1）就企业股东方面来说，流程重组减掉了传统职能管理70%以上的不必要的工作，大大节省成本，并大大提高了交货速度或服务质量，使获得的利润大幅度提高。

（2）就企业经理人方面来说，流程重组使企业80%以上的日常管理工作流程化，从而使经理人真正能够从日常管理中抽离，从而能够有充足的时间和精力思考、研究企业的重大发展战略、发展方针和政策以及人才的培养等。

（3）就企业员工方面来说，BPR一方面使工作所需的信息公开化，明显减轻员工工作的压力；另一方面价值决策的前置，又大大地提高了员工工作的积极性，从而增强员工工作的自我满足感。

（4）就消费者方面来说，BPR使企业组织系统更加柔性，能够满足客户即时改变的服务要求；尤其是企业的价值决策前置，使客户更容易和直接找到企业里“能够拍板的人”，提升解决问题的速度，从而大大提高顾客的满意度。

（5）就供应商方面来说，BPR使企业把供应商的供应纳入自己的业务流程之中，使企业与供应商的接口界面化、流程化，从而提高了供应商的管理水平和管理效率。

3. 了解企业流程重组的基本方法

BPR的真正目的并不是流程本身，而是形成的核心竞争力，包括企业组织自身拥有的独特的并与其他企业相比略胜一筹的技术、组织管理和市场响应等方面的能力。企业的核心竞争力支撑企业在同质市场上享有特别的优势。重新设计流程有两大类方法：一是系统化改造法，即辨析理解现有流程，系统地改造现有流程；二是全新设计法，即从根本上重新考虑产品或服务的提供方式，零起点设计新流程。

20世纪90年代，进行全新设计的美国企业流程重组失败率高达70%以上。选择何种方法进行企业流程重组，应结合企业的实际进行，其中很关键的一点在于流程重组是否有利于企业核心竞争力的培养和提升。

只有当公司绩效严重低下或面临危机时，全新的业务流程设计方案才会成为首选。从流程重组所付出的成本来看，全新的业务流程设计需要一次性支付较大费用，而系统性重组则更多的是一种连续性的支付，每次金额比较少。在实施全新设计法时，企业应注意防范风险。

4. 按价值流构建企业业务流程

价值流是指企业内相互衔接的、一组能为顾客或最终使用者提供结果的一系列活动。如企业内的“订单履行”价值流，就包括接收订单、完成订单和收款等活动。价值流观点所依据的事实是，在每一个企业中都有一连串工作活动将特定结果送给特定类型的顾客或最终使用者，同时，创造一定价值。企业依据价值流重新设计生产经营过程包括：

（1）了解企业所有价值流，明确每一价值流的顾客，分清每一价值流从哪儿开始、到哪儿结束。经过分类，大多数大公司可以将价值流至少保持在20个左右。

（2）每一个价值流活动由一个授权小组承担。由于小组的工作重点完全集中在价值流顾客的需要上，因此，可以尽可能简单、直接地完成工作。每一个价值流都有一个“所有者”和一个“支持者”。“所有者”的工作重点是价值流的日常运行；“支持者”则保证价值流与企业整体战略、目标相互联系、协调，“支持者”往往由某些职能部门的最高管理者担当。

（3）价值流之间通过“市场链”形成有效衔接。所谓“市场链”是指把企业内部的上下流程、上下工序和岗位之间的业务关系由原来的行政机制转变成平等的买卖关系、服务关系和契约关系，形成上下工序和岗位之间相互咬合、自行调节运行的业务链。这样，价值流是以价值流的运行（上下工序服务咬合）为基础进行预算，并以顾客对价值流工作的评价为标准进行奖励，即价值流之间通过“市场链”形成有效衔接。

（4）寻找、确定并重建企业战略价值流。在企业所有价值流中，某一个或几个价值流对企业竞争力，特别重要，这就是企业的战略价值流。

企业的战略价值流是其竞争对手无法模仿的。

5. 采用具体方法进行企业业务流程重组

企业对业务流程进行重组应该是在充分认识原有流程的基础上，设定相应目标，然后收集信息、集思广益并设计切实可行的新流程，在适当的时机着手开始实施。重组实施中可采取以下具体方法：

（1）流程或工作按其自然形态组装回去。还可将完成几道工序的人员组合成小组或团队来共同工作，重新搭建新流程，通过减少交接手续、共享信息大幅提高效率。

（2）消除。即废除不创造价值的流程或流程中的环节。如：丰田汽车公司在对其传统的生产流程进行分析之后惊人地发现，居然有约85%的工人在做和产品“增值”无关的工作：5%的工人怠工；25%的工人因流程不科学在等待上一环节完成工作；30%的工人与成品和半成品库存有关，这部分工作并不产生增值；25%的工人工作不规范，甚至在生产次品和不合格品。所以，企业必须把不创造价值的流程环节或流程（如某些管理、检查和协调等流程）予以清除。

（3）简化和自动化。简化即对某些环节简化形式、程序和交流方式；自动化即把某些脏累、危险、令人烦躁的工作以及数据收集、传递、处理和分析由电脑和机器协助完成。

（4）改变活动的逻辑关系。活动间的逻辑关系是流程的核心，从旧的流程到新的流程往往意味着逻辑关系的重新定义。改变活动的逻辑关系，有的可以是活动的先后顺序发生变化从而产生一个高效的流程；更为多见的则是将连续和平行式流程改为同步工程（Concurrent Engineering，CE），即将串行改为并行。所谓连续式流程，是指流程中的某一工序只有在前一工序完成的情况下才能进行，即所有工序均按先后顺序进行。而平行流程，则是将流程中的所有工序分开，同时独立地进行，最后将各工序的半成品或部件进行汇总和组装。这两种流程的共同特点是运转速度慢、流程周期长。实行同步工程，即是将多道工序在互动的情况下同时进行，各工序之间随时可以交流，从而能够大幅提高流程运行效率，缩短运行周期。CE 是 BPR 实施中的典型方法。

现代企业的运作依赖各种流程。流程在每个工作步骤和工作环节中都有完成标准任务的时间，节约时间的流程可以给顾客带来更多的价值，提高企业的市场响应能力，从而提升企业的核心竞争力。

在 BPR 短短的几年历史中，其应用状况始终喜忧参半。正如 Rosenthal 和 Wade 所说："伴随着巨大的成功与巨大的失败"。如何衡量 BPR，在实践中是件复杂的工作，它不能完全地被量化成投入和产出，也没有一套固定的标准，但是，一旦诸如下迹象：

生产不稳定、产量下降、员工士气消沉、人力资源管理成本上升和企业的近期利润不足的迹象，企业就得提高警惕，反思其重建的全部过程，寻找失败的原因，对症下药。

1. 选择重建的时机和条件。

企业并不总需要进行彻底重建。实施 BPR 虽是高收益的项目，但也伴随着巨大的风险，因此，必须明确企业重建的动机，选择好企业重建的最佳时机。以下列出的两种情况是实施 BPR 的最佳时机：

（1）企业陷入困境，营业额和市场占有率大幅下降，出现严重亏损现象，面临生存危机，这时，员工配合意愿强，愿意为重建承担额外的工作。

（2）企业预感到某项新科技的产生足以改变市场的竞争规则时，运用此项新规则，进行流程重建，形成竞争优势。

2. 流程重建不能全线出击，必须首先分析全部作业流程，就最突出的环节或核心环节进行重建。而如何确定这样的环节是一项艰苦的工作。下面列出的问题是具体分析时必须考虑的问题：

（1）这项流程是否已经成为企业发展的"瓶颈"？

（2）这项流程重建后能否解决企业面临的危机？

（3）这项流程重建是否有领导负责、员工参与？

（4）这项流程重建成功的概率有多大？

（5）这项流程重建失败的后果有多严重？

关键点提示

进行企业业务流程重组，需要做到：

1. 遵守企业业务流程重组的原则
2. 认识企业业务流程重组的意义
3. 了解企业流程重组的基本方法
4. 按价值流构建企业业务流程
5. 采用具体方法进行企业业务流程重组

6.4 供应链企业间组织融合

典型问题及案例

利丰的成功离不开供应链管理

利丰公司从一个单一的仅限于香港地区的采购代理商，逐步发展为区域货源代理商，到最后成为具有多功能的新型的跨国公司，从单一的企业组织管理者到供应链管理者，其发展过程无不体现了利丰供应链管理的不断创新。

企业生产过程是一个从原材料到成型、再到最终客户的动态运作过程。这一过程包含原料供应、外协加工和组装、生产制造、分销与运输、批发、零售、仓储和客户服务等复杂的动态价值网链。这一网链上的每一个环节都在创造和实现价值增值，从而完成价值链的整体增值。价值链上任何一个环节若出现差错，或成本过高，都将影响整个价值链增值的实现。利丰在进行供应链管理过程中，更注重价值链的分解、合理重组和优化，在分散生产过程中以不断寻找新的、更好的供给来源为公司的原则。如公司在获得一笔欧洲客户服装订单后，他们不会简单地要求在韩国或新加坡的分支机构直接从所在国进货，其可能的做法是，从比较成本出发，在韩国买进棉纱运到中国台湾纺织和染色，最后在泰国的多个工厂同时生产，按时、按质和按量交付。动态的价值链分解与重组，使公司朝着全球化方向发展，公司的供应链管理也更具灵活性，而高附加值增加了公司的利润，同时也实现了整个供应链上的价值增值。

供应链管理的内容是买进合适的产品并缩短交付周期。这一过程要求公司制定生产计划，并对整个价值链进行协调；要求公司深入到供应商内部，检查、控制生产质量和进度（而不是管理工人），以确保能生产出优良的产品并快捷交付。其实，这一过程是一个极其紧张的外包制造过程。直观地说，是用5个星期的时间来替换由自己生产需要花费的3个月时间。在这个极其短暂的时间里，要完成不同的工序，实现各工序的“无缝对接”，并保证质量和数量的无差错，这不仅需要科学地制定生产计划，更重要的是对各环节的有效控制。这种控制不是去管理工人，而是以正确的管理理念、科学的管理方法，帮助各环节创造价值，实现价值增值，从而使整个供应链得以优化。这一过程成功地缩短了交付周期，减少了相关环节的库存，降低了整个供应链上的成本，同时也为用户创造了价值。

利丰的经验告诉我们，科学地设计公司的供应链，是实现供应链管理目标的基础，它使多个分散企业在一个整体的供应链管理下实现协同运作，实现资源和信息共享，从而增强供应链的整体优势，同时也使供应链上的每个企业，实现以最小的个体成本和转换成本来获得成本优势。

供应链设计应以消费者需求为主导，同时，把公司供应链管理理念贯穿于全部过程。由此，供应链设计应包括如下步骤：

1. 用户需求分析，指用户对公司提供的产品（或服务）的需求程度、需求变化趋势、意见和建议。

2. 公司能力分析，包括公司业务、管理现状和阻力因素。

3. 价值链需求分析，指产品（或服务）从最初原料到最终用户所需的各个价值生产过程。

4. 供应链设计目标。在综合把握高质量服务和低成本两者平衡的基础上，根据所提供产品或服务的不同性质，确立诸如提高售后服务水平、提高用户满意度、降低成本率和提高工作效率等定性或定量目标。

5. 合作伙伴评估与选择。制定供应链上合作伙伴选择与评估标准；进行综合能力评估，包括生产能力、管理状况、信息技术手段和社会信誉度等；合作伙伴的选择与定位。

6. 供应链结构设计，即初步建立供应链结构网络。

7. 供应链评估。评估所建立的供应链的效益，包括供应链赢利能力，公司获得的经济、社会效益等。

8. 优化供应链。根据评估结果修正、完善供应链，选取效益最大化的供应链结构。

9. 有效的管理与控制供应链运作。企业在实施供应链管理中，除了企业管理自身外，还要管理上下游企业。这就要对各节点企业进行合理定位，对某些节点上的企业可实行松散管理，重点把握其与上下游的协调和工序的无缝对接，而对某些关键环节上的企业，则需制定详细的生产计划，对其实施有效管理和控制。

解读与阐述

在供应链的价值链中，制造商、供应商和分销商都愿意相互开放，并且认为相互开放会带来新的机会，希望在供应链中有及早介入的机会。

在供应链环境下实现企业组织间的融合，需要做好以下几方面的工作。如表6－5所示：

表6－5　企业组织间融合工作规范

条　目	内　容
建立企业间战略合作伙伴关系	(1)供应链企业要实现预期的战略目标，客观上要求进行企业合作，形成利润共享、风险共担的双赢局面。因此，与供应链中的其他成员企业建立紧密的合作伙伴关系成为供应链成功运作和防范风险的一个非常重要的先决条件。 (2)建立长期的战略合作伙伴关系，首先，要求供应链的成员加强信任。其次，应该加强成员间信息的交流与共享。最后，建立正式的合作机制，在供应链成员间实现利益共享和风险共担。
促进企业间业务流程的全面结合	(1)根据流程范围和重组特征，组织间的BPR是指发生在两个以上企业之间的业务重组，如通用汽车公司(GM)与SATURN轿车配件供应商之间的购销协作关系就是企业间BPR的典型例子。 (2)GM公司采用共享数据库、EDI等信息技术，将公司的经营活动与配件供应商的经营活动连接起来，配件供应商通过GM的数据库了解其生产进度，拟定自己的生产计划、采购计划和发货计划，同时，通过计算机将发货信息传给GM公司。GM的收货员在扫描条形码确认收到货物的同时，通过EDI自动向供应商付款。这样，使GM与其零部件供应商的运转像一个公司似的，实现了对整个供应链的有效管理，缩短了生产周期、销售周期和订货周期，减少了非生产性成本，简化了工作流程。这类BPR是目前业务流程重组的最高层次，也是重组的最终目标。
取得高层领导支持	(1)企业间的组织融合需要高层领导持续性的参与和明确的支持。 (2)因为组织融合是一项跨功能的工程，是改变企业模式和人的思维方式的变革，必然对员工和他们的工作产生较大影响。特别是组织融合常常伴随着权力和利益的转移，有时会引起一些人，尤其是中层领导的抵制，如果没有高层管理者的明确支持，工作很难开展。
选择适当的流程进行重组	(1)在一般情况下，企业有许多不同的业务部门和组织间的业务联系，一次性重组所有业务会导致其超出企业的承受能力。 (2)企业间的组织融合要选择好重组的对象，应该选择那些可能获得阶段性收益或者是对实现企业战略目标有重要影响的关键企业间流程作为重组对象，使企业尽早地看到成果，在企业中营造乐观、积极参与变革的氛围。
以目标为导向调整关键流程	(1)在传统管理模式下，劳动分工使各部门具有特定的职能，同一时间只能由一个部门完成某项业务的一部分。 (2)现代管理模式打破了职能部门的界限，由一个人或一个工作组来完成业务的所有步骤。 (3)在供应链中，上下游企业需要以目标为导向，在关键流程中进行融合，从而为顾客提供更好的服务，并以此作为发展业务和拓展市场的机会。

续表

条 目	内 容
建立畅通的交流渠道与信息共享渠道	(1)从企业决定加强合作开始，就应建立畅通的交流渠道与信息共享渠道。通过共享竞争信息，还能使供应链上的企业及时做出或调整他们的生产策略，以便在市场上占据主动的位置。 (2)建立畅通的流通渠道不仅体现在两个企业间的交流与信息交换，同时，企业管理层与职工之间也要不断加强沟通，如实说明这种合作对本企业组织机构和工作方式带来的有利影响，特别是对他们自身岗位的影响及企业所采取的相应解决措施，尽量取得职工的理解与支持。 (3)如果隐瞒，可能存在威胁，有可能引起企业内部动荡不安，从而使可能的威胁成为现实。

新的市场环境下不仅企业要理顺内部管理关系，同时要理顺外部管理的关系，要求企业内外保持良好的互动能力，即内部管理、内部流程通过网络与外部环境之间形成的互动。

关键点提示

实现企业组织间的融合，需要：

1. 建立企业间战略合作伙伴关系
2. 促进企业间业务流程的全面结合
3. 取得高层领导支持
4. 选择适当的流程进行重组
5. 以目标为导向调整关键流程
6. 建立畅通的交流渠道与信息共享渠道

6.5 供应链风险管理

典型问题及案例

某企业选择物流公司的风险管理

某企业经过数年多轮的竞标、筛选，在众多承运商中选中一家物流公司作为它唯一的合作伙伴，组建了联营公司，有章程和协议。物流公司对设施进行了大投入，对管理信息系统进行了大建设。但“一朝君子一朝臣”，当企业“改朝换代”后，联营公司也名存实亡，原有的章程和协议，都成了一张废纸。一夜之间，物流公司“一统天下（货源）”格局结束，又回到原来的年年招标中。我们想起了的名言第二次世界大战中丘吉尔的那句“没有永远的朋友，只有永远的利益”的名言。国家之间尚且如此，更何况企业之间的真实利益关系！在市场开发过程中，我们应该深刻领悟这个道理——感性隐藏着危机，理性蕴含着永远。

解读与阐述

供应链上的各环节是环环相扣、彼此依赖和相互影响的，任何一个环节出现问题，都可能波及其他环节，影响整个供应链的正常运作。因此，供应链风险应该引起企业管理者的充分重视。进行供应链风险管理规范如表6－6所示：

表6－6　供应链风险管理工作规范

条　目	内　容
认识供应链风险的来源	供应链的风险来自多方面，简言之，有自然灾害这种不可抗力的因素，如地震、火灾和暴风雨雪等；也有人为因素。人为因素主要有这几个方面： (1)独家供应商问题。采取独家供应商政策存在巨大风险，因为一个环节出现问题，整个链条就会崩溃。 (2) IT技术的缺陷会制约供应链作用的发挥。如网络传输速度、服务器的稳定性及运行速度、软件设计中的缺陷和病毒等。 (3)信息传递方面的问题。当供应链规模日益扩大，结构日趋复杂时，供应链上发生信息错误的机会也随之增多；信息传递延迟会增加供应链的风险。 (4)企业文化方面的问题。不同的企业具有不同的企业文化，这就会导致对相同问题的不同看法，从而使组织间存在分歧，影响供应链的稳定。 (5)经济波动的风险。经济高速增长容易导致企业原材料供应出现短缺，影响企业的正常生产；而经济萧条会使产品库存的压力增大。 (6)另外，还有其他不可预见的因素，小的如交通事故、海关堵塞和停水停电等，大的如政治因素、战争等也都会影响供应链的正常运作。
对供应链风险因素进行评估	供应链风险的评估可以综合以下几个方面： (1)根据经济波动和产业政策来评估。经济波动大、产业政策转型对某些供应链的影响就大，企业可能会出现原材料短缺或产品成本上升的情况，甚至使某些供应链发生中断。但经济波动和产业政策一般是长期的，风险一般较容易控制。 (2)不可预见的因素可以通过以往的数据进行预测评估。比如，企业在正常情况下，由于交通事故导致的供应链问题的大致概率是一个比较稳定的数据，可以根据这些数据评估交通事故导致的供应链风险。 (3)供应商评估可以根据供应商的财务状况、主营业务的变化、技术创新的能力和企业在行业中的竞争力等项目进行综合考察。供应商的变化对供应链影响最大，对供应商尤其是与供应材料有关的任何变化要给予充分重视，建立一套完善的评估机制。
设计柔性的多头供应链以防范供应风险	(1)传统的企业供应链往往是单一的供应商机制，整个供应链缺乏柔性。 (2)为确保产品供应稳定，重要产品应该由两个以上的供应商提供，不能单单依靠某一个供应商，否则，一旦该供应商出现问题，势必影响整个供应链的正常运行，使整条供应链变成一条危机链。 (3)设计柔性的多头供应链是解决供应链“瓶颈”、预防供应链风险的重要措施。合作过程中，要通过在合同设计中互相提供柔性，可以部分消除外界环境不确定性的影响。 (4)多头的供应商机制不仅使供应链具有足够的柔性，而且能在供应商之间形成竞争态势，保证产品的稳定供应。同时，在对某些供应材料或产品有依赖性时，还要考虑地域风险。比如，战争会使某些地区原材料供应中断，如果没有其他地区的供应，势必带来危机。

续表

条 目	内 容
加强对供应商的情况进行跟踪评估以防范供应风险	(1)为确保产品供应稳定，除建立多地域、多个供应商外，还须对每个供应商的情况进行跟踪。如果欲与供应商建立信任、合作和开放式交流的长期合作的供应链关系，必须首先分析市场竞争环境，目的在于找到针对哪些产品市场开发的供应链合作关系是有效的，必须知道现在的产品需求是什么，产品的类型和特征是什么，以确认用户的需求，确认是否有建立供应链合作关系的必要；如果已建立供应链合作关系，则根据需求的变化确认供应链合作关系是否有必要延续下去。同时分析现有供应商的现状，分析、总结企业中存在的问题，如供应商的业绩、设备管理、人力资源开发、质量控制、成本控制、技术开发和用户满意度等。 (2)交货协议等方面也要做充分的调查，它们很可能成为影响供应链安全的一个因素。一旦发现某个供应商出现问题，应及时通知对方进行改进，必要时要对有关的供应商进行调整。
建立多种信息传递渠道，防范信息风险	(1)消费者与供应商在供应链中发挥多重作用，他们之间的互动日益频繁，关系也变得越来越复杂，因此，这就要求给予支持的网络基础设施必须确保供应链所要求的数据完整、可靠和安全。 (2)利用现代化的通信和信息手段管理并优化整个供应链体系，通过EDI(电子数据交换系统)对供应链企业进行互联，实现信息共享，使企业之间实现无缝对接，分享业务计划、预测信息、POS数据、库存信息、进货情况以及有关协调货流的信息，从而使供应链上的客户、零售商、分销商、生产厂、各级原材料供应商、物流运输公司和各个相关业务合作伙伴在信息共享的基础上能够进行协同工作。 (3)信息风险可以从供应链管理中的信息手段、信息反馈机制和信息处理能力多方面评估。一般来说，如果企业上下游间的信息有先进的通信方式，及时的反馈机制和规范化的处理流程，供应链风险就小；反之就大。
加强对合作伙伴的激励，防范道德风险	(1)对供应链企业间道德风险的防范，主要是通过尽可能避免信息不对称性、消除滋生败德行为的土壤来实现的。 (2)同时，要积极采用一定的激励手段和机制，使合作伙伴能得到比败德行为更多的利益，来规避合作伙伴的道德风险。
企业应制定处理突发事件的应急预案	(1)供应链是多环节、多通道的一种复杂的系统，很容易发生一些突发事件。供应链管理中，对突发事件的发生要有充分的准备。 (2)尤其对于一些偶发但破坏性大的事件，需要建立应急处理机制，预先制定应急预案，设立应变事件小组，制定应对突发事件的工作流程。
对风险进行日常管理	(1)竞争中的企业时刻面临着风险，因此，对于风险的管理必须持之以恒，需要建立有效的风险防范体系。 (2)要建立一整套预警评价指标体系，当其中一项以上的指标偏离正常水平并超过某一“临界值”时，要及时发出预警信号。其中，“临界值”的确定是一个难点。 (3)临界值偏离正常值太大，会使预警系统发出的预警信号反应迟钝，失去预警意义；而临界值偏离正常值太小，则会使预警系统反应过度。 (4)必须根据各种指标的具体分布情况，选择能使该指标错误信号比率最小的临界值。

经验告诉我们，建立和控制一个包括广泛供销渠道在内的供应链是不容易的，而长期地维护整个供应链的安全运行更难。企业为了保证供应链的安全运行，应针对供应链存在的各种风险及其特征，采取不同的防范对策。

关键点提示

企业进行供应链风险管理，需要：

1. 认识供应链风险的来源
2. 对供应链风险因素进行评估
3. 设计柔性的多头供应链，防范供应风险
4. 加强对供应商的情况进行跟踪评估，防范供应风险
5. 建立多种信息传递渠道，防范信息风险
6. 加强对合作伙伴的激励，防范道德风险
7. 企业应制定处理突发事件的应急预案
8. 对风险进行日常管理

6.6 供应链管理实施战略制定

典型问题及案例

从竞争对手到合作伙伴

根据Deloite咨询公司发布的一项研究报告，虽然现在已有91%的北美制造企业将供应链管理纳入关键或重要管理活动，但是，只有2%的企业达到了世界级水平，差不多有75%的企业处在平均及以下水平。

美国三大汽车巨头——通用、福特和克莱斯勒都投资了几亿美元开发处理汽车尾气的装置。在那个时候，他们绝不愿意联合起来开发，而实际结果却类似，白花了很多钱。现在，他们都参加了一个多功能的集团，共同开发各种技术、材料和部件，从结构塑料到电池到电机车控制系统等。还有，日立与IBM在计算机主机市场上，一直是两大竞争对手，但现在也成了合作伙伴。日立买进IBM的主机CMOS处理机芯片，并制造IBM结构的主机（IBM给予许可证），以日立品牌销售。

解读与阐述

供应链管理的实施战略，就是要解决一个企业在具体实施供应链管理方式时所依据的方法和策略，避免走弯路或出现失误。制定供应链管理实施战略如表6－7所示：

表6－7　供应链管理实施战略制定工作规范表

条　目	内　容
广泛应用计算机技术，充分发挥信息的作用	(1)供应链管理与计算机技术紧密相关，计算机辅助设计、辅助制造和计算机仿真与建模分析技术，都应在供应链企业中加以应用。 (2)企业还需根据自己的行业特点和实际状况，设计和实施企业内部互联网方案，提供市场营销功能、项目管理功能、客户服务和支持功能，完成企业内外的信息沟通和管理，帮助客户服务与支持部门共享客户的反馈信息。
积极推行管理体系认证	(1)供应链企业要不断改进和提高物流服务质量，可以实施ISO质量标准认证。 (2)这样一方面有利于提高管理水平，增强企业竞争能力。另一方面也凭借它获得一体化市场的通行证，使企业尽快融入世界市场，并在日趋激烈的市场竞争中取得领先地位。供应链企业的认证过程应贯彻持续改进的思想，不能为认证而认证。
开展供应链企业的合作关系	(1)从竞争走向合作，从互相保密走向信息交流，实际上会给企业带来更大的利益。供应链企业合作的概念已经发展到同以前竞争对手之间的合作。 (2)企业间的合作也可采用敏捷制造的方式进行，当然，也要解决利益分配的问题，使供应商、合作伙伴以及顾客都能共享信息，受惠。
研讨供应链的方法论	(1)所谓方法论就是在实现某一目标完成某一项大工程时，需要使用的一整套方法的集合。方法论能帮助人们少走弯路，避免损失。 (2)有两种不同的供应链运作方式。一种称为推动式，另一种称为牵引式。推动式的供应链运作方式以制造商为核心，产品生产出来后从分销商逐级推向用户；分销商和零售商处于被动接受的地位，各个企业之间的集成度较低，通常采取提高安全库存量的办法应对需求变动，因此整个供应链上的库存量较高，对需求变动的响应能力较差。牵引式供应链的驱动力产生于最终用户，整个供应链的集成度较高，信息交换迅速，可以根据用户的需求实现定制化服务；采取这种运作方式的供应链系统库存量较低。 (3)作为供应链管理战略的内容之一，供应链管理实施战略就是要选择适合于自己实际情况的运作方式。牵引式供应链虽然整体绩效表现出色，但对供应链上企业的要求较高，对供应链运作的技术基础要求也较高。而推动式供应链方式相对较容易实施。 (4)企业采取什么样的供应链运行方式，与企业的基础管理水平有很大关系，切不可盲目模仿其他企业的成功做法，因为不同企业有不同的管理文化，盲目跟风反而会得不偿失。
充分发挥标准和法规的作用	(1)目前，产品和生产过程的各种标准还不统一，而未来的制造业的变化又非常明显。如果没有标准，无论对国家、企业、企业间的合作、和用户都非常不利，因此，供应链企业必须实施标准化运作。 (2)当然，对于现行法规包括政府贷款规定、技术政策、反垄断法规、税法、税率、进出口法和国际贸易协定等，供应链企业也应积极跟踪。

以上是在供应链管理实施战略中需要注意的几个方面，另外还需要进一步考虑实行规模经营、提高效益的问题以及人才引进和内部企业文化设计的问题。通过这些方法论和策略，使企业在与同行竞争的争夺战中保持优势。

关键点提示

制定供应链管理实施战略，需要考虑以下几个方面：

1. 广泛应用计算机技术，充分发挥信息的作用
2. 积极推行管理体系认证

3. 开展供应链企业的合作关系
4. 研讨供应链的方法论
5. 充分发挥标准和法规的作用

6.7 供应链重构

典型问题及案例

跨国公司的供应链管理

台湾某公司从一个仅限于台湾地区的单一的采购代理商，逐步发展为区域货源代理商，到最后成为具有多功能的新型跨国公司，从单一的企业组织管理者到供应链管理者，其发展过程无不体现供应链的不断重构与创新。

当从多国进货、分类包装和提供一系列产品不能满足客户的多样化需求时，便开始尝试对顾客提供定制化的创新服务，即根据客户的具体需求，构思、设计产品，制定生产计划，选择原料供应商、生产商，控制包括从供应商到生产商再到客户的整体生产及对接计划，率先走上供应链管理之路。不断创新的供应链管理意识使该公司及时将其生产计划中劳动密集型的中间部分向低成本地区转移，这种价值链分解的分散生产方法不仅改变了在市场中的被动局面，获得了新生。

可持续的供应链管理创新是指在使消费者和供应链上各合作伙伴共同增值的基础上，不断创新产品、拓宽市场空间，使供应链系统的总成本降低、总效率提高，各参与者共同盈利的“多赢”模式。可持续性的焦点是“多赢”，即包括消费者在内的各合作伙伴都能在供应链上实现各自的价值增值。没有这种“多赢”的管理理念，就不可能形成公司遍及40个国家和地区，近8000家供应商的供应链复合网。

目前，该公司正在成功地实施基于订单的“延迟战略”，即接单后生产，或接单后组装。在接到正式订单前，公司根据客户的口头协议，口头通知原料供应商、生产商和配件商，为其预留相应的原料、配件和生产能力，待接到客户实际订单后，再正式向各方下达订单，制定生产计划，并对各过程实施动态控制，使整个生产过程实现“无缝对接”，最终实现将“正确的产品”在“正确的时间”送达“正确的地点”。“延迟战略”提升了商业价值，但若没有“多赢”为基础，价值链条就会断裂。

消费者需求的多样性、多变性，使任何公司都无法仅靠自己的力量出色完成各项工作，而必须联合其上下游企业，建立一条经济利益相连、业务关系紧密和资源优势互补的价值网链。这就是我们所说的供应链。这条供应链连接着供应商、制造商、供销商、零售商、物流与配送商以及消费者，在他们中间流动着商品、信息和资金。公司则要对这个复合网络的构成要素进行协调和集成，以使供应链整体的交易成本最小化、收益最大化，这就是供应链管理。

解读与阐述

供应链环境下的企业必须不断地适应环境，并依企业内外环境的变化，调整内外政策，也需要相应地改变业务流程，为此，企业需要做到以下几个方面，如表 6－8 所示：

表 6－8　供应链重构工作规范

条　目	内　容
系统收集供应链基础信息	必须识别出与企业供应链环节相关的各种部门或群体，也就是选取那些能够为供应链提供相关资源的部门或群体；然后明确它们所能提供的信息类型，并采取恰当的方式来获取。信息必须用数据库进行储存和管理。除此以外，还应记录以下辅助信息： (1) 数据的具体来源：从何人、何处获取信息。 (2) 日期：这些信息是何时获得的。 (3) 从这些信息中可以得出什么结论以及是如何得出这些结论的。
分析和评价现行作业流程	(1) 分析现行作业流程是为了找出存在的问题，以免在将来的流程中重复出现；评价现行作业流程是为了对将来的改进找到一个“比较”的基准。 (2) 如果目标是缩短生产周期和降低成本，就要测出现行作业流程下生产周期和成本的准确值，作为将来评价供应链管理模式实施后的基准。
评价战略目标达成程度	(1) 评价战略目标的达成程度，首先需要一份战略目标的列表，并由战略目标要求推演出达成该战略目标所对应的评价参数，如客户服务水平，它对应的子参数有：客户得到所订购产品的速度和客户得到所订购产品的可靠程度。 (2) 依据收集来的原始信息对各战略目标的子参数进行分值评价。例如，评价惠普公司在欧洲建立配送中心的战略目标的达成程度。配送中心建立后，惠普只需从总部将模块化的核心部件运往欧洲，然后在欧洲的配送中心根据顾客的需要组装成成品。这样对客户订货的响应速度提高了，缺货的可能性就降低了，所以“速度”和“可靠程度”的得分均为“3”；同时降低了库存与运输成本，所以“变动成本”得分为“3”，由于在欧洲建立配送中心需要巨大的资本投入，所以“资本投入”得分为“1”。

续表

条 目	内 容
制定重构战略蓝图	(1)制定重构战略蓝图需要从整体上把握工作流程的重新设计。过去企业在进行组织变革的过程中，往往把注意力放在提高某个“瓶颈”环节的效率上，很少从整体上考虑整个流程是否合理。 (2)以BPR为指导的企业组织变革设计策略强调首先在人们头脑中树立起对整体流程重新设计的概念。 (3)供应链管理理念的核心是将资源配置从一个企业扩展到多个企业，因此，在这种环境下的工作流程设计不仅要考虑企业内部的部门重组，而且要把流程的工作特征扩展到相关企业中去。 (4)这一步的目的是整合企业的各战略目标，并为它们的具体实现制定一个战略蓝图，也就是确定各战略目标执行的先后顺序以及在多长时间内实现。
确定首要的企业流程重构项目	(1)企业中有各种各样的作业流程，结构十分复杂。全面铺开势必分散力量，难以取得成功。应该首先选择一些关键性的作业流程作为实施BPR的项目，以关键流程带动一般流程的重构。福特汽车公司北美财会部就是一个例子。它抓住付款流程的重构，带动采购和接收部门的工作流程的变革。 (2)实施供应链管理后，某企业与合作企业的信息沟通与共享方式发生了变化，因此，原来需要多个人、多个部门处理的业务，现在只由一个人就能完成。 (3)在部门的选择上，可以考虑以销售部门(接受订单)或供应采购部门(发出要货订单)为核心开展BPR。
选择合适的信息技术手段	(1)现行的作业流程都是在传统管理模式下设计出来的，因而企业在工作流程上并没有与供应链管理及其信息支持体系有多大的关系。 (2)在引入信息技术时，首先要明确定义企业职能部门和作业流程的实体，明确企业在供应链管理模式下运作的要求，其次再选择计算机系统和管理软件的开发环境。 (3)BPR强调在作业流程设计的初始阶段就考虑信息技术，根据信息技术的能力确定新的作业流程。因此，信息技术不仅是运用供应链管理的支持系统，而且影响着新流程的构成。 (4)电子商务是21世纪企业经营的一个理想信息平台，因此，在对供应链管理企业流程的重新设计时要认真考虑这一问题。
设计和建立作业流程的原型系统	(1)在对作业流程进行分析的基础上，用现代计算机辅助软件工具建立原型系统。这里所说的原型系统既包括软件系统，也包括组织系统。 (2)软件原型系统是指为支持新作业流程而开发的软件;组织原型系统是指为了使新作业流程正常运作而重新组织起来的人员和岗位。 (3)经过一段时间的运作，会发现新流程中存在的问题，加深对新流程和新技术的认识，从而建立更好、更完善的作业流程。
取得合作伙伴的支持和配合	(1)供应链管理下的企业业务重构不同于单个企业内部的流程重构。 (2)企业除了要对其内部流程重组外，还必须调整与合作伙伴共同进行的业务，如与供应商企业、与分销商企业的业务联系等。 (3)在理想的情况下，供应链管理业务流程重构应该从整个系统出发，所有节点企业同步重构。退一步来说，由于各个企业的情况千差万别，允许有先后顺序，但是应该着重做好有接口关系企业的协调工作，否则供应链的整体协调性就难以保证。

在企业着手实施变革之前，首先要以企业的流程为中心，重组管理部门；其次再以现代计算机技术作为BPR的技术手段和物质基础。这样，就可以使先进的信息技术与先进的管理流程相匹配，最大限度地发挥出企业的竞争潜力。

物流企业中存在的问题和当前我国的供应链管理问题对比表，如下所示：

物流企业中存在的问题	供应链企业中存在的问题
1. 社会和企业对物流缺乏足够的重视	1. 社会和企业对供应链缺乏足够的重视
2. 企业内部物流体制没有理顺	2. 企业内部供应链体制没有理顺
3. 企业物流与社会物流分工不合理	3. 上下游供应链企业分工不合理
4. 企业物流信息化程度低	4. 企业信息化程度低
5. 物流技术落后	5. 供应链管理技术落后
6. 企业物流人才缺乏	6. 企业供应链管理人才缺乏

关键点提示

供应链环境下的企业重构，需要做到以下几个方面：

1. 系统收集供应链基础信息
2. 分析和评价现行作业流程
3. 评价战略目标达成程度
4. 制定重构战略蓝图
5. 确定首要的企业流程重构项目
6. 选择合适的信息技术手段
7. 设计和建立作业流程的原型系统
8. 取得合作伙伴的支持和配合

6.8 供应链形态结构组建

典型问题及案例

三种模式的企业供应链结构组建

下面的三种模式是在工作中经常遇到的问题，请尝试描述一下这三种模式各自的关注重点。

模式之一以制造企业为主导的供应链：

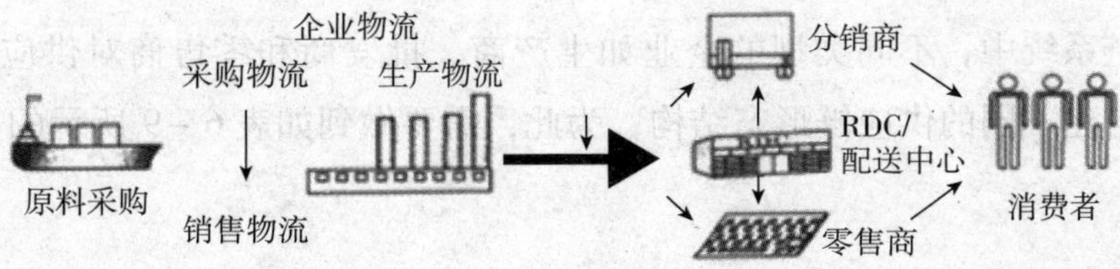

模式之二以零售企业（连锁超市）为主导的供应链：

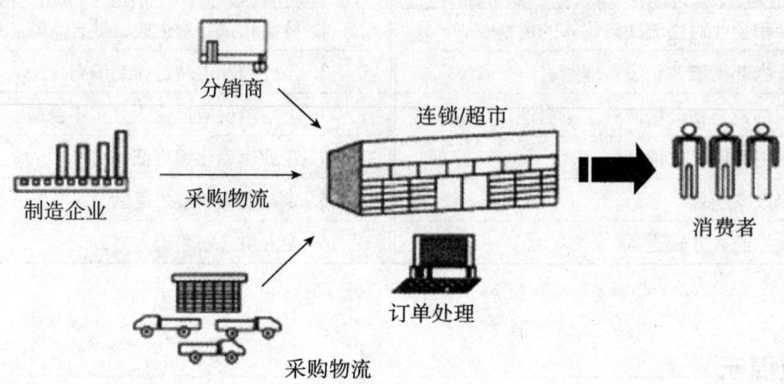

模式之三以3PL（集成物流供应商）为主导的物流服务供应链：

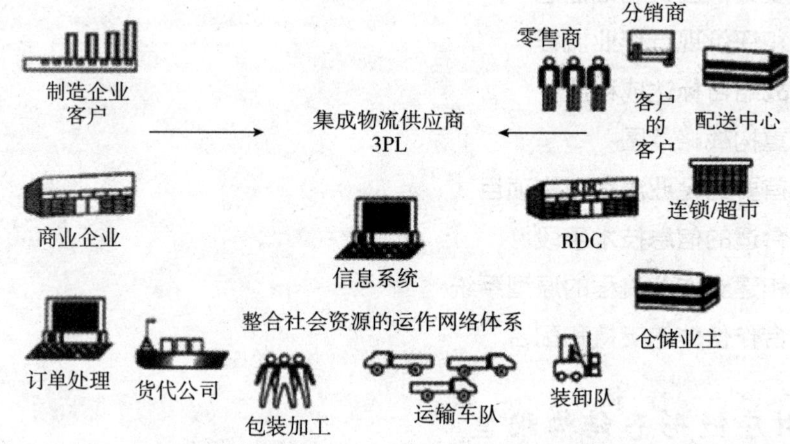

以制造企业为主导的供应链重点关注：采购、生产和销售。

以零售企业（连锁超市）为主导的供应链重点关注：采购物流和订单处理。

以3PL（集成物流供应商）为主导的物流服务供应链重点关注：整合资源的信息系统。

解读与阐述

在供应链系统中，不同类型的企业如生产商、批发商和零售商对供应链有不同的要求，必须组建不同的供应链形态结构，为此，需要做到如表6－9所示的几方面：

表6－9 供应链形态结构组建工作规范

条 目	内 容
确定企业的运作流程	(1)一般来说，供应链管理系统的建立有两条路径:一是量身定制的开发;二是集成系统的导入。 (2)IT系统量身定制开发的前提是对企业运作流程的分析设计;集成系统的导入也往往要求企业改变现有的运作流程。无论走哪条路，企业建立IT系统的前提都是要确定其运作流程。
以客户的需求为依据进行供应链设计	(1)IT系统的投入属于企业的长期战略投资，所以在设计和导入信息系统之前，正确的做法往往要求企业制定发展战略规划。 (2)企业的发展战略由市场即客户需求决定，归根结底，企业IT系统的设计必须以客户服务需求为基本依据。 (3)要与客户一起商定企业发展目标、确定企业管理模式以及信息分享的机制。这一点，在第三方物流服务供应商中、显得特别重要。 (4)没有互动的机制，就没有信息的分享，更没有高水平的物流服务，也没有第三方物流。
确定企业的管理模式	(1)在客户需求确定以后，企业的物流管理模式将对流程设计起决定性作用。这时，物流运作流程的设计问题实际上已经转化为客户需求服务和企业服务能力的匹配问题。 (2)在实践中，人们往往只注意企业的管理模式而忽视客户具体的物流服务需求，使IT系统的设计失去了基础，因此，往往不能建立相关信息即与客户服务之间的直接关系。就此建立的信息系统要么是过于理想化而不适用，要么是企业现有物流运作管理模式和台账的桌面化。
供应链设计需有明确的市场定位	(1)供应链的设计要有明确的市场定位，如行业定位、产品定位或客户定位;要有明确的服务定位，如仓储服务、货运服务、货代服务、供应服务、分销服务或供应链整合等。 (2)在进行市场定位的时候，不仅要考察客户企业，而且要考察客户企业所属的行业发展趋势，要考虑深层次的需求。
供应链系统需具备开放性和扩张性	(1)所设计的供应链系统的结构要具有开放性和扩张性。如要把现在的仓库改造为增值服务中心，则在IT系统的配置方面，至少要有仓库管理系统和商务管理系统，还要配置条码印制系统和无线终端识别系统等。 (2)但一定要以企业的发展战略为依据，同时还要考虑有关信息技术的生命周期和使用成本。要防止为预留功能接口而购进冗余的设备或造成资金沉淀。

在供应链的形态结构设计中，不仅要充分考虑上述问题，还要总结同行业经验，尽量减少在设计过程中的错误。

关键点提示

组建不同的供应链形态结构，需要做到：

1. 确定企业的运作流程
2. 以客户的需求为依据进行供应链设计
3. 确定企业的管理模式
4. 供应链设计需有明确的市场定位
5. 供应链系统需具备开放性和扩张性

6.9 供应链分析

典型问题及案例

供应链分析的重要性

在供应链分析中，从客户服务的角度出发。请您根据本企业的实际情况，填写下表中项目的重要性，按非常重要、重要、一般和不重要四项来填。

项　目	重要性
1. 为顾客着想：对顾客的需求快速响应，包括为顾客提供个性化服务	
2. 可靠性：以细致与可靠的方式提供服务	
3. 变通：不断改进（革新）商业环境，以使提供者尽快适应变化，提高应急能力	
4. 准时：提供给使用者的服务与信息迅速、及时	
5. 方便：提供者是准备充分、真诚合作的和容易做生意的	
6. 控制与工作评价：在提供者与购买者之间有关于工作评价标准的合同	
7. 改进服务：提供者能同时提供高水平服务以外的协作	
8. 相互信任与为对方考虑：提供者与使用者双方都清楚经营目标与动力	
9. 集中主业：提供者与使用者双方专注于它们的主业	
10. 整个组织的投入：具有多层次的合作，包括提供者与使用者的高层管理人员之间的合作	
11. 全面认识：提供者具有顾客的业务知识，对对方的能力与局限性有一个清楚的认识	
12. 成本的节约：提供者可以同时以低成本进行其他协作	
13. 强调长期关系：提供者与购买者的关系是合约者而不是交易者的关系	
14. 管理专业知识：提供者雇用有经验的专家管理供应链的所有方面	
15. 共享相关信息：建立信息系统、程序等平台，使使用者与提供者共享相关信息	
16. 合作方具有最新技术：使购买服务方能使用最新技术和设备而无投资的负担	
17. 财务实力：提供者与使用者的财务状况保证有资源应对不同问题	
18. 渠道观点：所有参与方（提供方与使用者）从总渠道或供应链的角度处理它们之间有关渠道的关系	
19. 享有共同目标（价值一致）：提供者与使用者的企业文化与哲学相一致，具有共同目标	
20. 具有解决问题与争议的指南：建立对双方都有利的发展和讨论问题的程序	
21. 提供服务的数量：提供者提供一系列综合增值服务，满足顾客的需求	
22. 利益风险共享：建立激励计划与利益风险共担机制	
23. 提供者对外部或竞争环境的知识储备：提供者具有竞争对手、行业规章、政治和市场条件的知识及提供者对外部环境知识的了解	
24. 有退出条款：稳定的关系依赖于买卖双方，从长期利益考虑，能够进出自由	
25. 设备与人力资源的共享：提供者与使用者共享设备与雇员	

解读与阐述

随着市场竞争的加剧以及对效率的追求，组织之间的社会劳动分工日趋细化。面对外来企业的挑战，国内供应链企业要发掘自身的优势，了解不同的服务形态，对核心价值链作精心的分析。为此，需要做到以下几个方面：

1. 了解第三方物流服务的内容

第三方物流（Third Party Logistics，3PL）是指由物资流动的提供方和需求方之外的第三方去完成物流服务的运作方式，第三方就是指提供物流交易双方的部分或全部物流服务的外部服务提供者。第三方物流随着物流业的发展而兴起，是物流专业化分工的产物。一些条件较好的，原来从事与物流相关的运输企业、仓储企业和货代企业开始拓展自己的传统业务，进入物流系统，逐步成长为能够提供部分或全部物流服务的企业。

按照物流企业完成的物流业务范围的大小和所承担的物流功能，可将物流企业分为综合性物流企业和功能性物流企业。功能性物流企业，也叫做单一物流企业，即它仅仅承担和完成某一项或几项物流功能，可将其进一步分为运输企业、仓储企业和流通加工企业等。综合性物流企业则能够完成和承担多项甚至所有的物流工作。综合性物流企业一般规模较大、资金雄厚，并且有着良好的口碑。物流自理企业就是平常人们所说的物流企业。

2. 了解第四方物流服务的内容

随着信息技术和计算机网络技术的发展，在物流行业中出现了借助物流信息和物流知识从事物流服务的行业，这就是所谓的“第四方物流”（Forth Party Logisics，4PL）。现在人们所说的第四方物流，是指从事物流服务业务的社会组织不需要自己直接具备承担物资物理移动的能力，而是借助于自己所拥有的信息技术和对物流认识的需求和供给信息认识，并加上对物流运作的理解所提供的物流服务。

这种业务与现有的货运代理业务十分相像，故也可以称为物流代理业务。

物流代理企业根据其业务范围，分成综合性物流代理企业和功能性物流代理企业。功能性物流代理企业包括运输代理企业（货代公司）、仓储代理企业（仓代公司）和流通加工代理企业等。

3. 了解信息管理系统在物流供应链中的发展趋势

IT 技术作为新经济发展的重要组成部分，是企业提升竞争力的重要手段。谁掌握了 IT 技术，谁就占据了市场竞争的制高点。掌握 IT 技术，降低运营成本，提高管理效率，为客户提供尽可能多的增值服务，是供应链企业的当务之急。

以网络、通信和计算机等为载体的新兴经济形式，在20世纪末21世纪初逐渐发展起来，形成新兴的IT技术手段，如GPS、GIS、WAP、INTERNET等。

依据这些技术手段搭建的电子商务平台和各种数据交换平台，实现了信息化在不同时间和空间上的转换，拉近了企业与客户的距离，提高了运作效率。信息管理系统在物流供应链中的发展趋势有：

（1）车辆跟踪系统，实现适时性的运力资源调度最优化。

（2）仓储配送系统，网络化仓储系统能够满足多地点仓储的统一管理，并向多功能方向发展。

（3）运输管理系统，实现装车、配载和资源调度的最优化。

（4）港口码头信息系统，满足新兴的综合业务发展趋势。

（5）其他系统，如交通运政管理、系统监理与服务系统、客车卫星跟踪系统、联网订票系统以及货运网络管理系统等。

4. 对物流运作流程和价值链做精心的分析

在供应链管理环境下重新考虑企业的业务流程，对企业本身现有物流运作流程和价值链要做精心的分析，找出最需要改进的地方。并且IT系统的建立要从投资回报最有潜力的环节切入，没有战略和重点的全面IT系统化就不能够带来服务水平和服务利润的全面提高，还可能对投资和实施产生负面影响。面对供应链管理这一新生事物，企业的决策者不仅要深刻理解其本身的实质内涵，而且要研究实施供应链管理的正确运作模式，这样才能把供应链管理的潜在效益发挥出来，企业才能真正获得收益。只有这样，整个供应链才有可能具备较大的竞争力。

5. 转变思想观念

企业要认清当前形势。中国加入WTO之后，经济全球化进程加快，进入中国的外国企业越来越多，不出国门就已参与了国际竞争。如何应对外来企业的挑战已是每个企业必须认真面对的现实。企业要进一步认识到，市场经济体制，从某种意义上来说，就是市场决定一切，它要求企业的生产经营思想活动要始终围绕市场进行。那种在计划经济体制下形成的思维方式必须彻底改变。对企业来说，要想提高自身竞争力，应该吸取供应链管理和企业流程重构等理论的精华，深化企业内部改革，尽可能不要犯以下错误：

（1）企业面对飞速变化的外部环境，不去主动迎战，不积极参与市场竞争，思想观念落后。

（2）企业缺乏活力，机构臃肿，冗员多，资源浪费严重。

（3）企业忽视科技进步（包括技术和管理两方面）对经济效益的作用，习惯于老一套，对新事物有一种自然的恐惧和抵制。许多行之有效的生产技术和管理方法因为要改变某些人的工作习惯或触动其既得利益而受到抵制，反过来还指责这些新事物“不符合”国情和厂情。

6. 系统分析企业现行管理模式

为了有效实施供应链管理和依据 BPR 进行企业流程重构，首要的任务之一就是分析企业现行管理模式存在的问题。BPR 的原则之一是“需求牵引”，具体用于供应链管理模式时，就是找出当前的管理模式与业务流程存在的问题，这样才能做到有的放矢。

供应链管理模式与传统管理模式的区别之一，就是前者可以实现主动进入需求方的工作模式，在需求方没有提出要货请求之前，供应方就可以安排自己的生产（销售）活动；而传统的管理模式，都是在接受需求方的订货合同之后才安排生产（销售）。因此，供应链管理是一种主动进取模式，而传统的管理是一种被动接收模式。相比之下，前者的响应速度要比后者快得多。了解了供应链管理的这一特性，新的业务流程设计就有了出发点。

任何一种业务流程都是为实现一定企业职能而设计的，要想设计出适合供应链管理要求的业务流程，必须真正理解供应链管理的实质，才能使供应链对企业产生效益。

关键点提示

企业进行供应链分析，需要注意以下几个方面：

1. 了解第三方物流服务的内容
2. 了解第四方物流服务的内容
3. 了解信息管理系统在物流供应链中的发展趋势
4. 对物流运作流程和价值链做精心的分析
5. 转变思想观念
6. 系统分析企业现行管理模式

6.10 供应链合作关系

典型问题及案例

企业之间的合作关系

北美金属行业的企业之间正在形成一种高度集成化的合作联盟，包括制造商、分销商和最终用户，实际上构成一条供应链。他们之间日益增强的信任关系对金属行业产生巨大影响。金属制造商可以直接与最终用户对话，从而在他们之间形成一种新的解决问题和满足用户需求的商业模式。

制造商与分销商之间的联盟或紧密的合作关系也因供应链关系而成为可能。他们之间的这样一种紧密的合作关系是为了更好地了解掌握用户的需求，并共同合作满足这些需求。显然，用户对于特殊金属材料（特殊工艺）的需求是制造商与分销商之间合作关系的驱动力之一。分销商也为最终用户提供诸如库存管理、成本分析服务、采购和长期计划协助等服务。整个供应链上的企业都为了给最终用户带来最大化的价值而紧密地连接在一起。

解读与阐述

供应链的实质就是合作，而随着合作的进一步加深，合作形式也从简单收集信息到共同制定决策的深度融合。随着合作程度与信息共享程度的加深，所产生的经济价值也将增加，并最终将以非线性的方式快速增加。建立与选择供应链合作关系，需要注意如表6－10所示几个方面：

表6－10 供应链合作关系建立工作规范

条 目	内 容
考虑选择合作伙伴的主要因素	根据企业调查研究，影响合作伙伴选择的主要因素可以归纳为四个：企业业绩、业务结构与生产能力、质量系统和企业环境。 我国企业评价选择合作伙伴时存在较多问题：企业在选择合作伙伴时，主观的成分过多，有时往往根据企业的印象来确定合作伙伴的选择，选择时往往还存在一些个人的因素；选择的标准不全面，目前企业的选择标准多集中在企业的产品质量、价格、柔性、交货准时性、提前期和批量等方面，没有形成一个全面的综合评价指标体系，不能对企业做出全面、具体和客观的评价。
采用合适的合作伙伴选择方法	选择合作伙伴的方法较多，一般要根据合作单位的数量、对合作单位的了解程度以及物资需要的时间是否紧迫等来确定。常用的方法有： （1）直观判断法。直观判断法是根据征询和调查所得的资料，结合人的分析判断，对合作伙伴进行分析和评价的方法。这种方法主要是倾听和采纳有经验的采购人员的意见，或者直接由采购人员凭经验作出判断。常用于选择企业非主要原材料的合作伙伴。

续表

条目	内容
采用合适的合作伙伴选择方法	(2)招标法。当订购数量大、合作伙伴竞争激烈时，可采用招标法来选择适当的合作伙伴。招标方法竞争性强，企业能在更广泛的范围内选择适当的合作伙伴，以获得对供应条件有利的、便宜而适用的物资。但招标法手续较繁杂，时间长，不能适应紧急订购的需要;订购机动性差，有时订购者对投标者了解不够，双方未能充分协商，造成货不对路或不能按时到货。 (3)协商选择法。在供货方较多、企业难以抉择时，也可以采用协商选择的方法，即由企业先选出供应条件较为有利的几个合作伙伴，同他们分别进行协商，再确定适当的合作伙伴。与招标法相比，协商方法由于供需双方能充分协商，在物资质量、交货日期和售后服务等方面较有保证。但由于选择范围有限，不一定能得到价格最合理、供应条件最有利的供应来源。当采购时间紧迫、竞标单位少、竞争程度小，订购物资规格和技术条件复杂时，协商选择方法比招标法更为合适。 (4)采购成本比较法。对质量和交货期都能满足要求的合作伙伴，则需要通过计算采购成本来进行比较分析。采购成本一般包括售价、采购费用和运输费用等各项支出的总和。采购成本比较法是通过计算分析针对各个不同合作伙伴的采购成本，选择采购成本较低的合作伙伴的方法。 (5) ABC 成本法。鲁德霍夫(Roodhooft)和科林斯(Jozef Konings)在 1996 年提出活动成本(Activity Based Costing Approach)分析法，通过分析企业因采购活动而产生的直接和间接的成本，选择成本最低的合作伙伴。 (6)层次分析法。该方法由著名运筹学家赛惕(T，L，Satty)提出，韦伯(Weber)等提出将层次分析法用于合作伙伴的选择。首先它的基本原理是根据具有递阶结构的目标、子目标(准则)、约束条件和部门等来制定评价方案，采用两两比较的方法确定判断矩阵，其次把判断矩阵的最大特征相对应的特征向量的分量作为相应的系数，最后综合给出各方案的权重(优先程度)。由于该方法让评价者对照相对重要性函数表，给出因素两两比较的重要性等级，因而可靠性高、误差小;不足之处是遇到因素众多、规模较大的问题时，该方法容易出现问题，如判断矩阵难以满足一致性要求，往往难以进一步对其分组。
确立合作伙伴综合选择的步骤	合作伙伴的综合评价选择可以归纳为以下几个步骤: (1)分析市场竞争环境(需求、必要性)。市场需求是一切企业活动的驱动源。建立基于信任、合作和开放式交流的供应链长期合作关系，必须首先分析市场竞争环境，其目的在于找到针对哪些产品的市场开发供应链合作关系才有效，必须知道现在的产品需求是什么、产品的类型和特征是什么，以确认用户的需求，确认是否有建立供应链合作关系的必要;如果已建立供应链合作关系，则需要根据需求的变化确认供应链合作关系的变化，同时分析现有合作伙伴的情况，分析、总结企业存在的问题。 (2)确立合作伙伴选择目标。企业必须确定合作伙伴评价程序如何实施、信息流程如何运作、谁负责，而且必须建立实质性的实际目标，其中降低成本是主要目标之一。合作伙伴评价和选择不仅仅是一个简单的评价和选择过程，它本身也是企业自身和企业之间的一次业务流程重构过程，实施得好，它本身就可带来一系列的利益。 (3)制定合作伙伴评价标准。合作伙伴综合评价的指标体系是企业对合作伙伴进行综合评价的依据和标准。需要根据系统全面性、简明科学性、稳定可比性和灵活可操作性的原则，建立集成化供应链管理环境下合作伙伴的综合评价指标体系。不同行业、企业、产品需求和不同环境下的合作伙伴评价应是不同的，但不外乎都涉及到合作伙伴的业绩、设备管理、人力资源开发、质量控制、成本控制、技术开发、用户满意度和交货协议等可能影响供应链合作关系的主要方面。 (4)成立评价小组。企业必须建立一个小组以控制和实施合作伙伴评价。组员以来自采购、质量、生产和工程等与供应链合作关系密切的部门为主，组员必须有团队合作精

续表

条目	内容
确立合作伙伴综合选择的步骤	神、具有一定的专业技能。评价小组必须同时得到自身企业和合作伙伴企业最高领导层的支持。 (5)合作伙伴参与。一旦企业决定进行合作伙伴评价，评价小组必须与初步选定的合作伙伴取得联系，以确认他们是否愿意与企业建立供应链合作关系，是否有获得更高业绩水平的愿望。企业应尽可能早地让合作伙伴参与到评价的设计过程中来。然而，企业的力量和资源是有限的，企业只能与少数的、关键的合作伙伴保持紧密合作，所以参与的合作伙伴不能太多。 (6)评价合作伙伴。评价合作伙伴的一个主要工作是调查、收集有关合作伙伴的生产运作等全面的信息。在收集合作伙伴信息的基础上，就可以利用一定的工具和技术方法对合作伙伴进行评价。
选择联盟形式	联盟有多种形式，需要企业仔细甄别选用。 (1)纵向联盟，即垂直一体化。这种联盟方式是基于供应链一体化管理的基础形成的，即从原材料到产品生产、销售和服务形成一条龙的合作关系。垂直一体化能够按照最终客户的要求为其提供最大价值的同时，也使联盟总利润最大化。但这种联盟一般不太稳固，主要是在整个供应链上，不可能每个环节都能同时达到利益最大化，因此，打击了一些企业的积极性，使它们有随时退出联盟的可能。 (2)横向联盟，即水平一体化，由处于平行位置的几个物流企业结成联盟。这种联盟能使分散物流获得规模经济和集约化运作，降低了成本，并且能够减少社会重复劳动。但也有不足的地方，如它必须有大量的商业企业加盟，并有大量的商品存在，才可发挥它的整合作用和集约化的处理优势;此外，这些商品的配送方式的集成化和标准化也不是一个可以简单解决的问题。 (3)混合模式的联盟，既有处于上下游位置的物流企业，也有处于平行位置的物流企业的加盟。 (4)动态联盟，是处于激烈竞争的市场经济条件下的联盟。为了占据市场的领导地位，供应链应成为一个动态的网络结构，以适应市场变化，不能适应供应链需求的企业将被从中淘汰，并从外部选择优秀的企业充实供应链之中，从而使供应链成为一个能快速重构的动态组织，使供应链成为动态联盟。
建立供应链战略合作关系	(1)企业为了适应新的竞争环境，如何处理内部资源与外部资源整合是企业提升竞争力的关键，这也就是企业与业务伙伴形成战略外包关系的基础。 (2)供应链战略合作关系的形成，是为了降低供应链总成本、降低供应链上的库存水平、提升信息共享水平、改善相互之间的交流和保持战略伙伴相互之间操作的一贯性，产生更大的竞争优势，以实现供应链节点企业的财务状况、产品质量和产量、交货和用户满意度以及业绩的改善和提高。

显然，供应链企业间的战略合作关系的建立是为了保证供应链的整体竞争力。

建立战略性合作伙伴关系是集成化供应链管理的核心。供应链管理的关键就在于供应链各节点企业之间的连接和合作以及相互之间在设计、生产和竞争策略等方面良好的协调。在一个企业能从实施供应链战略合作关系获益之前，首先必须认识到这是一个复杂的过程，供应链合作关系的建立不仅是企业结构的变化，而且在观念上也必须有相应的改变。所以，必须慎重选择合作伙伴，以确保真正实现供应链一体化所产生的效益。建立供应链合作关系的步骤可以分为以下几个方面：

（1）建立供应链战略合作关系的需求分析；

（2）确定标准，选择供应商，选择合作伙伴；

（3）正式建立合作关系；

（4）实施和加强战略合作关系。

首先，建立战略合作关系必须明确战略关系对于企业的重要性，企业必须评估潜在的利益与风险。其次，确立选择供应商的标准，初步评估可选的合作伙伴。一旦供应商或合作伙伴选定后，必须让每一个合作伙伴都认识到共同参与、合作的重要性，真正建立合作关系。最后，实施和加强合作关系，解除无益的合作关系。

建立供应链合作关系还必须清楚供应链上的信息透明和合作是管理好供应链的重要保证。而提高供应链整体透明度，可以加强贸易伙伴合作的联盟关系，提高对流入和流出物流的监控，更好地履行订单流程，提高整个渠道的管理水平。

关键点提示

建立与选择供应链合作关系，需要做到：

1. 考虑选择合作伙伴的主要因素
2. 采用合适的合作伙伴选择方法
3. 确立合作伙伴综合选择的步骤
4. 选择联盟形式
5. 建立供应链战略合作关系

6.11 供应链系统设计

典型问题及案例

供应链系统设计的项目重要性标注

在进行供应链系统设计时，一般会涉及一些具体的项目内容。结合本企业的实际，对所涉及的项目重要性按非常重要、重要进行标注。

序号	项目	重要性
1	观念更新	
2	技术更新	
3	服务创新	
4	以人为本	
5	发展联盟	

解读与阐述

在供应链的设计过程中，为保证供应链的设计和重建能满足实施和贯彻供应链管理思想的要求，需要考虑如表6-11所示的原则和方法：

表6-11 供应链系统设计规范

条目	内容
考虑自顶向下和自底向上相结合的设计原则	(1)在系统建模设计方法中，有两种设计方法，即自顶向下和自底向上的方法。 (2)自顶向下的方法是从全局走向局部的方法，自底向上的方法是从局部走向全局的方法;自上而下是系统分解的过程，而自下而上则是一种集成的过程。 (3)在设计一个供应链系统时，往往是先有主管高层做出战略规划与决策，规划与决策的依据来自市场需求和企业发展规划，然后由下层部门实施决策，因此，供应链的设计是自顶向下和自底向上的综合。
考虑简洁性原则	(1)简洁性是供应链的一个重要原则，为了能使供应链具有灵活快速响应市场需求的能力，供应链的每个节点都应是简洁和富有活力的，能实现业务流程的快速组合。 (2)供应商的选择应少而精，通过和少数供应商建立战略伙伴关系，减少采购成本，推动实施JIT采购和生产。生产系统的设计更是应以精细思想(Lean Thinking)为指导，努力实现从精细的制造模式到精细的供应链这一目标。
考虑集优原则(互补性原则)	供应链的各个节点的选择应遵循强强联合的原则，实现资源外用的目标，每个企业只致力于各自的核心业务，就像一个独立的制造单元(独立制造岛)，这些所谓单元化企业具有自我组织、自我优化、面向目标、动态运行和充满活力的特点，能够实现供应链业务的快速重组。
考虑协调性原则	(1)供应链业绩好坏取决于供应链合作伙伴的关系是否和谐，因此，建立战略伙伴关系的合作企业关系模型是实现供应链最佳效能的保证。 (2)和谐是描述系统是否形成充分发挥系统成员和子系统的能动性、创造性及系统与环境的总体协调性的标志。只有和谐而协调的系统，才能发挥最佳的效能。
考虑动态性(不确定性)原则	(1)不确定性在供应链中随处可见，由于不确定性的存在，导致需求信息扭曲。因此，要预见各种不确定因素对供应链运作的影响，减少信息传递过程中的信息滞后和失真。 (2)降低安全库存与服务水平提高之间的斥力。增加透明性，减少不必要的中间环节，提高预测的精准性和时效性，对降低不确定性的影响都是极为重要的。
考虑创新性原则	(1)创新设计是系统设计的重要原则，没有创新性思维，就不可能有创新的管理模式，因此，在供应链的设计过程中，创新性是很重要的一个原则。 (2)要产生一个创新的系统，就要敢于打破各种陈旧的思维束缚，用新的角度、新的视野审视原有的管理模式和体系，进行大胆的创新设计。 (3)进行创新设计，要注意几点:一是创新必须在企业总体目标和战略的指导下进行，并与战略目标保持一致;二是要从市场需求的角度出发，综合运用企业的能力和优势;三是发挥企业各类人员的创造性，集思广益，并与其他企业共同协作，发挥供应链整体优势;四是建立科学的供应链和项目评价体系及组织管理系统，进行技术经济分析和可行性论证。
考虑战略性原则	(1)供应链的建模应有战略性观点，通过战略的观点考虑减少不确定影响。 (2)从供应链战略管理的角度考虑，供应链建模的战略性原则还体现在供应链发展的长远规划和预见性上。 (3)供应链的系统结构发展应和企业的战略规划保持一致，并在企业战略指导下进行。

续表

条 目	内 容
充分考虑信息系统	（1）现代管理最重要的是通过信息管理来实现的。应用现代信息技术不仅改变了传统的企业物流管理，实现了物流管理信息化，而且成就了供应链企业。 （2）企业通过电子商务最新现代技术实现管理信息化，通过条码技术（用扫描方法对信息实现自动控制的技术）、EDI技术（电子数据的交换和自动处理）、GIS技术（通过地理信息系统实现物流配送的最佳模型）和GPS技术（通过全球卫星定位系统实现物流配置国际化）在供应链上建立一个高效的集成系统，以达到服务客户和降低成本的目的。
与环境因素相结合	（1）一个设计精良的供应链在实际运行中并不一定完全能按照预想的那样，甚至无法达到设想的要求，这是主观设想与实际效果的差距，原因并不一定是设计或构想得不完美，而是环境因素在起作用。 （2）构建和设计一个供应链，一方面要考虑供应链的运行环境（地区、政治、文化和经济等因素），另一方面还应考虑未来环境的变化对实施供应链的影响。 （3）要用发展的、变化的眼光来设计供应链，无论是信息系统的构建还是物流通道设计都应具有较高的柔性，以提高供应链对环境的适应能力。
以客户服务为中心	供应链管理是一种集成的管理思想和方法，通过社会信息流和反馈的物流信息流，将供应商、制造商、分销商和零售商直到用户连接成一个完整过程的管理模式，这其中必须将供应链管理和以客户服务为中心的思想贯穿于整个企业的管理和经营过程中，注重商品和产品流通过程中每个环节的运作，建立整体优化的供应链。

在供应链的设计过程中，企业要做好变革的准备，尤其是服务理念和企业文化的变革，并且在组织创新、流程创新中做好协调工作，培养好相关人才。

关键点提示

供应链设计，需要考虑以下方法和原则：

1. 考虑自顶向下和自底向上相结合的设计原则
2. 考虑简洁性原则
3. 考虑集优原则（互补性原则）
4. 考虑协调性原则
5. 考虑动态性（不确定性）原则
6. 考虑创新性原则
7. 考虑战略性原则
8. 充分考虑信息系统
9. 与环境因素相结合
10. 以客户服务为中心

第七章　供应链信息系统运营管理

供应链企业中信息技术的推广与应用，意味着这是一场由工具引发的革命，即由技术进步和工具改善诱发出来的权力重新分配、财富重新归集的革命。从管理进步而言，信息技术改变着企业的经营管理方式、思维方式及组织方式，而这一切最终影响着企业内部责、权、利再分配的问题。从企业实体而言，无论是业务流程，还是组织架构、人力资源乃至岗位、职责都将随着管理的变化而发生变化。供应链企业中信息系统及其支撑技术的重要性也由此可见。

7.1 供应链信息系统开发

典型问题及案例

海尔仓库流动的“物”

海尔集团首席执行官张瑞敏曾谈起搞物流的原因时说：“物流对海尔的发展非常重要，为此我们大约用了两年半时间进行物流的整合和改造。到目前为止，我们认为物流对企业的发展发挥巨大的作用。”

张瑞敏认为：“一个现代企业，如果没有现代物流，就意味着没有物可流。为什么这么说呢？因为这是由现代企业运作的驱动力所决定的。现代企业运作的驱动力是什么？就是一个：订单。如果没有订单，现代企业就不可能运作。也就是说，它不可能有物可流。要实现这个订单，就意味着靠订单去采购，为订单去制造，为订单去销售。如果要实现完全以订单销售、采购和制造，那么支持它的最重要的一个流程就是物流。如果没有物流，就不可能有订单的采购；如果没有订单，那就意味着采购回来的就是库存，因为采购回来的这些物料到底给谁不知道；如果没有订单的制造，就等于天天虽然非常忙，但是在制造库存，生产出来的产品等于天天增加库存。最后，没有订单的销售，说到家，就是处理库存，因为你不知道卖给谁，唯一的方法、唯一的出路就是降价、削价处理。”

1. 重塑企业的业务流程，真正实现市场化程度最高的订单经济

海尔现代物流的起点是订单。企业把订单作为企业运行的驱动力，作为业务流程的源头，完全按订单来组织采购、生产和销售等全部经营活动。从接到订单时起，就开始了采购、配送和分拨物流的同步流程，现代物流过程也就同时开始。由于物流技术和计算机管理的支持，海尔物流通过3个JIT，即JIT采购、JIT配送和JIT分拨物流来实现同步流程。这样的运行速度为海尔赢得了源源不断的订单。目前，海尔集团平均每天接到销售订单200多个，每个月平均接到6 000多个销售订单，定制产品7 000多个规格品种，需要采购的物料品种达15万种。由于所有的采购基于订单，采购周期减到3天；所有的生产基于订单，生产过程降到一周之内；所有的配送基于订单，产品一下线，中心城市在8小时内、辐射区域在24小时内、全国在4天内即能送达。总体来言，海尔完成客户订单的全过程仅为10天，资金回笼一年15次，呆滞物资降低73.8。张瑞敏认为，订单是企业建立现代物流的基础。如果没有订单，现代物流就无物可流，现代企业就不可能运作。没有订单的采购，意味着采购回来就是库存；没有订单的生产，就等于制造库存；没有订单的销售，不外乎就是处理库存。抓住了订单，就抓住了满足即期消费需求、开发潜在消费需求、创造崭新消费需求这个“牛鼻子”。但如果没有现代物流保障流通的速度，即使有了订单也会失去。

2. 海尔现代物流从根本上改变了物在企业的流通方式，基本实现了资本效率最大化的零库存

海尔改变了传统仓库的“蓄水池”功能，使之成为一条流动的“河”。海尔认为，提高物流效率的最大目的就是实现零库存。现在海尔的仓库已经不是传统意义上的仓库，它只是企业的一个配送中心，成了为下道工序配送而暂时存放物资的地方。

建立现代物流系统之前，海尔占用50多万平方米仓库，费用开支很大。目前，海尔建立了2座我国规模最大、自动化水平最高的现代化、智能化立体仓库，仓库使用面积仅有2.54万平方米。其中，一座坐落在海尔开发区工业园中的仓库，面积仅1.92万平方米，设置了1.8万个货位，满足了企业全部原材料和制成品配送的需求，其仓储功能相当于一个30万平方米的仓库。这个立体仓库与海尔的商流、信息流、资金流和工作流联网，进行同步数据传输，

采用世界上最先进的激光导引无人运输车系统、机器人技术、巷道堆垛机和通信传感技术等，整个仓库空无一人。自动堆垛机把原材料和制成品举上7层楼高的货位，自动穿梭车则把货位上的货物搬下来，一一放在激光导引无人驾驶运输车上，运输车井然有序地按照指令再把货送到机器人面前，机器人叉起托盘，把货物装上外运的载重运输车上，运输车开向出库大门，仓库中物的流动过程结束。整个仓库实现了对物料的统一编码，使用了条形码技术、自动扫描技术和标准化的包装，没有一道环节会使流动的过程梗塞。

海尔的流程再造使原来表现为固态的、静止的和僵硬的业务过程变成了动态的、活跃的和柔性的业务流程。未进行流程再造前的1999年，海尔实现销售收入268亿元，库存资金15亿元，销售资金占用率为5.6；2000年实现销售收入406亿元，比上年超了138亿元；库存资金降为7亿元，销售资金占用率为1.72；今年海尔的目标是把库存资金降为3个亿，销售资金占用率将降到0.5左右，届时海尔将基本实现零库存。

解读与阐述

信息系统应用的事实表明，很好地运用计算机辅助工具将会极大地提高产品生产的速度。在供应链企业中，要想成功运用信息系统及其支撑技术，首先必须成功地进行供应链信息开发。为此，需要做好如表7-1所示各项工作：

表7-1　供应链信息系统开发规范

条　目	内　容
了解信息系统的软硬件	供应链企业的信息系统可以划分为信息系统模式（“硬件”）和信息系统管理模式（“软件”）两部分。信息系统模式包括计算机系统、网络系统、数据库系统、管理软件和用户工作站等；信息系统管理模式包括业务方案、流程、组织和信息介质等。
构建信息系统的体系结构	集成的信息管理模式需要建立灵活的业务流程结构，使业务流程不仅贯穿企业的各个管理层面，而且流程是柔性的，可以随着企业的经营目标反复进行重组，使企业资源真正实现动态管理与控制。 （1）基础管理 基础管理包括基础数据和管理要素。基础数据包括产品的主零件、物料清单、加工路线、管理因素以及产品技术档案和管理档案的数据等，这些基础数据相对不断变化的物流、资金流和事务流数据而言是静态的。管理要素包括组织架构、人力资源和职责职位。管理要素是信息系统中的主要设施，需要通过信息系统基础设施来实现。 （2）信息技术 信息技术的基础设施包括计算机系统、网络系统、数据库系统和软件产品等等支撑系统。

续表

条　目	内　容
构建信息系统的体系结构	(3)管理技术 从企业制造经营管理的整体运作出发，管理技术包括经营规划管理、计划管理、制造管理、成本管理和财务管理五项内容，它们由企业的主营业务流程连接起来。
认知信息管理模式的管理内容	每个企业的业务流程都是从规划管理开始，经计划管理、制造管理及成本管理，至财务管理结束。 换个角度思考也就是每个企业的运作都涵盖着这五方面的管理工作，并覆盖了一个企业信息管理模式下的管理要素，主要有： (1)规划管理层。 经营规划对应企业的年度经营规划工作。 包括制定新一年的生产计划、资金规划和销售规划等。 (2)计划管理层。 生产计划是根据经营规划平衡产能，依据用户的需求指挥车间按时完成作业计划。 (3)制造管理层。 产品的制造过程，它是生产计划的执行部分，也是物流的实体。 它包含了采购、加工和销售活动过程。 (4)成本管理层。 物流活动的同时就已经与资源发生了联系，也就是说在物流活动的时候就已经消耗了资源。 需要在物流移动的同时由计算机系统自动完成采集、存储和处理成本数据的工作。 (5)财务管理层。 在企业管理中不可避免地要使用账务凭证，采购订单中入库单、发票与应付账款的关系，销售订单中提货单、发票与应收账款的关系，库存、产品制造成本与总账之间的关系，都可在信息系统由财务会计人员采用人机互动方式完成。
充分认识信息系统开发过程及其存在的问题	在信息系统软件开发所必经的需求分析、软件设计、软件编程和系统测试等开发过程中，每个阶段都不可避免地因人为或非人为因素出现一些错误并带到下一个阶段中，这些错误又往往因未及时处理而带来无穷的后患。 为此，需要对开发中的各个阶段的差错有清醒的认识，并通过完善的业务流程避免差错，防止其逐步放大与扩散，使企业信息化的建设步伐不因这些因素的影响而放缓。 常见错误在不同阶段的主要表现是： (1)在需求分析阶段：由于用户可能对自己的业务流程以及对系统软件需求等背景内容的了解不够系统和完善，加之信息系统开发理解上的偏差，形成包含了错误需求的“需求分析报告”，这种错误包括误解与遗漏。 (2)在软件设计阶段：因为对需求理解的偏差，加上设计本身考虑不周，导致含有错误的“设计报告”出台。 (3)在软件编程阶段：因为对设计思路、意图、方案的规划等基本思路的理解偏差，加上编程本身的疏忽，“程序代码”中往往会出现错误。 (4)在系统测试阶段：总会有一些“潜伏的错误”没能及时发现，而等发现错误时，在交付期临近的压力下又不能及时修改。
建立健全信息系统开发时的组织机构	要想保证信息系统开发工作的顺利启动，先要建立项目的组织机构即项目组。 项目组可以由负责项目管理和开发的不同方面的人员组成，项目组工作由项目组长或项目经理来统一指挥。

一般来说，可以根据项目经费的多少和系统的大小来确定相应规模的项目组。项目组根据工作需要可设若干小组，小组的数目和每个小组的任务可以根据项目规模、复杂程度和周期长短来确定，可以设立的小组有过程管理小组、项目支持小组、质量保证小组、系统工程小组、系统开发与测试小组和系统集成与测试小组等。一个好的

项目组不一定能保证项目的成功，但一个差的项目组肯定会导致项目的失败。因此，在建立项目组时要充分利用项目组每个成员的特长，坚持将正确的开发方法贯穿始终。

目前，在我国开发、推广信息技术的风险还是很大，尽管如此，仍需要普及企业信息管理模式构建知识，使企业的信息化建设从盲目走向科学，从抽象走向形象，从理论走向实际，为我国的供应链企业的信息建设铺一条通向成功的路。

关键点提示

进行供应链信息系统开发，需要做到：

1. 了解信息系统的软硬件
2. 构建信息系统的体系结构
3. 认知信息管理模式的管理内容
4. 充分认识信息系统开发过程及其存在的问题
5. 建立健全信息系统开发时的组织机构

7.2 供应链决策支持系统构建

典型问题及案例

沃尔玛供应链管理的成功秘诀

1. 沃尔玛供应链管理的成功之处主要体现在5个方面：①坚持“让顾客满意”的目标，消费者的需求始终是沃尔玛供应链上最重要的环节。②与供应商建立战略合作伙伴关系。③建立灵活高效的物流配送系统，以达到最大销售量和低成本的存货周转的目的。④通过高质量的信息传递与共享来实现供应链的协调运行。⑤减少供应链中的交易环节，排除制造商的销售代理，直接向制造商订货。

2. 强化供应链战略伙伴关系的具体做法：①沃尔玛通过网络和数据交换系统，与供应商共享信息，从而建立伙伴关系。②沃尔玛与供应商努力建立关系的另一做法是在店内安排适当的空间，有时还在店内安排制造商自行设计布置的商品展示区，在店内营造更具吸引力和更专业化的购物环境。③供应商们可直接进入到沃尔玛的系统来了解他们的产品销售情况，沃尔玛会及时反馈消费者的需求信息给供应商。④沃尔玛不仅仅是等待上游厂商供货、组织配送，而且也直接参与到上游厂商的生产计划中，与上游厂商共同商讨和制定产品计划、供货周期，甚至帮助上游厂商进行新产品研发和质量控制方面的工作。

3. 信息共享的作用、措施和效果

信息共享在沃尔玛的供应链管理中发挥重要作用，保证沃尔玛供应链的协调运行。

沃尔玛为强化供应链信息管理采取的措施：

投资4亿美元发射了一颗商用卫星，实现了全球联网；利用电子数据交换系统（EDI）；建立了自动订货系统。

信息共享效果明显：a. 商店的销售与配送保持同步，配送中心与供应商运转一致。b. 直接参与到上游厂商的生产计划中，与上游厂商共同商讨和制定产品计划、供货周期，甚至帮助上游厂商进行新产品研发和质量控制方面的工作。c. 实现了订货自动化。d. 掌握全球各门店的库存动态，实现物流的快速反应。e. 无纸办公。

4. 现代物流内涵

a. 物流网络化。b. 供应链物流管理。c. 物流信息化。d. 物流手段现代化。e. 物流系统化。f. 物流总成本最小化。g. 物流管理专门化。h. 物流电子化。i. 物流柔性化。j. 物流服务社会化。k. 物流快速反应化。

解读与阐述

决策支持系统（DSS）是计算机硬件技术迅速发展并应用于管理决策领域的必然结果，它能综合利用各种数据、信息、知识与模型技术，辅助管理者解决半结构化和非结构化的决策问题。供应链企业构建决策支持系统，需要把握如表7－2所示几个方面：

表7－2 供应链企业决策支持系统构建规范

条目	内容
了解决策支持系统的目标	(1) DSS的目标是支持决策而非取代决策，是为了提高决策效能而非提高效率，因此，它与电子数据处理系统（EDP）和管理信息系统（MIS）有明显差别。 (2) DSS旨在建立一种决策环境，使决策者可以充分利用自己的经验、知识，在系统的帮助下详细了解和分析决策过程中的各种主要因素及其影响，激发其思维和创造力，从而在系统的帮助下最终做出决策。
了解决策支持系统的目标	(3) 由于大多数决策者不熟悉计算机技术，为了使他们能与计算机协同工作，DSS决策支持系统模型需要反映的问题是系统的决策制定原则和机理、系统的组织机构和人员配置。 (4) 通过对决策系统的建模，企业的领导可以对企业有一个细致的了解，从而发现其中问题。

续表

条目	内容
建设决策支持系统所需要的数据	(1)科学的决策必须以大量可靠的数据为基础，否则，决策就没有根据，就会成为主观的猜想。 (2)由于条码技术的推广以及数据采集工具的发展，供应链企业可以采集到大量的数据。 (3)企业在日常商务活动中也可以收集订货单、存货单、应付账、交易条款和客户情况等大量数据资料。同时，企业也常常从外部资源中获得统计数据和邮件列表之类的数据。 (4)这些超大型数据库是一个巨大资源，这些资源数据都必须存储在专用数据库中，以提供决策支持系统。
建立决策分析专题	(1)为了协助管理人员在复杂的作业决策上迅速而有效地做出正确的决定，企业要建立决策分析专题。 (2)供应链企业有必要对计算机辅助决策的项目列成专题，如需求计划决策专题、库存决策专题和生产计划决策专题等，并在每一项专题中列出一些相互关联的子项，以满足辅助决策的需要。
建立决策分析的辅助功能	(1)决策支持系统的辅助功能模块包括了数据抽取功能、静态分析功能、动态分析功能和图形分析功能等内容。这些功能性模块构成决策专题的技术基础。 (2)数据抽取功能主要是完成数据的收集、传输处理等功能，并可依据其所要考虑的主题构筑相应的数据仓库。 (3)静态分析功能主要是用各种统计学方法，通过对数据的切片、切块、旋转和钻取等操作来实现从不同的角度对数据进行分析，以得出各种结论，对内提供资料，对外发布信息。 (4)动态分析功能则基于人工神经网络、学习理论和决策树等人工智能方法和线性回归分析、非线性回归分析和时间序列分析等统计学方法，并应用关联分析、序列模式分析、分类分析及聚类分析等分析方法，按照既定业务目标，对大量的数据进行高速、自动化的处理和分析，做出归纳性的推理，揭示隐藏的或验证已知的规律，并将其模型化。 (5)图形分析功能则完成可视化工作，将数据通过各种分析而得到的结果以图形的方式呈现给用户。
使用决策分析的工具与技术	有了数据就如同有了矿藏，而要从大量数据中获得决策所需的数据就如同挖掘矿藏一样，必须要有工具，这些工具包含了查询、统计分析、数据挖掘、计算器、模拟器、数学模型和运算法则等内容。其中，最主要的数据处理技术有： (1)数据仓库技术。数据仓库能把整个企业的数据，不管其地理位置、格式和通信要求统统集成在一起，并能把当前使用的业务信息分离出来，保证关键任务的联机事务处理(OLTP)应用的安全性和完整性，同时，可以访问各种数据库。它把各种数据库(源数据库)集成为一个统一的数据仓库(目标数据库)，并且把各种数据转换成面向主题(subject - oriented)的格式，它可以从异构的数据源中定期抽取、转换和集成所需要的数据，便于最终用户访问并能从历史的角度进行分析，并最终做出战略决策。

续表

条　目	内　容
使用决策分析的工具与技术	(2)联机分析处理技术(OLAP)。联机分析处理将决策支持系统带入更高的层次，该分析处理技术从企业的数据集合中收集信息，并运用数学运算和数据处理技术。一般地，它以数据仓库为基础对数据进行多维化和预综合分析，构建多维数据模型，再使用多维分析方法从不同角度对多维数据进行分析、比较，找出它们之间的内在联系。联机分析处理使分析活动从方法驱动转向了数据驱动，实现了分析方法和数据结构的分离。 (3)数据挖掘技术。数据挖掘是从大型数据库或数据仓库中发现并提取其中的隐藏信息的新技术。目的是帮助决策者寻找数据间潜在的关联，发现被忽略的要素，而这些信息对预测趋势和决策行为也许是十分有用的。数据挖掘技术涉及数据库、AI(人工智能)、机器学习和统计分析等多种技术。
使用多种形式的输出工具	决策支持系统因为其使用者是企业的管理者，要求其要有良好的输出形式，故需采用报表、一般图形、特殊图形、电子数据表格、动画和地理信息系统等输出工具，提供亲切、友好和直观化的操作界面，降低管理者操作计算机时的复杂程度，提升系统的可操作性。

决策支持系统运用日趋成熟的各类信息技术来解决业务流程决策问题，如库存水平的确定、合理运输线路的选择等，从而降低成本，提高企业决策水平和运作效率。

关键点提示

供应链企业构建决策支持系统，需要做到以下几点：

1. 了解决策支持系统的目标
2. 建设决策支持系统所需要的数据
3. 建立决策分析专题
4. 建立决策分析的辅助功能
5. 使用决策分析的工具与技术
6. 使用多种形式的输出工具

7.3 供应链信息系统需求分析

典型问题及案例

ABC 燃器具制造公司库存信息调研表

用户需求调研涉及用户和系统分析人员双方，为了使用户需求调研工作顺利进行，必须事先制定一个调研计划，以便双方有关人员，特别是用户方面的人员，安排好工作时间。

下面是ABC燃器具制造有限公司库存管理信息系统调研计划表。

项目经理：贾星明

调研方式：座谈、调查表/卷、资料收集和现场观察

项目参加人员：王小安、陈音

时间安排	调研内容	接待部门和人员	调研成果
8 日下午	了解公司概况和发展目标 了解公司组织结构	公司总经理 人力资源部负责人	①公司概况 ②组织结构图 ③人员分工表
9 日全天	了解公司信息技术应用现状	信息中心负责人	①硬件现状报告 ②软件应用现状报告 ③网络应用现状报告
10 日上午	了解公司库存管理现状	计划部门负责人	公司库存管理现状报告
10 日下午	了解零部件库存管理业务	零部件仓库管理员 计划部门负责人	①零部件仓库业务流程图 ②入库单 ③出库单 ④零部件台账 ⑤库存报表 ⑥其他单据资料
11 日上午	了解成品库存管理业务	成品仓库管理员 计划部门负责人	①成品仓库业务流程图 ②出库单 ③入库单 ④零部件台账 ⑤库存报表 ⑥其他单据资料
11 日下午	到各相关业务部门调研	生产、采购、销售和财务等部门负责人	①生产与库存 ②采购与库存 ③销售与库存 ④财务与库存等相关业务流程图
12 日全天	对所收集资料进行分析	计划部门负责人	相应报告的编写
13 日全天	细化零部件库业务图 细化成品库业务图	零部件、成品库管理员	相应报告的完善
14 日上午	调研报告的鉴定评审	总经理、总经济师、专家、部门负责人和库管员	提交调研报告并经公司确认

解读与阐述

建设任何信息系统都要先进行需求分析。需求分析是指开发人员准确理解用户要求，进行细致调查分析，将用户非形式化的需求陈述转化为完整需求定义，再由需求定义转换到相应的需求规格说明的过程。对应于供应链企业的信息系统建设中的需求分析，需要注意的方面如表7-3所示：

表7-3 供应链信息系统需求分析

条目	内容
认识需求分析的基本任务	需求分析的任务就是解决“做什么”的问题，就是要全面地理解用户的各项要求，并准确地表达所接受的用户需求。供应链信息系统的需求分析阶段的工作，可以分为以下四个方面： (1)问题识别：就是从系统角度来理解软件，确定对所开发系统的综合要求，并提出这些需求的实现条件以及需求应该达到的标准。供应链信息系统的这些需求包括：功能需求(做什么)、性能需求(要达到什么指标)、环境需求(如机型、操作系统等)、可靠性需求(不发生故障的概率)、安全保密需求、用户界面需求、资源使用需求(软件运行时所需的内存等)和软件成本消耗与开发进度需求，预先估计系统以后可能达到的目标。 (2)分析与综合：逐步细化所有的软件功能，找出系统各元素间的联系，接口特性和设计上的限制，分析他们是否满足需求，剔除不合理部分，增加需求部分。最后，形成系统的解决方案，给出要开发的系统的详细逻辑模型(做什么的模型)。 (3)制作规格说明书：即编制文档，描述需求的文档称为软件需求规格说明书。请注意，需求分析阶段的成果是需求规格说明书，向下一阶段提交。 (4)评审：对功能的正确性、完整性和清晰性以及其他需求给予评价。评审通过才可进行下一阶段的工作，否则重新进行需求分析。
采用原型法分析需求	原型是软件的一个早期可运行的版本，它实现了目标系统的某些或全部功能。原型化方法就是尽可能快地建造一个粗糙的系统，这一系统实现了目标系统的某些或全部功能，但是这个系统可能在可靠性、界面的友好性或其他方面上存在缺陷。建造这样一个系统的目的是为了考察某一方面的可行性，如算法的可行性、技术的可行性或考察是否满足用户的需求等。采用原型法进行需求分析的供应链信息系统可以分为三个阶段： (1)确定用户的基本需求。了解客户的需求，并确定哪些是可以做到，哪些是做不到的，同时估算模型开发的成本费用。 (2)利用原型来认清客户的需求，明确尚不能满足的需求，一方面记录系统的不足，另一方面因势利导，彻底搞清用户的真正需求。 (3)修正和改进系统。
采用结构化方法分析需求	结构化分析方法简称SA法，是面向数据流进行数据分析的方法，分析的策略是自顶向下、逐层加细和由抽象到具体。顶层抽象地描述整个系统，底层具体地画出系统工程的每个细节。中间层则是从抽象到具体的过渡。使用数据流图、数据字典作为描述工具，使用结构化语言、判定表和判定描述加工逻辑。采用结构化进行需求分析的供应链信息系统有四个步骤： (1)了解当前系统的工作流程，获得当前系统的物理模型。 (2)抽象出当前系统的逻辑模型。 (3)建立目标系统逻辑模型。 (4)做进一步补充和优化。

续表

条　目	内　容
考虑信息的采集、加工、存储和发布	多数情况把数据理解为原始数据与事实的记录，而把信息理解为数据经过整理加工后所得到的有用数据。供应链信息系统需求分析涉及以下信息加工处理过程： (1)信息的采集过程。供应链信息的采集过程要特别重视数据收集的完整性、准确性和及时性。需求分析中要确认采集录入手段是否方便有用，有哪些检验功能，对数据收集人员和录入人员的技术有何要求，整个数据收集与录入的过程是否严密完善。 (2)信息的加工处理。信息加工包括范围很大，通常从简单的查询、分类排序、归并一直到复杂的模型调试及预测等。现代信息系统在这方面的功能越来越强，尤其面向高层管理者的信息系统，如供应链决策支持系统，更多地运用数学及运筹学等工具和方法，大大增强了信息加工能力。 (3)信息的存储。通过整理或加工，得到有用的信息，并将这些信息存储起来。要考虑信息的冗余以及安全性、易用性和一致性等内容。 (4)信息的输出和发布。系统的最终目的是为管理人员提供科学信息，因而信息输出的形式或格式对用户使用是否方便十分重要。系统输出手段、输出结果是否醒目直观和简单易用都应作为需求分析考虑的内容。在供应链信息系统中，要考虑以声音、图表等多种形式输出。
考虑系统安全策略	现代企业信息系统要求具有很强的安全监控能力，既能抵御外部的侵扰，又能根据信息保密程度，对内部用户进行权限控制。供应链管理系统应采用系统整体安全策略，从用户意识、网络系统和应用系统等多个方面来保证信息系统最大限度地安全运行。在需求分析阶段，要着重分析各级领导、系统管理人员和所有用户的安全意识，构建系统安全策略。

供应链信息系统的需求分析，还要分析事务处理能力需求的合理性，分析决策功能需求的合理性，找出关键需求，做出解决问题的初步计划。

关键点提示

进行供应链信息系统需求分析，需要掌握：

1. 认识需求分析的基本任务
2. 采用原型法分析需求
3. 采用结构化方法分析需求
4. 考虑信息的采集、加工、存储和发布
5. 考虑系统安全策略

7.4 供应链数据库设计

典型问题及案例

家乐福和雀巢的库存管理模式

家乐福和雀巢企业为了提高竞争力，不断寻求各种措施来提高企业对市场需求的响应速度。供应链管理强调企业的核心竞争力，强调企业间建立长期合作伙伴关系，在信息和知识共享、合作关系充分发展的基础上，供应链伙伴将寻求更深层次的整合。他们开始交换某些决策权、工作职责和资源，以加强协作，共同开拓市场。供应链上的某一个伙伴可能处于更适合的位置来执行某个通常由另一个伙伴拥有的决策权。如果把这个决策权从这个合作伙伴转给另一个更适合的合作伙伴，那么整个供应链的效率将得到提升。

VMI（Vendor Managed Inventory）即由供应商管理库存，是雀巢和家乐福使用的一种库存管理模式。需求的逐级放大将导致他们供应链中各个环节库存的异常波动，这对他们供应链效率和响应速度的影响是不言而喻的。作为这一问题的解决方法，VMI 意味着供应链下游的家乐福企业放弃库存管理权，这对其似乎是一种损失，但是，从中得到的远比要失去的多得多。因为 VMI 克服了下游企业自身技术和信息系统的局限，随着供应链各个环节的企业核心业务的迅猛发展，供应链上游对下游的后勤管理（包括库存管理）也提出了更高的要求。但由于下游企业原来的自营库存管理系统往往因为技术和信息系统的局限而严重滞后，制约了其业务的发展。实施 VMI 之后，库存由供应链上游企业管理，下游企业可以放开手脚进行核心业务的开发。

VMI 还可以满足下游企业降低成本和提高服务质量的需要。与下游企业自己管理库存相比，供应商在对自己的产品管理方面更有经验，也更专业化。用户自己管理供应商存货很可能导致错误的产品储存和补充决策。而供应商可以提供包括软件、专业知识、后勤设备和人员培训等一系列的服务，供应链中企业的服务水平会因为 VMI 而提高，因而库存管理成本会降低，下游企业的存货投资也会大幅度减少。

与此同时，由供应链管理思想衍生出来的 VMI 追求的本身就是双赢的结局，它将同时给处于供应链上游企业的供应商带来许多利益。VMI 允许供应商获得下游企业的必要经营数据，通过电子数据交换（EDI）来传送，直接接触真正的需求信息。供应商利用该信息调节库存水平，从而最终消除预期之外的短期产品需求而导致的额外成本。同时，企业对安全库存的需求也大大降低。另外，VMI 可以大大缩短供需双方的交易时间，进而使上游企业更好地控制其生产经营活动，更好地满足用户需求，从而提高整个供应链的柔性。综合而言，VMI 有以下优势：

1. 缩短采购周期。现在终端客户大都是希望采购周期越短越好，甚至希望随时要，随时取得。启用 VMI 方案后，材料的采购周期可以缩短到一周甚至一天。可以帮助客户缩短订单的交货期，大大提高市场竞争力。

2. 节约资金。当为客户准备安全库存后，客户就可以大大降低自身持有的库存，减少客户的资金压力。客户可以将更多的资金用于研发、市场和制造等核心业务。

3. 进一步减少工作量。通过供应商的库存管理，客户只需要将原始的数据物料需求计划（MRP）发送给供应商，由供应商来为客户控制库存。客户也就减少在物料计划上的工作量。

4. 减少过剩物料和废弃物料。供应商的缓冲库存，相当于客户的蓄水池。当客户需求下降时，及时通知供应商延期交货，减少过剩物料和废弃物料的产生。不仅如此，供应商还可以将多余的通用的物料转卖给其他客户，减少缓冲库存中的过剩物料和废弃物料。通过 VMI 方案，可以大大降低客户的库存风险。

5. 提高库存周转率。现在企业的发展，速度至关重要。库存是客户投资的重要组成部分，库存周转率，也直接影响着企业的发展速度。我们假定投资额为 1 元，每周转一次产生的净利润为 0. 025 元。如果每次产生的利润都不能进行再投资，则经过 100 次周转后的余额为 3. 5 元。如果每次产生的利润都可以进行再投资，100 次周转后的余额为 11. 81 元。通过 VMI 项目，将客户的库存周转率提高到一年 20 ~ 30 次。

6. 提高准时交货率。由于缓冲库存蓄水池的功能，当客户需求上升时，供应商可以随时将缓冲库存中的货物发送给客户，并且及时补充缓冲库存。

解读与阐述

计算机信息系统以数据库为核心，在数据库管理系统（DBMS）的支持下，进行信息的收集、整理、存储、检索、更新、加工、统计和传播等操作。进行供应链企业的数据库设计，需要做好下述工作，如表 7－4 所示：

表 7－4　供应链数据库设计规范

条　目	内　容
了解数据库设计的内容	数据库设计是指在一个特定的应用环境下，确定最优模型与处理模式的逻辑关系，确定数据库存储结构与存取方法的物理设计，建立反映现实世界信息和信息间的联系，满足用户数据要求和加工要求，又能兼容其他数据库管理系统、同时能实现系统目标并有效存取数据的过程。对于供应链信息系统的数据库设计，其内容包括： (1)数据存储、检索和更新设计。 (2)用户可访问的目录设计。 (3)事务设计。 (4)并发控制设计。 (5)恢复服务设计。 (6)授权服务设计。 (7)对数据通信的支持设计。 (8)完整性设计。 (9)数据独立性服务(视图、表空间)设计。
遵循数据库系统的设计与开发指导方针	数据库应用系统的开发是一项系统工程。系统工程是为了合理进行开发、设计和运用系统而采用的思想、步骤、组织和方法的总称。从系统工程角度出发，供应链企业数据库应用系统的设计与开发需要遵循以下指导方针： (1)系统的目的性:系统开发的成功与否取决于是否符合用户的需要，满足用户的要求是设计与开发工作的出发点和归宿。 (2)系统的整体性:对各个环节的信息进行综合，得出实际业务环节的整体逻辑模型和整体物理模型，而不是各个供应链环节信息的简单组合和拼凑。 (3)系统的相关性:供应链系统的各个子系统(模块)各有其独立功能，同时又相互依存，相互作用，须通过信息流把它们的功能联系起来。 (4)系统的扩展性和易维护性:要能适应外界环境的变化，对数据库的设计要充分考虑留有余地，以便于扩充。供应链系统要能跟外界进行信息交换，有行业规范或国家标准的要尽量采用，对没有标准的可以考虑建立企业标准;系统要有前瞻性，对可能提出的信息需求和功能需求，系统应留有接口;对可能发生的误操作或故意破坏，要尽可能把损失降到最小。 (5)工作成果文档化和图表规范化:软件是程序和文档资料的集合，文档资料是系统的组成部分。因为系统的扩充、修改、交流是建立在文档资料基础之上，而不应该拿程序进行交流。在文档资料的标准规范化方面可以参照软件工程规范。
遵循数据库设计步骤	数据库系统设计是在现有的 DBMS 上建立数据库应用系统的过程。其特点是:数据量大、保存时间长、数据关联复杂和用户要求多样化。供应链信息系统的数据库设计可以分为以下几个步骤: (1)规划。描述数据库设计的必要性以及进行数据库设计的可行性分析。供应链信息系统的规划阶段需要确定系统的范围，进行任务陈述，定义数据库应用程序的主要目标，每个任务标识数据库必须支持的特定任务，确定开发工作所需的资源，估计开发成本，确定项目进度。 (2)需求分析。需求分析是数据库设计成败的关键，没有对需求的系统分析，数据库设计很难取得成功。供应链信息系统的需求分析阶段应该对系统的整个应用情况做全面、详细的调查，收集支持系统总设计目标的基础数据和对这些数据的要求，确定用户的需求，并把这些要求写成用户和数据库设计者都能够看懂的文档。

续表

条　目	内　容
遵循数据库设计步骤	(3)概念设计。使用实体联系模型对需求分析所得到的数据进行更高层次的抽象描述。 (4)逻辑设计。逻辑设计的目的是把概念模式设计阶段的全局 E－R 模型转换成与选用的具体机器上的 DBMS 所支持的数据模型相符合的逻辑结构。 (5)物理设计。对已经确定的逻辑结构选择适当的物理结构，包括存储结构、存取路径和存储分配等，如在 Oracle 数据库中设置供应链数据库的磁盘分配方式等。 (6)应用程序开发。包括数据库应用程序的设计、编码、调试和运行。 (7)数据库实施与维护。包含了供应链数据库的装入、数据库的试运行和数据库的运行维护。
由易到难、由点到面进行数据库演进	(1)供应链企业信息系统涉及的功能多，要采集的数据量十分庞大，为了尽早运转系统，不可能等待把数据库建完善了再运行，因此，需要采用数据库演进策略。 (2)首先解决核心业务流程，并随着应用范围的扩大和深入，不断修改和增加新的功能，从而使整个系统由点到面、由易到难地推进。

数据库设计过程是一个有起点而无止境的逐步求精的反复过程，尽管前面把数据库设计过程描述为一个程序化的过程，但供应链数据库设计过程并不一定非要以这种程序化方式进行，各个阶段之间的区分也并不是非常严格。在供应链数据库的设计过程中，还要充分利用数据库管理系统提供的安全策略，包括用户验证、对数据库的访问权限设置等。

关键点提示

进行供应链企业的数据库设计，需要做到：

1. 了解数据库设计的内容
2. 遵循数据库系统的设计与开发指导方针
3. 遵循数据库设计步骤
4. 由易到难、由点到面进行数据库演进

7.5 在供应链系统中实现电子商务

典型问题及案例

阿里巴巴的电子商务模式

阿里巴巴公司的电子商务模式之一是企业对消费者的业务（Business to Consumer，B to C 或 B2C），又称直接市场销售。

主要包括：

（1）有形商品的电子订货和付款，这类业务需要利用传统的邮政服务或商业送货服务，所以称之为间接电子商务；

（2）无形商品和服务产品的销售，如计算机软件、娱乐产品消费、订票、付款和信息服务等，供需双方可以在网上直接实现交易，又称为直接电子商务。

以有形商品的电子商务网上购物为例，分析其交易流程，过程如下：用户通过网上商城向商家提交购货订单，交易双方向认证中心提出认证申请，并获得证书；商家把用户信息传送到自己的收单银行；收单银行向用户所持银行卡的发卡银行询问，查询用户银行卡是否属实；发卡银行认可并授权这笔交易，把用户货款划给收单银行；商家向用户发送货物和收据；交易成功；发卡银行向用户定期寄去信用卡消费账单。

电子商务的另一种模式是企业与企业之间的网上交易（Business to Business，B to B 或 B2B），它主要通过电子数据交换（EDI）进行。

它包括：

（1）企业与其供应商之间采购事项的协调。

（2）物料计划人员与仓储、运输其产品的公司间的业务协调。

（3）销售机构与其产品批发商、零售商之间的协调。

（4）客户服务。

（5）公司日常运营活动、内部员工的交流等。

解读与阐述

电子商务（Electronic Commerce，EC）是20世纪90年代初随着国际互联网和电子数据交换技术（EDI）的发展而产生和发展起来的。它主要应用于商务活动中。电子商务是未来商业发展的必然趋势，在供应链环境下实现电子商务，应该做到如表7－5所示：

表7－5 供应链电子商务化操作规范

条 目	内 容
认识电子商务所蕴含的价值	（1）电子商务是指商务活动的各方（包括生产厂家、商家、顾客、银行和政府等）利用计算机网络技术全面实现在线交易的过程。 它可以使商家与供应商之间的联系更加紧密，更快地满足用户的需求，也可以让商家在全球范围内选择最佳供货商，在全球市场上销售产品，同时它也给消费者提供了更多的消费选择。 （2）电子商务涉及产品（商品）、渠道、促销和定价，同时也涉及营销环境、市场分析、目标销售、购买行为、产品策略、渠道策略、促销策略、定价策略和营销组合等企业经营活动。 通过电子商务，实现网上订购、导购、锁定客户、追踪服务和为客户提供咨询服务。 通过电子商务，把以上各个环节更好地衔接起来，以实现供应链成本最小化。

续表

条　目	内　容
正视供应链企业开展电子商务面临的问题	我国企业电子商务的应用环境正在不断地改善，国内电子商务呈现出快速增长的势头。但是，供应链企业开展电子商务依旧面临下列问题： (1)开展电子商务，一定规模的参与量无疑是最重要的基础因素，但根据统计，我国大部分企业既没有充分利用网络资源，更没有借助网络开展商务活动。 (2)企业开展电子商务的成本较高，在一定程度上制约了它的发展。 (3)我国市场经济还不成熟，企业电子商务的相关机制尚未建立。 (4)相关人才在我国企业中紧缺。
建立电子商务下的配送体系	目前，我国的电子商务发展迅速，面向某一行业的专业性垂直网站模式发展势头强劲。而作为电子商务诸环节中的最薄弱的一个环节，物流配送的落后已经成为制约电子商务发展的“瓶颈”。电子商务时代的物流配送，必须具有信息化、自动化、网络化、智能化和柔性化的特征。 电子商务时代的物流配送应做好以下工作： (1)提高信息化程度。物流配送信息化表现为:物流信息收集的数据库化和代码化、物流信息处理的电子化和计算机化、物流信息传递的标准化和实时化、物流信息存储的数字化等。 (2)降低配送服务价格。电子商务公司不能只考虑网站的点击率和订单的数量，还应同时考虑配送成本，尽量将网上销售的商品控制在配送范围之内，并尽量使之相对集中和形成规模。 (3)建立以配送为中心的物流服务体系。配送是商品市场发展的产物，随着大批量、少批次的物流配送活动逐步被小批量、多批次所取代，个性化、多样化的市场需求越来越占有更多的市场份额，配送已成为电子商务时代物流活动的中心环节和最终目的。因此，需要建立面向配送、面向市场和面向客户的服务体系。 (4)重新整合物流资源。电子商务对商品配送需求的迫切性和多样性为整合系统内物流资源提供了内在的动力和外在的需求。对现有仓储和运输等物流资源重新整合，可以提供快速反应的供货能力和强大而灵活的运输能力。
完善电子商务数据库	由于电子商务应用不同于以往的传统应用，对作为其关键基础的数据库也就提出了很多新要求。表现在： (1)可扩展性和高效性。访问电子商务网站的用户数量是无法精确预测的，这就要求数据库拥有更大的数据处理能力，为更多的用户提供服务，也就是要拥有良好的可伸缩性及并行处理的能力。电子商务系统需要全天候不能宕机，这种高效性需要硬件、软件产品的紧密配合。 (2)安全性。电子商务数据库的访问者身份是不确定的，不同角色的访问者访问到的内容也应该不同，这就要求数据库拥有更高的安全性。 (3)对多种 Internet 标准的支持。在电子商务应用之中，Java 和 XML 已经成为开发应用和不同应用之间沟通的标准，如何更好地支持它们是电子商务数据库要考虑的重点。 (4)良好的集成性。电子商务应用可能会涉及应用服务器、Web 服务器、其他数据库、老式应用系统(单机系统)及第三方电子商务软件，这些软件是否具有良好集成性往往关系到电子商务系统的性能。

续表

条目	内容
发展协同商务，推动电子商务的发展	随着电子商务的出现，人们有能力从单纯关注交易这一个节点向关注商务全过程转移，这将涉及整个供应链上各方业务之间的协作。 在企业内部，有各部门之间的业务协作、不同的业务指标和目标之间的协作以及各种资源约束的协作。这主要体现在不同部门计划之间、各层次计划之间以及不同周期计划之间的协作，如库存、生产、销售和财务部门计划间的协作，公司战略、战术和运作层次计划间的协作，长短期计划间的协作等。 只有做好不同层次、不同业务间的协作，才能帮助企业提升其产品和服务的创新能力，优化企业内部的工作流程，合理调配企业及供应链上的资源，更好地实现企业的并行运作，提升企业和供应链整体的快速响应能力。

电子商务是智慧物流的载体，它将打破时空界限，改变交易形态，加速整个社会的商品流通，降低企业的生产经营成本，提高企业的竞争能力。电子商务是一项跨世纪、跨部门的复杂社会系统工程，它还涉及网上支付安全、网络安全、IP 隧道、网关等金融认证体系和安全体系等方面的内容。

关键点提示

在供应链环境下实现电子商务，需要注意：

1. 认识电子商务所蕴含的价值
2. 正视供应链企业开展电子商务面临的问题
3. 建立电子商务下的配送体系
4. 完善电子商务数据库
5. 发展协同商务，推动电子商务的发展

7.6 电子收款机系统（POS）运用

典型问题及案例

POS 系统在 7－11 中的应用

日本 7－11 引进 POS 系统，针对产品、门店及一般市场的销售动向加以分析判断。尤其在引进了新型 POS 收款机后，店员只要根据顾客的外表判断，键入顾客的性别、大约年龄，符合该消费阶层的情报便会打印在收据上。到目前为止，日本 7－11 的 POS 系统已发展到第五代。这套耗资 600 亿日元的第五代情报系统，为日本 7－11 建立起全球仅次于美国太空总署（NASA）的数据库。人类智能与信息科技合作间的无缝连接，帮助 7－11 将消费者深层的心理需求一一挖掘出来，也帮助 7－11 走向成功。

解读与阐述

供应链信息系统中的POS（Point of Sales，POS）系统主要在供应链环节中的零售企业运用。利用POS系统可以为零售企业提供更迅速、更准确和更适用的信息资料，为决策提供可靠的依据，使零售企业或连锁企业的经营管理从凭感觉管理转向定量单品管理，从而使零售企业经营管理发生质的变化。企业运用POS有以下方式如表7－6所示：

表7－6　企业POS运用方式

条　目	内　容
运用POS，开展票务和收款业务	（1）建立POS系统后，由于运用了条码扫描技术，减少了顾客等待结款的时间，大大加快了收银速度，而收银速度的提高，让顾客有了更多的时间去选择商品，而不必因担心去排长队而压缩挑选商品的时间，在为顾客节约时间的同时，也为商家提高营业额创造了条件。 （2）连锁企业在联网的条件下以POS系统为终端，结成信息网络，可开展票务工作，如机票、球票等的销售；还可开展各项收缴业务，不仅用于零售业，也可用于公用事业的费用收缴。对于连锁企业来讲，连锁店的店铺网络越大，越有利于共享资源，而其POS系统上的投资回报率也就越高。
运用POS，为企业提供信息依据	建立POS系统后，零售企业或连锁企业的内部经营活动，如销售资金收入、商品库存、营业员业绩、卡清算、优惠卡持卡者记录、应收应付及资金流动等，可以通过POS系统准确地采集。企业对POS系统的要求是：可靠地进行销售活动，准确地收集基础数据。这种广泛而全面的数据采集构成了分析和决策的基础。
运用POS，跟踪顾客消费行为	在当前激烈的市场竞争条件下，零售业需建立起自己的顾客管理制度，寻找和确立自己的重点顾客，稳定自己的顾客队伍并进行长期和深入的服务。POS系统为零售企业特别是连锁企业创造了建立顾客管理制度的有利条件。从另一个角度讲，POS系统是跟踪顾客消费行为的最有效技术。在POS系统中，商家在建立顾客档案的时候都会给顾客分配一个顾客号，顾客到收款台结账时，收款员就会把顾客信息通过POS输入到计算机系统中，这样每个顾客采购商品的时间、种类和数量都会在计算机里有详细的记载。商家就会根据这些信息，对顾客的购买行为进行分析，从而为顾客提供更有价值的服务。
运用POS，加强企业管理	运用POS，对企业管理的意义在于： (1)为连锁企业开展品类管理提供了可靠的信息依据。建立了POS系统后，零售企业或连锁企业就可以进行单品管理。当在单品管理的基础上进一步运用品类管理技术时，POS系统的作用就会凸显出来。 (2)加强进货和无缺货管理。POS系统可以使企业确定好量与时间，准确、准时订货，依据与上游企业确定的供货方式与配送协议，保证不会发生门市缺货的情况。POS系统可以在调整商品结构的基础上，实行进货、进销分离，逐步形成规模经营。 (3)加强营销管理。零售企业或连锁企业可以利用POS系统对企业进行经营分析，树立新型的经营理念，包括在购、销上要主动出击，抢占货源和销售覆盖面这两个“制高点”，形成自己独特的优势；积极拓展营销领域，大型零售企业要积极向多角度、多功能和多领域拓展。

POS 系统是零售企业收集基础数据、提高企业效益的手段，虽然 POS 系统可以作为销售资料的处理、收集、存档、整理和分析的管理工具，但如何利用 POS 提供的信息整合内部资源，改善整体经营，提升竞争力，仍是企业 POS 系统下一步要面临和考虑的问题。

关键点提示

零售企业或连锁企业可以用以下方式运用 POS：

1. 运用 POS，开展票务和收款业务
2. 运用 POS，为企业提供信息依据
3. 运用 POS，跟踪顾客消费行为
4. 运用 POS，加强企业管理

7.7 条码运用

典型问题及案例

夏普公司的条码运用

日本夏普电子公司采用条码化的仓库管理系统，仓库作业数呈两位数增加，人员数却没有增加；且库存精确度达到百分之百，发货和进货作业的差异率降为零；而且一些劳动量大的工作也减少。过去在以纸为基础的作业方式中，在发货和入库方面，每月约有 200 个错误发生，错误发生后，往往需要几个月来跟踪这些差异，以免扩大影响。现在每一件货物出入库时，操作员只要把货物上的条码用一支手持式激光枪识读，通过数据采集器把数据及时输入计算机即可；而有些条码阅读器则直接装在升降机上，避免了错误发生。

解读与阐述

商品与货物的条码化是建立整合供应链的最基本条件。它是实现仓储自动化的第一步，也是作为 POS 快速准确收集销售数据的手段。运用条码及条码技术，需要注意的内容如表 7－7 所示：

表 7-7　条码运用规范

条　目	内　容
了解条码知识	（1）所谓条码，简单说就是由一组粗细不同的条与空相间组成的图形。条码可有各种颜色，不过我们通常看到的是黑色。 （2）条码是可利用光电扫描阅读设备识读并实现数据输入计算机的特殊代码。 （3）条码的分类多种多样，有商业通用条码和工业通用条码，有一维码和二维码。 （4）现在常用的一维码有：39 码、128 码、93 码、JAS 码和 UPC 码等；二维码有：PDF417、Code49 和 Vlax i Code 等。条码技术是自动识别技术发展的一种方法。
使用商品上已有的条码	（1）一般来说，从国外进口的商品上的条码都比较符合规范，可以直接使用。 （2）但国内商品上的条码由于种种原因，不符合规范条码、重码等现象时有发生，由于印刷的原因或条码颜色搭配不当导致条码阅读器无法识别的现象经常出现。因此，在使用条码扫描销售商品前，必须对一种商品的条码进行仔细的检查。 （3）最简便的方法就是用条码阅读器对每一种商品进行扫描，剔除重码或无法识别的条码。
使用店内码	（1）对于商品的重码或无法识别的条码，比较简便的做法是对该类商品重新贴，比如用户自己制作的"店内码"。看起来这是一个很简单的问题，但如果工作没有做好，就会影响到数据的准确性，甚至会造成某些商品无法使用条码扫描销售。 （2）在条码管理的商场中，对于店内码有两种做法：一种做法是无论商品上原来有无条码，一律使用用户自己制作的店内码；另一种做法是充分利用商品上原有的条码，对没有条码的商品才标上用户自己制作的店内码。店内码的编制，应按照中国物品编码中心的规定来进行。 （3）制作店内码必须配置专用条码打印机，可以通过预先编制好的程序来制作所需的店内码，从而减少人工输入的差错，并可大大提高工作效率。
将条码运用于商品销售	条码技术在商品扫描销售中的应用还推进了销售管理模式的改变，如上海的美美百货、时代广场等中外合资的商厦，摒弃了由顾客到收款台付款的传统管理模式，改由营业员代顾客到收款台付款，营业员凭商品或凭条码标签到收款台去扫描条码，收款员同时扫描营业员的工号条码。这样就废除了营业员开小票、收款员需输入营业员工号等烦琐做法。
将条码运用于仓库管理	（1）将条码技术运用到仓库管理，可以方便产品的出入库管理，最主要的是使仓库的管理更加正规化，降低仓库的损耗。在仓库管理中利用便携式数据采集器，通过条码阅读器扫描，可快速准确地进行库存和柜存盘点盘亏表制作，然后送入 POS 系统，与 POS 系统中的数据进行对比后产生盘盈；如果采用手工方法进行库存和柜存的盘点，不仅费工费时，而且不易盘准，容易产生差错。 （2）事实证明，如果能够正确地将条码用在企业的仓库管理的有关环节，一定会极大地改进企业的仓储管理，减少产品信息的人工登记工作，降低仓库管理人员的劳动强度，减少出错机会，提高劳动效率，便于企业对产品进行售后质量跟踪，使企业在激烈的市场竞争中把握主动。
选择条形码设备	（1）条形码设备包含有三类：条形码打印设备、条形码扫描器和数据采集器。 （2）对于条码扫描器的选择，在大中型百货商场、零售店和专卖店等以选择手持式条码扫描器为宜，而在超市则以选择激光平台式条码扫描器为宜。 （3）对于条形码扫描器和数据采集器在性能上有防撞击、扫描分辨率、扫描速度和扫描距离等要求。

条码技术是最基本的物流管理手段，再先进的物流系统也离不开条码技术的应用。条码技术极大地提高数据采集和信息处理的速度，提高物流效率，同时也提高经营管理水平。

关键点提示

供应链企业运用条码及条码技术，需要注意以下几点：

1. 了解条码知识
2. 使用商品上已有的条码
3. 使用店内码
4. 将条码运用于商品销售
5. 将条码运用于仓库管理
6. 选择条形码设备

7.8 电子数据交换（EDI）规划

典型问题及案例

EDI 在企业中的运营效率

目前，EDI 在西方已广泛应用。根据统计，美国有 90% 以上的商品出厂通过 EDI，一些大型企业已普遍应用 EDI 与供应商和销售商联网。最近几年，美国每年有 20 亿美元销售通过 EDI 实现。此外，约有一半以上的 EDI 用于企业、教学单位与政府机关之间传送订单、合同、发票、保险单、海关申报单、账单和库存报表等文件。其中，85% 的 EDI 业务属于企业与企业之间，15% 属于企业与政府机关之间的商务往来。欧共体也成立了专门机构来推动 EDI 进程。

1. 使用 EDI 可以提高企业的运营效率，具体表现在：

使单据的交付速度更快；

对单据的交付进行自动确认；

使企业收款速度加快；

保证数据的准确性，避免出现错误；

提高数据的准确性和可靠性，增加数据和信息的价值；

提高业务人员的工作效率，使其不再为固定的工作程序耗费太多精力，转而处理特殊情况。

2. 试述如何实施 EDI 系统？

EDI 系统的实施要改变企业运作的整个流程。因此，对于企业来讲，与其说 EDI 的实施过程是一种技术手段的更新和实施过程，不如说是对企业内部以及与之有关的贸易伙伴的教育与培训过程。

解读与阐述

电子数据交换（Electronic Data Interchange，EDI）具有快速精确等传统信息传递方式无法比拟的优点，能够降低成本，高效、快速和准确地传递物流信息。当供应链企业信息系统建设涉及 EDI 时，需要进行相应的规划，主要内容如表 7 – 8 所示：

表 7 – 8　EDI 运用规范

条　目	内　容
认识电子数据交换的意义	EDI 对于组织供应链的意义表现在三个方面： (1) 在不必连续直接接触的情况下，EDI 能加强组织间的协调。 供应链问题最根本的解决方法是将供应链变成一个管道。 它的解决之道是设计更新供应链所有层次的系统；或者将供应链中各个层次连接起来，形成具有快速反应的系统，使其对当前的要求具有接受、处理和传递到供应链的下一层的能力。 (2) EDI 为数据提供了自动化控制，为信息到达所有作业层次提供了通道，并鼓励基层做出决策。 有了 EDI，网络可以用弥补生产、营销、技术或管理等在空间上的分散。 (3) EDI 促使组织内部发生变化。 EDI 可以减少组织上的障碍，并在没有人为干预的情况下更新计算机文件，为传送信息和管理协商提供平台。
规划电子数据交换的组成部分	EDI 由数据标准、EDI 软硬件和通信网络组成。 在软件方面，除了保证安全通信的软件之外，在 Internet 实现 EDI 还需另一种软件，称为 EDI 映像软件。 这些软件主要用来将数据转换为 EDI 标准格式，在传送文件时，将 EDI 格式化的数据通过 Internet 发送出去。 接收方接收通过 Internet 传来的 EDI 文件，经解码后送到 EDI 映像软件，EDI 映像软件将其进行转换成事务处理应用程序。
加强信息编码和标准化工作	为了做到信息共享和便于计算机处理，必须有大家共同认可的标识，因此，需要做一系列前期准备工作，其中，最主要的是编码和标准化工作。 (1) 编码标准的制定原则。 在制定分类编码体系时，设计、制造、管理各部门要从各自的应用目的出发提出使用需求，便于在制定编码时全面考虑。 制定的编码标准应具备标识的唯一性、分类功能、排序功能和特定含义。 制定编码时应尽量采用国家标准和行业标准，在这些标准满足不了需求而制定企业标准时，也应尽量考虑与相应的国家标准和行业标准兼容。 (2) 实施 EDI 的基本代码有： a. 物料类代码，包括产品物料码、刀具、夹具、量具编码和设备编码等。 这是最主要的编码。 b. 工艺类代码，包括毛坯类代码和标准工艺代码与术语。 在编制标准工序代码时可按加工方法逐层细化，而加工进程单就是这些标准工序的组合。 c. 管理类代码，包括分配任务或成本核算用的部门码、库房库位码、供采购或销售管理用的合同码、用户码、供应商码和为提高管理水平的各类控制码、分类码。 这些代码与软件编制有密切关系。
达到电子数据交换的基本要求	EDI 是借助各行业的信息标准的开发而实现的。 很多基础信息标准已经作为平台，被用户企业应用选择。 管理问题涉及增值网络、数据安全及数据流的政府限制。 法律问题和数据有效地运用增值网络，我们必须深刻地理解为传送者提供的服务。 它还要求贸易伙伴间就信息传送的标准和方法问题达成协议。 EDI 将结构化的数据从一个组织的计算机传输到另一个组织的计算机中，有三个基本要求： (1) 特定的计算机之间数据传送的通讯标准。 (2) 某一特定业务的统一交易信息标准。 (3) 将内部使用的信息数据转换的翻译软件。

续表

条　目	内　容
重点在电子数据交换强化竞争优势的部分	(1)EDI 已成为 B2B(企业对企业)电子商务的主流技术，对采购业务有重要的影响，它不仅是一种通信用的业务交易工具，更是一种联合设计、计划、交换和预测数据并与其他组织协调的方式。 (2)EDI 的竞争优势不仅在于作为通信工具的运用;而且在于它迫使组织内部和组织之间的关系发生改变。 EDI 的交互效用可以分成与供应商有关的和与客户有关的两个方面。 (3)在买方统治的市场上，EDI 迫使它们整合成较少的客户;而在卖方统治的市场上，EDI 可以为市场设计一些附加超值服务。 例如，通过监控客户存货而自动地追加订货、收集即时市场信息为生产计划增加灵活性和反应能力等。

使用 EDI 的好处日益明显。通俗地讲，EDI 就是将符合一定标准的商业信息数据通过计算机和网络在不同企业的应用系统之间进行传递。通过这种在商家、银行和用户之间的相互传送和有效交流，可以提高企业的运营效率。

关键点提示

供应链企业进行电子数据交换的规划，需要：

1. 认识电子数据交换的意义
2. 规划电子数据交换的组成部分
3. 加强信息编码和标准化工作
4. 达到电子数据交换的基本要求
5. 重点在电子数据交换强化竞争优势的部分

7.9 在供应链管理中实施 ERP

典型问题及案例

三露厂没有生命力的 ERP

北京市三露厂引进国外某 ERP 软件，并向其代理厂商购买软硬件产品和实施服务。在随后的 ERP 实施阶段，出现一些无法解决的问题，项目也因此一再被拖延。首先，系统汉化不彻底，系统操作界面和使用手册翻译晦涩；其次，系统提供的后台报表和采集数据的方式不符合国内的财务制度和需求习惯，系统提供的数据不是业务需要的，以至具体业务人员拒绝使用这套系统。在延迟了两年的实施中，实施商一直无法就实施中出现的技术问题提出满意的解决方案。

2010 年 12 月，面对一直被拖延的项目和服务提供商无法克服的技术缺陷，北京市三露厂对其软件服务提供商提出诉讼。2012 年春节前，北京市三露厂和其服务提供商达成庭内和解，对方向北京市三露厂赔偿了 200 万元的经济损失。

有人总结成功建设 ERP 通常需要以下 8 个步骤：

1. 培训领导，产生需求
2. 培训骨干，促进结合
3. 培训员工，增加技能
4. 战略诊断，扬长避短
5. 管理咨询与流程再造
6. 招标采购与二次开发
7. 组织实施与双轨运行
8. 项目验收与效果重评，而与之相应的，则是 ERP 项目失败有 10 个原因，由其引发的问题的严重性程度从小到大排序为：

(1) 把“上线”作为项目的结束

(2) 对系统启用后暂时的低潮表现，缺乏心理准备

(3) 难以平衡业务整合需要，对短期绩效的追求

(4) 与数据有关的各项工作启动太晚

(5) 项目小组缺乏顶尖业务人员和技术人员

(6) 项目起步了，却没有高级管理小组的支持

(7) 忽视强有力的系统整合团队的建议

(8) 试图制造与公司文化不相容的解决方案

(9) 没有充分发挥信息整合能力

(10) ERP 商业计划没有生命力

解读与阐述

在供应链企业的生产厂商中引入“企业资源计划”（Enterprise Resource Plan, ERP）系统，是一个很复杂的过程，其中，实施是一个极其关键也是最容易被忽视的环节，ERP 实施情况已经成为制约 ERP 效益发挥的一大“瓶颈”因素。供应链企业中的生产厂商实施 ERP，需要做好以下几方面工作，如表 7－9 所示：

表7－9　ERP 实施规范

条　目	内　容
进行有效的项目组织	ERP 的实施是一个大型的系统工程，需要组织上的保证，如果项目的组成人选不当、协调配合不好，将会直接影响项目的实施周期和成败。项目组织应该由三层组成，而每一层的组长都是上层的成员。 (1)领导小组由企业的一把手牵头，并与系统相关的副总一起组成领导小组。领导小组任免项目经理，发掘优秀人才。 (2)项目实施小组，一般是由项目经理来领导组织工作，其他的成员应当由企业主要业务部门的领导或业务骨干组成。项目实施小组负责实施工作。 (3)业务组，这部分工作是 ERP 实施到位的关键所在。每个业务组必须有固定的人员，带着业务处理中的问题，通过对 ERP 系统，寻求一种新的解决方案和运作方法，并用新的业务流程来验证，最后协同实施小组一起制定新的工作规程和准则。业务组还包括基层单位的培训工作。
进行企业诊断与需求分析	企业诊断由企业的高层领导和项目组人员用 ERP 的思想对企业现行管理的业务流程和存在的问题进行评议和诊断，找出问题，寻求解决方案，用书面形式明确预期目标，并规定评价目标实现的标准，然后将分析的结果写成需求分析报告。
进行项目的前期准备工作	(1)项目开始阶段主要针对 ERP 项目的需求、范围和可行性进行分析，制定项目的总体计划。 (2)对于多数中小企业来说，往往缺乏信息管理人才，所以，前期的工作建议委托咨询公司协助完成。 (3)这个阶段需要进行领导层培训及 ERP 原理培训，主要培训对象是企业高层领导及今后 ERP 项目组使用成员，使他们掌握 ERP 的基本原理和管理思想。这是 ERP 系统应用成功的思想基础。
进行项目选型	在明确了项目的期望和需求后，需要进行项目选型工作，包括： (1)选择合适的软件系统和硬件平台。 (2)选择合适的软件。 (3)选择合适的软件供应商。
确定项目计划	项目计划阶段是 ERP 项目进入系统实施的启动阶段，主要进行的工作包括:确定详细的项目实施范围、定义递交的工作成果、评估实施过程中主要的风险、制定项目实施的时间计划、成本和预算计划、人力资源计划等
项目执行	项目执行阶段是实施过程中历时最长的一个阶段，实施的成败与该阶段项目管理进行的好坏息息相关。在项目执行阶段，项目管理的主要内容包括实施计划的执行、时间和成本的控制、实施文档、管理、项目进度汇报、项目例会和纪要等内容。包含以下阶段: (1)实施准备阶段，包括数据和各种参数的准备和设置。 (2)系统安装调试与测试。 (3)模拟运行及用户化。 (4)验收及系统运行。
进行项目评估与总结	(1)对于系统的评价，应从需求满足程度出发，项目评估主要侧重阶段性评估、项目里程碑的鉴定与验收和实施质量检验等。 (2)在项目完成阶段，仍有重要的项目管理工作需要开展，主要有行政验收、项目总结、经验交流和正式移交等。 (3)事实上，这相当于再做一次新的诊断，看一下经业务流程重整和实施 ERP 后，企业的战略、流程及员工对市场的反应是否比以前更快更好，顾客服务是否更加及时周到，对各种资源的配置是否更加卓有成效。

关键点提示

供应链企业中的生产厂商实施ERP，需要做到以下几点：

1. 进行有效的项目组织
2. 进行企业诊断与需求分析
3. 进行项目的前期准备工作
4. 进行项目选型
5. 确定项目计划
6. 项目执行
7. 进行项目评估与总结

7.10 在供应链中集成相关技术

典型问题及案例

从五个层次了解企业信息化

企业信息化有五个层次，第一层是桌面基本系统，特点是易学易用，如Ms Office、账务系统、Mail等。第二层是独立应用程序，特点是简化，如Call Center、CAD、税务开票系统和分割仓库管理系统等。

第三层是集成业务应用系统，特点是在较大业务范围内执行任务，如订单控制系统、MRP II系统、采购系统、客户服务系统和质量管理系统等。第四层是综合业务应用系统，特点是功能交叉、可变以及各类应用并行运行，如PDM、CAM、ERP、SCM和E-commerce等。第五层是客户驱动的企业完全集成系统，即将B2C、B2B、EDI、SCM和ERP集成在一起。目前大部分企业处于第一个层次和第二个层次，小部分企业达到第三个层次，极少数企业能够达到第四个层次。按照这种划分方法，比较一下，您所在的企业达到了哪一个层次？

解读与阐述

信息技术集成可以使企业充分利用原有的信息系统，并在技术集成的基础上发挥旧系统的最大效力，而如何规划信息技术应用，如何选择集成模式，供应链企业必须结合自身的实际环境和未来发展的需要，对于集成产品和服务平台，考虑其功能，主要包括 BPM 功能、业务流程管理功能、工作流功能、索引功能、基于 GUI（图形用户界面）的数据转换映射以及校验功能和 LDAP（一种目录服务协议）支持功能等。总体来说，在供应链企业中集中相关技术，需要做好如表 7－10 所示的各项工作：

表 7－10 供应链集成相关技术工作规范

条 目	内 容
认识集成服务平台	集成服务平台的基本概念包括 EAI、B2Bi 等。EAI（Enterprise Application Integration，企业应用集成）主要是基于企业内部业务的应用集成，如 CRM 和 ERP、ERP 和 SCM 等，是将企业内部的多个不同数据源和分离应用系统进行协同自动化处理的解决方案。B2Bi（Business to Business integration，企业对企业的集成）侧重不同企业之间的业务应用集成，企业通过防火墙将企业的业务延伸到企业以外的合作伙伴，如分销商、零售商、供应商和物流运输商等。
规划表示层的集成	表示层是系统的形象，是系统提供服务的窗口，在信息技术的表示层，需要采用统一风格界面，统一用户入口，提高系统的易用性，重点解决多应用系统的单点登录问题和用户安全权限管理问题。表示层的集成，以 Portal（门户）技术为主流。
规划面向信息的集成	面向信息的集成，简称为数据集成，重点解决不同应用系统之间接口级的转换以及数据交换，特点是低成本和点到点固定应用集成，这是目前企业集成的常用方法。该方法重点解决数据流程和数据的一致性的问题，分为三个层次。第一个层次：数据复制，特点是简单低成本、易于实施，但是需要对系统业务内部有深入了解，固定应用。第二个层次：数据捆绑，将多个数据库捆绑集成为一个统一视图虚拟的数据库，特点是通过单一的预定的接口，访问各类应用 DB，仍然使用方便的操作语言，而无须改变源数据和应用。第三个层次：面向接口级，主要用来集成企业通用套件，如 PDM、CRM 和 SCM 等，其缺点是缺少一个集成框架，只能提供有限服务。
规划面向过程的集成	面向过程的集成，通过元应用、业务过程和其他应用进行绑定，是信息集成的一种抽象形成，重点面向供应链网络企业解决业务流程。面向过程的集成重点在于实现企业业务集成的策略，它的目标是利用业务规则决定如何进行交互和业务的处理，使企业业务过程可视化，如企业分类、客户信用的审核、实时监控关键业务过程的状态和性能等。
规划面向服务的集成	面向服务的集成，主要是通过框架、事务、分布式对象以及其他机制，目前主要方向是通过“Web services”机制来提供企业内外应用集成业务，是基于服务的集成，允许动态的应用集成，具有公共业务逻辑的大规模伸缩性，可以通过 Internet、分布式服务器和中心服务器提供访问。
规划面向技术的集成	供应链信息系统会用到多种技术，如 GIS、GPS、工作流技术和信息驱动等，这些技术涉及集成信息系统的应用集成部分。使用这些技术时，需要通盘考虑每一项技术的应用范围和给其他应用带来的变动，并适当对元应用进行调整。

集成业务的需求，不仅要在不同的 IT 供应商之间搭建桥梁，还要在各种应用间搭建无缝的接口，才能在企业的管理应用、基本运营操作业务应用以及在企业供应链之间进行动态集成服务。企业需要的不仅是一个集成产品，更需要一个集成服务平台。

关键点提示

在供应链企业中集成相关技术，需要做到以下几方面：

1. 认识集成服务平台
2. 规划表示层的集成
3. 规划面向信息的集成
4. 规划面向过程的集成
5. 规划面向服务的集成
6. 规划面向技术的集成

第八章 供应链全体系管理与控制

供应链管理与控制是对供应链中的物流、信息流、资金流、增值流、业务流以及贸易伙伴关系等方面的计划，其中包括计划、采购、组织、协调和控制工作、制造和交货五部分。

供应链管理与控制是从一个全新的高度对物流和信息流进行有效管理，其侧重点在于公司之间或公司内部各部门之间的连接，是一种对原材料供应商、生产制造商、批发商、零售商以及最终消费者等组成的系统进行的管理与控制。其目标是通过贸易伙伴间的密切合作，以最小的成本和费用提供最大的价值和最好的服务，从而持续可靠地满足客户的需求。

在企业进行供应链变革以及供应链重构后，需要对企业的“投入”与“产出”进行综合的评价，重点体现在顾客满意评价以及绩效评价方面。供应链的评价是企业内审的一项重要内容，因为只有经过长期的经常性评价才能搞清楚企业供应链现阶段的状况，发现存在的问题，才能明确方向，提出可接受的解决方案，使企业供应链不断完善。

8.1 在供应链中提高响应速度

典型问题及案例

塔捷特的快速响应机制

美国塔捷特一直致力于在零售业推行快速响应机制。塔捷特经营的全部商品都有条码，并且所有交易中的 POS 数据都被采集。

每日数据于当晚经由卫星通信传输到总部，某种商品的每日销售与库存数据都和参与快速响应的重要供应商共享，塔捷特不允许完全地自动补货，但向供应商保证每周订货。因为供应商了解整个企业的库存目标、现有存货和实际销售数据，很容易把握订货数量，并利用这些信息制定自己的生产与分销计划。

在每周一次的订货确定后，供应商在一周内将产品送至塔捷特的 6 个配送中心。一旦货到配送中心，塔捷特的管理部门在考虑到下一周的销售情况后，向每个商店配送。所以，商店每周接受每个品类的补充送货，相对于供应商而言，是两周为一个周期。在这个系统中，塔捷特首要的目的不是减少商店总的库存，相反，塔捷特的营销理念是消费者喜欢也希望商店是“丰富”的，即顾客想要的每个品类均能在商店找到且随手可得。因此，商店的所有存货应该陈列出来，而不是放在顾客看不见的库房里。

塔捷特致力于其快速反应系统，并积极扩展系统至更多更重要的供应商，实现在所有大销量的品类上100%的快速反应目标。通过一系列的措施，塔捷特发现其快速反应系统取得了显著成效，成为企业取得成功的一个重要因素。

对于零售商来说，QR的投入包括EDI软件、现有应用软件的改进、租用增值网、产品查询、开发人员费用、教育与培训、EDI工作协调、通信软件、网络以及远程通信费用、CPU硬件、条码标签打印的软件与硬件。如果您是处于零售商的角色，请试分析应用QR策略前后订货周期的情况。

商品售出周期，生成订单，审核并邮寄周期，厂家输入订单及装运单周期，厂商的发货周期；配送中心收货记账、粘贴价签、分类周期。

解读与阐述

供应链中企业为了降低成本，提高收益，需要对消费者的需求做出快速响应，快速响应（QR）是提高供应链管理效率和市场反应能力的方法。它可以缩短交货周期，减少库存，提高客户服务水平和企业竞争力。

为了在供应链中提高响应速度，需要做到以下几个方面，如表8－1所示：

表8－1　供应链提高响应速度规范

条　目	内　容
了解快速响应产生的背景	美国Kurt Salmon协会对纺织与服装行业进行了供应链分析，结果发现，尽管系统的各个部分运作效率很高，但整个系统的效率却十分低，而供应链的长度是影响其高效运作的主要因素。进一步调查发现，消费者离开商店而不购买的主要原因是找不到合适尺寸和颜色的商品。 这项研究导致了快速反应策略的应用和发展。快速反应是零售商及其供应商密切合作的策略，应用这种策略，零售商和供应商通过共享POS系统信息、联合预测未来需求和发现新产品营销机会等对消费者的需求做出快速的响应。从业务操作的角度来讲，贸易伙伴需要用EDI来加快信息流动，共同重组他们的业务活动以将订货前导时间和成本极小化。在补货中应用QR，可以将交货前导时间降低75%。

续表

条 目	内 容
从技术与设备入手提高响应速度	所谓 QR 是从商品的原材料阶段直到零售阶段，具有交易关系的企业间作为伙伴建立互相信赖和协作关系，并进行充分的信息交流、使畅销商品能及时供应而快速生产、供给的体系。 为了实现这一目标，各阶段的企业有必要开发能快速且灵活的生产又能提高物流效率的技术和设备，而且要充分发挥这些技术、设备在交货期和成本方面的优势，使企业之间的信息交换能快速准确传递，实现信息交换的标准化。
推进企业信息化，加强内部管理，提高响应速度	（1）积极推进企业内部信息化管理，提高企业内部的快速响应能力，将目前产销关系中不利于企业的方面转化为有利于企业的因素，即对大多数品牌经营企业来说，与零售商基本上是联营关系，一线销售人员与业务基本上是企业自己委派，这虽然增加了销售费用，但同时又便于企业控制产品，为建立产品的终端信息管理系统提供了便利。 （2）在供应链整体上难以实现 QR 的条件下，企业更应致力于内部管理的强化，注重专业人才的培养，建立符合市场需求的产品研发企划体制，通过深入的市场调研，提高销售预测的准确性和产品开发的成功率，在最大程度上降低滞销品的比例，从而降低库存风险。
建立战略联盟，提高响应速度	QR 离不开信息的网络化，但信息化本身不是目的，而只是一种手段。它的目的是通过信息网络化，建立与流通业和制造业的战略联盟，这才是 QR 的根本思想。换句话说，QR 是通过建立能协调具有利害关系的流通业和制造业及产销间直接的信息网络，以结成战略联盟。它需要达成以下目标： (1)从原材料到最终制品实现供货周期的缩短和减少库存。传统的缩短订货周期和减少库存的努力仅限于企业内部，并没有注意到从原料到最终制品这一很长的产销通路中存在的大量时间和库存浪费。QR 作为一种经营战略，则致力于缩短整个流程的周期和库存成本，提高产销同盟整体的核心竞争力。 (2)通过 QR 可以实现原材料和制成品开发的统一企划。从降低成本到企划开发，或者说从后勤到创造性的业务，流通业和制造业通过战略联盟共同发展是 QR 战略的基本目标。 (3) QR 战略的基础是产销同盟间密切协作，信息和利益的共享，而且最终要使消费者从中获得利益。利维斯公司总裁指出“必须将处于利害冲突关系中的制造业、零售业和消费者的关系转变为信息共享的合作伙伴和同盟关系”。这种关系意味着利益共享、共同发展和持续的成功。
通过陈列货物，提高响应速度	（1）商店的所有存货应该陈列出来，而不是放在顾客看不见的库房里。货架设计要使顾客能轻易看到丰富的商品。现货可获得性的标准定得相当高，希望达到 95% 的现有率。95% 的现有率意味着“最大库存量的设计要求是至少 40% 是在货架上”。利用这个标准，传统的缺货百分比实际上为零。为支持此标准，依靠快速响应方法，提高补充送货的“合适度”。 （2）补充供应体系的目标是补充每个品类可能 100% 地接近货架设计容量，而不产生多余的存货，否则，需要额外的存储场地。后备库存由于没有陈列，所以不直接创造效益，且由于频繁搬运货物进出储存场所，既增加费用，又极易丢失、损坏或被盗。

关键点提示

为了在供应链中提高响应速度，需要做到以下几方面：

1. 了解快速响应产生的背景

2. 从技术与设备入手提高响应速度
3. 推进企业信息化，加强内部管理，提高响应速度
4. 建立战略联盟，提高响应速度
5. 通过陈列货物，提高响应速度
6. 了解 QR 的新发展

8.2 在供应链中协调企业间关系

典型问题及案例

协调企业间关系的重要性

协同商务（Collaboration Business）世界经济全球化的结构使资源通过全球市场进行配置，也将商业、贸易推向了全球化，其中，最为突出的形式是信息网络全球化。在网络世界中，商务、交易都将趋向无国界化。在这种环境下，企业间的交往日趋频繁，社会化分工越来越细，业务往来也越来越紧密复杂。如何协调企业间众多复杂的业务往来关系，是每一个企业管理者所面临的新问题。

随着电子商务的出现，人们有能力从单纯关注交易这一节点向关注商务全过程转移，这将涉及整个供应链上各方业务间的协作。在企业内部，有各部门之间的业务协同、不同的业务指标和目标之间的协同以及各种资源约束的协同。这主要体现在不同部门计划之间、各层次计划之间以及不同周期计划之间的协同，如多股东间的协同，库存、生产、销售和财务部门计划间的协同，公司战略、战术和运作层次计划间的协同，长短期计划间的协同等。这些都需要一些工具来进行协调和统一。例如，协同的后勤管理能确定对不同客户、不同路线配货、调度和运输的最佳方案；协同的生产管理能根据现有可调配的人力、物力和设备能力等资源进行优化安排，以便实现按期交货等。

这些协同需要一系列的计划调配工具，如排程工具、设计优化工具、转换计划工具、调配计划工具和运输计划工具等。而在企业之间，业务间的协同将变得更重要，也更难实现。

解读与阐述

企业在生产过程中生产某种产品都要经过客户订货、制定生产计划、原料采购、加工生产、产品检验和产品出厂等过程，因此，在供应商、生产企业和顾客之间形

成了供应链关系。供应链管理则需要协调企业之间（从供应商到顾客）在整个链上或网络中的信息流、资金流和物流等。为此，需要做好以下几方面工作。如表8－2所示：

表8－2 供应链中企业间关系协调规范

条 目	内 容
调整组织，适应快速反应要求	供应链管理即协调企业内外部资源，共同满足消费者需求，是一种基于协作的策略，它把跨企业的业务运作联合在一起，以期实现市场机会的共同远景。为此，需要重新定义各项业务及其相互关系，在管理和组织上采取更灵活的方式，对供应链上供需关系的变动，同步、敏捷、及时地做出响应，在掌握准确、及时和完整信息的基础上，做出正确决策，尽力能动地采取措施。
构建电子商务网络，促进信息共享	需要与包括供应商等在内的上下游企业紧密配合，实现企业的供应链管理。而B2B电子商务正好面向整个供应链，运用供应链管理的思想，利用互联网，整合企业的上下游产业，形成一个电子商务供应链网络，使企业供应链上的所有参与者可以通过网络，实现资料互换、信息共享，整合合作共同体的资源，消除整个供应链网络上不必要的动作和消耗，促进供应链向动态的、虚拟的和全球网络化的方向发展。
构建企业间的战略合作关系	（1）企业同其销售代理、客户和供应商的关系，不再是简单的业务往来对象，而是利益共享的合作伙伴关系，这是现代管理观念的重大转变。 （2）这种合作伙伴关系组成了一个企业的供应链。当前，企业之间的竞争不再是一个企业对一个企业的竞争，而发展成为一个企业的供应链同竞争对手的供应链之间的竞争。 （3）从跨国公司的实践来看，现代物流与供应链的发展方向都会从追求降低成本发展到协调企业之间的合作、提升供应链竞争力。虽然我国发展市场经济的时间不长，现代物流更是刚刚开始，但是企业之间建立战略合作伙伴关系，发展供应链的观念已经深入人心，特别是一些行业的领袖企业已经开始有一些探索。
利用业务外包，充分利用联盟企业的资源	（1）企业间关系中最核心的是利益关系，供应链管理的一个重要方面，就是利用业务外包，整合相互之间的利益。这样可以把资源集中在企业的核心竞争力上，以便获取最大的投资回报，那些不属于核心能力的功能应该被弱化或者外包。业务外包可以充分利用联盟企业的资源，获得更大的竞争优势。 （2）业务外包可以利用资源、时间和资金。传统的企业，往往拥有全过程自我投资和建设的部门，从基建部门到制造车间，到装配、验收部门，再到包装车间都是自己的。这通常导致项目完工的时候，就是经营面临困难的时候，企业负债累累，产品延期交货，一系列问题相继出现。而业务外包可以获得多个联盟企业的协作，缩短产品周期，在最短的时间内推出最新的产品，而且它还可以利用联盟企业的资金，降低自身的风险，从而更轻松地获得竞争优势。
以满足市场需求为目的，协调企业关系	（1）在发达国家企业中，“关系管理”已受到广泛关注，企业纷纷从CI战略管理转向了CS战略管理，CS即英文“顾客满意”的缩写。 （2）企业关系管理的内涵突出了市场需求为企业最高目标，顾客是企业经营的主要驱动力，企业管理组织的中心位置是协调各方面内外关系。同时企业采用市场关系信息管理系统，对市场需求、企业与消费者、上游企业、配套协作伙伴及内部员工等不断变化的情况随时进行监测，指导企业提高关系管理水平。 （3）现代企业家应从强化企业关系管理与协调中，适应日趋成熟的市场，培育更多的忠诚客户，营造企业员工满意的工作环境。

续表

条 目	内 容
推进协调发展	供应链企业需推进协调发展，积极承担社会责任，进一步拓宽管理创新领域，改变生产方式，整合资源，减少对土地等资源的占用和浪费；加强环境保护，发展循环经济；协调企业内外部利益相关者（包括员工、客户、供应商、社区、公众和学校等）的关系；讲诚信，树立企业的公信力，使之成为核心竞争力的重要组成部分等。

协调企业之间的关系是企业关系管理的重要内容。企业关系管理是指获得、建立和维系企业在市场经营中各方关系的行为，是巩固和发展企业与消费者、供应商、合作伙伴、金融与政府部门以及企业内部员工关系的活动。企业关系管理在供应链企业中应该引起充分的重视。

关键点提示

协调好企业之间的关系，需要做到：

1. 调整组织，适应快速反应要求
2. 构建电子商务网络，促进信息共享
3. 构建企业间的战略合作关系
4. 利用业务外包，充分利用联盟企业的资源
5. 以满足市场需求为目的，协调企业关系
6. 推进协调发展

8.3 在供应链中协调部门间关系

典型问题及案例

三菱公司部门间的协调关系

三菱在实施ERP时，选择了SAP公司的产品。它在做信息化推进时，存在一个资源协调的问题。为此，三菱的实施团队充分考虑了一把手的协调作用。其项目管理的最高层是由总裁亲自挂帅的领导小组，接下来是由主管信息化的副总裁领导的核心小组，也就是信息管理部。下面的模块小组随时组建，模块实施完成后即行解散。每个模块小组都是由该模块所涉及的业务部门一把手担任小组组长，负责模块实施的人做副组长，还有一个熟悉业务的专职实施组员，负责与业务部门的沟通。

解读与阐述

供应链中企业需要协调好与环境相关的关系；在企业内部，最主要的表现是在部门之间的关系，即部门间的工作职责划分以及工作接口的相互关系；对于复杂企业，将会面对协调企业内业务流程优化的复杂关系。协调企业内部门间的关系，需要做好如表 8－3 所示以下：

表 8－3 企业内部门间协调工作规范

条 目	内 容
借助信息系统与计算机网络，协调部门间关系	企业要提供优质服务，需协调企业各职能部门间的关系，对经营信息实现全方位的动态管理，达到科学化、准确化、标准化、敏捷化和智能化的管理要求，必须借助现代计算机通信网络技术和先进的商业经营管理信息系统。
围绕市场需求协调部门间关系	协调各部门各环节的关系，使企业各个管理部门围绕市场导向，更加灵活或“柔性”地开展业务活动，适时地响应市场需求，就能进一步提高企业的竞争力，使企业在激烈的市场竞争中全方位地发挥足够的能力，从而取得最好的经济效益。它要求企业以市场为导向在物资供应、生产和销售等环节的各项作业中，形成连续、同步的“作业流程”，消除作业链中一切不能增加价值的作业，使企业处于持续改善状态，促进企业整体价值链的优化，增强企业竞争优势。
以提高快速响应为目标协调部门间关系	提高快速响应能力要求从计划入手，全面协调企业内部各部门的业务。如在生产组织方面，能根据销售计划及库存情况制订生产计划，同时生成相关的物料采购计划和质量检验计划；在销售、采购业务中分别与库存、应收应付相结合；重新定义企业各项业务及其相互关系，在管理和组织上采取更科学、更灵活的方式，对供应链上供需关系的变动同步、快速和适时地做出响应。由于建立在全面掌握准确、及时和完整信息的基础上，因而可以帮助企业做出正确的决策，使企业在变化的市场中保持主动。
以企业文化为导向协调部门间关系	(1)传统的企业组织一般按客户、产品种类或管理职能把部门划分为相对独立的利润中心、成本中心、责任中心和绩效中心。 (2)网络化生产打破了传统的企业内部生产关系。在网络化的层级结构下，当管理中枢无须直接利用权力去分配和协调下属单位的活动后，其主要工作内容已不仅是组织信息的收集、处理与传播，而是要通过制定基本政策，借助各种沟通渠道，去倡导某种企业文化，并宣传这种文化，总结和介绍在这种文化影响下的成功案例，以促进这种文化所包含的价值观和行为观被企业员工迅速普遍地接受，并使之成为影响他们行为选择的基本规范。

为使企业供应链有效运行，需要在内部协调各管理部门，围绕市场导向开展业务活动，以更好地增强市场应变能力和快速反应能力。

关键点提示

协调企业内部部门间的关系，需要做到：

1. 借助信息系统与计算机网络，协调部门间关系

2. 围绕市场需求协调部门间关系
3. 以提高快速响应为目标协调部门间关系
4. 以企业文化为导向协调部门间关系

8.4 供应链激励机制建立

典型问题及案例

人人有待激励，人人可以激励

根据组织行为学的基本观点，一个人的工作成绩可以用公式表示：工作成绩 $=f$（能力×动机），即一个人工作成绩的好坏，既取决于人的能力，又取决于人的动机。如果一个人的积极性被调动起来，即动机被激发，那么他取得的成绩就大。美国哈佛大学心理学家威廉·詹姆士在对员工的激励研究中发现按时计酬的职工仅能发挥其能力 20% ~30%，如果受到充分激励则可以达到 80% ~90%，也就是说，同样一个人在通过充分激励后所发挥的作用相当于激励前的 3 ~4 倍。它反映的是这样一个问题：在现代企业中，人们往往不是不会做，而是不积极地去做。因此，企业管理的重要问题之一就是调动员工的工作积极性，而员工积极性是与个人需要和动机相联系，是由动机驱动的。可以说，影响积极性的基本因素是人的需要和动机。应该明确这样一个观点：人人有待激励，人人可以激励。

解读与阐述

建立激励机制需要了解被激励对象的需要和动机的规律性，这样才能预测、引导和控制其行为，这就是“需要、动机、行为和目标”的激励模式。供应链企业建立激励机制，需要做好以下几项工作。如表 8 –4 所示：

表 8 –4 供应链激励机制建立工作规范

条 目	内 容
认识基本的激励方式	(1) 激励实际上是对需求的满足，需求是多种多样的，所以激励的途径也是多种多样的。根据激励的性质不同，把激励分为物质激励和精神激励两类。 (2) 物质激励的内容，对员工而言和包括工资奖金和各种公共福利。 它是一种最基木的激励手段，因为获得更多的物质利益是普通员工的共同愿望，它决定着员工基本需要的满足程度。 同时，员工收入及居住条件的改善，也影响着其社会地位、社会交往、甚至学习、文化娱乐等精神需要的满足程度。 典型的激励方法有奖金激励、股权激励等。 (3) 精神激励主要是为了使被激励对象的精神层面得到满足。 精神激励多种多样，典型的激励方式有榜样激励、荣誉激励、目标激励和理想激励等。

续表

条　目	内　容
建立供应链企业内员工激励机制	由于企业中每位员工的需求不同，并且每个人都同时存在物质和精神两种需求。所以，物质需求与精神需求同等重要，不可偏废。另外，企业中的激励形式越多种多样，越能满足不同员工的需求。供应链企业内员工激励机制一般有： (1)物质激励机制。物质激励机制需要通过绩效考核保证其客观性和公平性。企业内物质激励机制一般是与项目挂钩的。为了体现奖金的公平性原则，供应链企业可以考虑项目奖金的基数与员工岗位工资相联系，项目奖金的系数与绩效考核成绩相联系。也就是说，在绩效考核成绩相同的情况下，岗位工资基数越高(专业技术能力越强)，项目奖金越高；或在岗位工资基数相同的情况下(专业技术能力相同)，绩效考核成绩越高，项目奖金越高。 (2)技术培训激励机制。企业之间的竞争归根结底是人才的竞争，培训是公司获得高质量人力资源的重要手段。供应链企业技术培训系统是由五个环节组成，即通过需求分析确定培训内容、设置培训目标、拟订培训计划、实施培训活动和总结考核及反馈。 (3)精神激励机制。包括榜样激励和荣誉激励两种方式，企业可以将优秀的员工树立成榜样，让其他员工向他们学习。例如，供应链企业可以每季度评选一次“季度优秀员工”或“工作标兵”，让其他员工向这些标兵学习。
供应链企业间采用合适的激励模式	供应链企业间有以下几种激励模式： (1)价格激励。在供应链环境下，各个企业在战略上是相互合作关系，但是各个企业的利益不能被忽视。供应链的各个企业间的利益分配主要体现在价格上。而价格的变动则可以起到正向或负向的激励作用。 (2)订单激励。一般地说，一个制造商拥有多个供应商，多个供应商竞争来自于制造商的订单，多个订单对供应商是一种激励。 (3)商誉激励。商誉是一个企业的无形资产，对于企业极其重要。商誉来自于供应链内其他企业的评价和在公众中的口碑，反映企业的社会地位(包括经济地位、政治地位和文化地位)。正面的商誉口碑可以对企业起激励作用。 (4)信息激励。企业获得更多的信息意味着企业拥有更多的机会、更多的资源，从而起到激励作用。 (5)淘汰激励。淘汰激励是负激励的一种。对于优秀企业或供应链来讲，淘汰弱者使其获得更优秀的业绩；对于业绩较差者，为避免被淘汰的危险，会更要求上进。 (6)组织激励。一个良好组织的供应链对供应链及供应链内的企业都是一种激励。在一个较好的供应链环境下，若企业之间的合作愉快，供应链的运作也通畅，少有争执。减少供应商的数量，并与主要的供应商和经销商保持长期稳定的合作关系是制造商采取的组织激励中的主要措施。

需要提醒的是，激励机制在每一个方面都可考虑物质激励和精神激励的手段，同时，激励也存在风险，在风险防范方面，尤其要注意合作者激励方面的风险，如在信息不全的情况下决策的风险、代理人的道德风险等。

关键点提示

要建立供应链企业的激励机制就要：

1. 认识基本的激励方式
2. 建立供应链企业内员工激励机制
3. 供应链企业间采用合适的激励模式

8.5 供应链供给管理

典型问题及案例

由迟发货一天导致的供应链问题

甲公司因迟发货一天，导致全供应链供给出现严重问题。首先该公司库存周转率为10，这意味着公司保持36天的库存（365除以10）。货每迟发一天，分部就得多备一天的货，总库存即增加2.8%（1除以36）。假定各分部总库存为3 000万美元，库存增量为84万美元（3 000万乘以2.8%）。假定库存成本为25%（包括仓库成本、人工费、保险费和折旧费等），那么，迟发一天货的代价就是一年21万美元。这还不算客户因缺料带来的损失。这只是理论数据。实际案例中，分部过激反应，要求多备一周的货，那么，整个供应链条的总成本就超过百万美金。货迟发一天的影响尚且如此，质量问题、断货、运输延迟和清关延误等带来的影响就更大。这些因素一起导致供应链库存居高不下。量化这些影响，有利于引起各方面的注意，从而采取切实行动。

再说问题根源。表面现象深究下去，往往会发现很多问题。这个案例中，问题是几方面的：

（1）第三方物流操作人员不清楚绩效考核标准。原来的指标是当天发配货指令，当天配货完毕。但是，由于人员变动、培训等问题，这个指标就走了样，变成只要在运输公司提货前完成配货就行。因为不是每天提货，所以有些员工就搞不准哪天提货，如若是周三来提货，就计划在周三配货；但实际上是周二提货，于是这批货就得耽搁几天。

（2）指标没有书面化。当天配货只是双方达成的口头期望，实际中并没有人统计是否达到这个指标。现代管理有句话，说你统计什么，得到什么。反之就是：既然没人统计，执行人员就不注意是否达标，直到问题严重，分部频频举报。

（3）第三方物流的管理问题。他们严重依赖于个别人，结果这个人去度假，运作就出现问题。反应在供应商管理上，就是小供应商的流程可以建立在人的基础上，但不能建在个别人上。这说的是流程都得由人来驱动（听上去与咨询公司们鼓吹得无缝、自动衔接有天壤之别），但不能围绕个别人来设立。要不，这些人不在岗位上，整个流程就会出问题。

知道了根源，问题就迎刃而解。第三方物流公司每天上报两次报表，看当天发指令的货是否配齐；每周指标会议上，第三方物流汇报上周的表现。这样，配货延迟的问题得到了控制。流程过于依赖个别人的问题，一方面通过健全指标系统来缓解，另一方面要培养后备人员。说到这里，不能不提美国物流行业的一个问题：行业竞争激烈、利润低、薪酬低，难以吸引和留住一流人才。从业人员中，无论是卡车驾驶员、拣货员，还是仓库管理员、包装员，人员流动频繁。员工中滥用药物、酒精等问题也较多。这些都直接影响到行业的服务水准，也需要进一步完善流程、规范制度。

解决了第三方物流的问题，问题还没结束：如何恢复各分部的信心？一方面是沟通，解释给他们总部所采取的行动；另一方面是用数字说话，展示采取行动以来的进步。信心的恢复需要时间，要耐心说服，不能压服，尤其是内部客户。

解读与阐述

供应链中各种物料的移动，是一个不断增加其市场价值或附加值的增值过程。企业作为供应链中的一个环节，应对自身提供产品的能力进行管理，为此，就要做到如下几项工作。如表 8－5 所示：

表 8－5　供应链供给管理规范

条　目	内　容
选择正确的供应链以提升供给能力	选择正确的同步供应链和制定企业业务单位的供应链策略可以使企业获得市场的主导地位。选择正确的供应链应充分考虑企业供应链相对独立结构的效益和企业销售渠道与消费者利益等方面。以下六个方面的问题是尤其需要关注的： （1）供应链策略：首要问题是产品的主导地位和品牌的建立，通过品牌和较大的市场占有率获得高利润空间。 （2）运行的灵活性：根据不同商品种类和地域差异进行投资和运作以适应消费需求的变化。 （3）市场更新与定位：为消费者提供新颖的产品与物流服务。 （4）与消费者关系：通过直销建立和保持与顾客的联系。 （5）业务焦点：以物美价廉为宗旨，追求优质服务。 （6）资源优化：注重供应链效益的均衡。
适当执行紧缩策略以提升供给能力	在选择实施供应链通道紧缩的过程中，虽然有许多变量、挑战与风险，但带来的效益是巨大的，并具有强大的市场竞争力。具体实施方法可以归纳为： （1）内部延伸：将最终产品从生产厂家运到分销中心。 （2）公司间的延伸：将最终产品从装配厂家运到下一级贸易伙伴。 （3）销售代理模式：设定由生产厂家与销售商共同负责库存平衡过程，使零售商着眼于销售和订单。 （4）直接模式：由装配厂家负责订货与销售，免去零售商这一中间环节。应当指出的是，为了避免生产商和分销商的收益损失，公司既要及时调整供应链结构，又要避免调整不当或一次调整过多等现象。

续表

条 目	内 容
实施联合计划提升供给能力	(1)企业的技术改革、产品生产周期的缩短和供应链复杂性的增加是各个行业及其企业满足顾客需求所面临的时代挑战。实施供应链联合计划需要需求计划、订单执行、生产能力计划和先进信息技术等方面的鼎力合作与支持。订单和市场信息不断从销售点传向生产方，产品和库存信息从生产转向销售的过程构成了联合需求计划。 (2)联合需求计划减少了因各组织局限于自己的供求数据所造成的混乱，使供应链各环节紧密结合提高了网络活动的价值。而实施同步订单计划则是以协商、管理和从消费者到供方的库存权转移为特点，目的是减少市场需求的混乱，是最有效的同步订单执行方法，将市场的需求数据直接转化成订货。其中，同步化程度越高，运行供应链获得的收益就越大。
适度运用网络提升供给能力	(1)供应链处于一个动态的环境，企业为了对瞬息万变的信息及时做出响应，必须建立企业供应链信息集成系统。通过供应链网络信息管理实现整个物流体系的即时协作，包括分销资源计划，实现协同销售，畅通销售渠道;供应商把物料需求情况时时传递给供应商，实现零库存。 (2)将企业的传统业务和管理网络化，连接前后端，使系统成为整个交易链的中枢。通过网络，客户的要求或订单，理论上可以零等待地传递至整个供应链，交易和供给几乎同时发生;通过网络，企业内外之间的界限将逐渐模糊直至消失。 (3)这种模式真正体现了网络经济“以客户为中心”的思想和电子商务“端到端”的实质。
加快资金周转提升供给能力	(1)企业须加快资金的周转以提升企业的供给能力。企业的竞争力在于其经营战略能使企业各项业务活动的结果同其竞争对手相比，能提供给客户更多的市场价值，同时获取较大的利润。正因为有市场需求，才产生企业的各项业务活动;而任何业务活动都会消耗一定的资源。消耗资源会导致资金流出，只有当消耗资源生产出的产品或服务销售给客户后，资金才会重新流回企业，并产生利润。因此，供应链上还有资金的流动。 (2)为了合理使用资金，加快资金周转，必须通过企业的成本系统来控制供应链上的各项经营生产活动，通过控制资金的流动来控制物料的流动。

总的来说，供应链中各环节企业提升供给能力，是为了理顺整个链条的供应关系，确保自身在市场机会中获得最大的利益，同时也应考虑在市场萧条时减少损失。

关键点提示

在供应链环境下进行供给管理，需要做到以下几个方面：

1. 选择正确的供应链提升供给能力
2. 适当执行紧缩策略以提升供给能力
3. 实施联合计划提升供给能力
4. 适度运用网络提升供给能力
5. 加快资金周转提升供给能力

8.6 在供应链中进行采购作业

典型问题及案例

信息系统给采购管理带来的变化

有一家企业，通过MRP系统的物料分类查询，发现某单位有2.0 mm、2.5 mm和3.0 mm三种规格十分相近的花纹钢板。该企业对每种钢板需求量都很小，如果订货，无疑将增加采购、运输和仓库保管的费用。如果企业没有采用成组技术，标准化工作不力，设计工程师之间信息不沟通，这类现象就极其普遍。为了降低采购成本，针对这种现象，采购人员必须同设计人员和工艺人员一起，按照价值工程的原理和同步工程的方法，在保证产品功能的前提下，采用最低成本的方案。

信息系统将给采购管理的日常工作带来质的变化，也必将对采购供应部门的员工提出更高的素质要求。采购人员的主要精力将放在同企业内部人员和供应商一起研究如何降低成本上。下面列出的工作内容是采购人员需要关注的：

1. 从降低成本和保证质量出发，参与确定零部件是自制还是外购的原则；

2. 同设计和工艺部门一起，参与零部件设计的价值分析，以最低成本满足功能需求；

3. 统一管理零部件工序外协和外包业务，控制企业资金支出；

4. 利用系统提供的物料与资金信息集成功能，编制和审定采购预算和采购权限；

5. 确定每个采购件的合理批量、安全库存量，控制库存资金占用；

6. 同计划部门和供应商一起，研究缩短采购提前期的措施，提升响应变化的灵敏度；

7. 会同技术部门指导供应厂商改进外购件的性能质量，研究降低成本的方法；

8. 选择正确的供应商，并根据系统提供的供应商业绩报告进行筛选；

9. 运用信息集成系统，根据市场需求和企业计划，提高采购供应工作的预见性；通过EDI、Internet和Intranet跟踪采购订单进度，共同协调运输，保证及时供应。

解读与阐述

随着市场全球化和经济的全面开放，我国传统大而全、小而全的企业模式也正逐步向虚拟企业、动态联盟和协作方向发展，采购管理在企业中的重要性日益突出。因此，供应链企业在进行采购作业时，应该注意以下几个方面。如表 8 -6 所示：

表 8 -6 供应链企业采购作业规范

条 目	内 容
认识采购管理的重心	采购管理的重点包括以下方面的内容： (1)认识采购在提高客户满意度中的战略作用。 (2)选择有效的战术、战略以支持采购在供应链中不断变化的职能。 (3)明确采购中的成本管理策略。 (4)明确主要的采购目标与活动。
遵循采购作业中的基本原则	采购作业在运行操作过程中，应当遵循的一些基本原则是：企业采购应以最低的成本和费用从供应链的上游供应商处获得自己所需的原材料；应从一个全新的高度和角度解释，对采购阶段的相关物流和信息流进行有效管理；采购的侧重点在于公司之间或公司内部之间的衔接。因此，应使供应链上的每个贸易伙伴联结起来形成一个完整的网络系统，使其密切合作、共享信息和共担风险；同时应当切实加强运用最新科学技术作为行之有效的管理手段。
执行采购作业的相关方法	(1)周密计划。信息的分析可以使采购计划延续到未来某个任意日期，这样不但可以按需采购，而且可以保证充足的采购提前期和采购预算，防止因突发性采购而增加额外的采购费用。 (2)设置目标成本(标准成本)。每一个财年，企业都必须通过模拟成本确定标准成本，也就是说，必须严格控制成本限额。在保证一定利润的前提下，确定标准产品成本。 (3)控制采购权限。要严格控制成本，首先要控制资金流出。要设置每一个采购员的采购物料范围和支付权限，同时规定超过限额的审批层次和权限，以规范采购管理。 (4)控制库存量。要对每一种物料规定最大储存量和最长储存期限。超过最大值时，要发出警示信号，以便管理人员采取纠正措施。 (5)要求供应商认证。根据 ISO 9000 的要求，为保证产品质量，先要保证进厂材料的质量。各种物料的供应商都必须经过认证，建立供应商主文件。如果向没有建立主文件的供应商采购，系统将拒绝执行。 (6)跟踪采购订单。系统可以提供多种查询途径，通过采购单编码、物料号、供应商号、采购员代码和交货日期等进行查询，跟踪采购合同执行情况。 (7)严格控制付款程序。付款前，系统将自动进行一系列的对比，如物料规格、性能和合格数量，交货日期是否与采购单一致，报价单与发票金额是否一致。必须几方面都相符才能执行付款程序，严格控制不良资金流出。
协调好采购与供应商的关系	采购与供应商可以说是紧密联系的。但是在整个供应环节中，供应商常常是怨声载道、满腹牢骚，因为他们经常会遇到各种各样的问题和困扰。如供应商抱怨“客户需求数量变化无常，预测不准”；同时，随着产业竞争越来越激烈，客户对供货时间的要求也越来越苛刻。在这种情况下，需要协调好采购与供应商的关系，如提供多种渠道与供应商进行沟通协调。

续表

条目	内容
激励、监控采购者	(1)每个企业经过多年的摸索，都会总结出一套采购管理办法。真正使采购管理者普遍大伤脑筋的问题在于：如何“以人为本”去管理采购人员，并激励他们自觉主动地去搞好与供应商的关系，始终把降低成本放在第一位。为此，就要不断健全采购管理制度，提供一套高效的监控体系和时效性强的管理方法，加强激励管理，最大限度地避免“灰色”现象是解决问题的根本办法。 (2)加强对采购人员的培训，包括对专业采购技能、沟通能力等方面的培训；适时对供应商进行培训，将采购方的企业文化、采购运作方式渗透给供应商。

就企业采购供应这一环节来说，它也是供应链系统上的一个组成部分。采购的速度、效率和订单的执行情况将直接影响到企业能否快速灵活地满足下游客户的需求；采购成本的高低也直接影响到企业最终产品的定价和整个供应链的最终获利情况。

关键点提示

供应链企业进行采购作业时要做到以下几个方面：

1. 认识采购管理的重心
2. 遵循采购作业中的基本原则
3. 执行采购作业的相关方法
4. 协调好采购与供应商的关系
5. 激励、监控采购者

8.7 在供应链中进行供应商管理

典型问题及案例

供应链企业计划工作中要考虑的问题

供应链需要以核心企业为龙头，把各个参与供应链的企业有效地组织起来，优化整个供应链的资源，以最低的成本和最快的速度提供最好的产品，最快地满足用户需求，以达到快速响应市场和满足用户需求的目的，这也是供应链企业计划的最根本的目的和要求。在下面列出的问题中请选择出在供应链企业计划工作中要考虑的问题：

1. 供应链企业计划的方法与工具。供应链企业计划的方法与工具主要有：MRPII、JIT管理和DRP/LRP。

2. 供应链企业计划的优化方法。供应链企业计划的优化方法有：TOC（Theory of Constraint）理论、线性规划、非线性及混合规划方法和随机库存理论与网络计划模型。

3. 供应链企业的计划类型。根据供应链企业计划对象和优化状态空间，有全局供应链计划和局部供应链计划。

4. 供应链企业计划的层次性。根据供应链企业计划的决策空间，分为战略供应链计划、战术供应链计划和运作供应链计划三个层次。

解读与阐述

供应链中上下游企业间快速顺畅地进行业务往来以及有效信息交流，离不开供应商。如何与供应链的上游企业进行业务往来时保持更紧密的联系和协同运作，如何与其形成长期、稳固的战略伙伴关系，离不开对供应商的管理，为此，就要做到以下几方面。如表 8 –7 所示：

表 8 –7　供应链中供应商管理规范

条　目	内　容
与供应商建立合作关系	在新产品推介过程中，越早让供应商参与其中，整个项目所节省的资金也就越多。 因此，一些公司积极寻求机会，与其供应商建立长期合作关系，共享计划、产品设计和规范信息，改进运作方式上，这样的公司已经获得了明显的竞争优势。 随着产品生命周期的缩短，从一开始就做好设计、货源组织、计划制订和物料生产，已变得至关重要。 通过开拓更广泛、更灵活、响应更积极的供应商关系，企业等于获得了新的经济增长点，同时也形成了能够增加盈利的新的商业模式。
尽量采用外包方式	（1）如何选择供应商、控制库存量，在降低库存的同时又能为生产不同产品提供保障；如何使供应商积极参与到产品的设计过程中，提供快速的响应支持，适应不断加快的产品创新节奏，缩短产品从研发到投放市场的时间；如何在动态环境中面对组织结构和业务流程不断变化的情况，实现快速适应和调整。 （2）这就要求在条件允许的情况下，尽可能采用外包方式，以便企业将精力集中在核心技能上，从而保持资产的精练和对市场状况的敏捷反应，降低成本，保障供应。
进行新供应商评选	（1）新供应商评选就是为新开发的供应商做全面的资格认定。 评估供应商主要着重于对他们的技术、质量、交货、服务、成本结构和管理水平等方面的能力进行综合评定。 供应商评选标准的基本准则是“Q、C、D、S”原则，也就是质量、成本、交付与服务并重的原则。 （2）在这四项中，质量因素是最重要的。 首先要确认供应商是否建立有一套稳定有效的质量保证体系；其次确认供应商是否具有生产特定产品所需的设备和工艺能力；再次是成本与价格，要运用价值工程的方法对所涉及的产品进行成本分析，并通过双赢的价格谈判，降低成本；在交付方面，要确定供应商是否拥有足够的生产能力，人力资源是否充足，有没有扩大产能的潜力；最后，也是非常重要的是供应商的售前和售后服务的记录。

续表

条　目	内　容
进行供应商的绩效评估	供应商的绩效评估需要采用一些指标，主要有以下三类： (1)营运衡量指标，通常是提供给作业员衡量其作业绩效的指标。比方说，生产力的指标着重在作业员每一小时的有效产出，而每日的现场订单报告则是另一种衡量指标。营运衡量指标所选取的时区较短，可能是每小时或是每日。主要的使用对象为作业员、办事员及那些直接经手产品与顾客接触的人员。 (2)战术衡量指标，衡量公司的基本战术是否能达成所计划的目标。在战术衡量指标下，所衡量的生产力则代表了一个部门所有作业员生产力的总和，而非衡量单一作业员，衡量的时区可能是一个班或一周。 (3)策略衡量指标，是用来提供给决策阶层衡量公司优先策略的工具，此时所衡量的是整个工厂在生产力方面的长期变化，通常策略衡量指标所衡量的是一个月、一整年的绩效。
采用供应商的激励机制	（1）要保持长期的双赢关系，对供应商的激励是非常重要的，没有有效的激励机制，就不可能维持良好的供应关系。在激励机制的设计上，要体现公平、一致的原则。 （2）给予供应商价格折扣和柔性合同以及采用赠送股权等，使供应商和制造商分享利益，同时也使供应商从合作中体会到双赢机制的好处。
采用适当的合作终止策略	当因合作伙伴关系结束而决定终止时应采用适当宽容的态度。当今世界已越来越小，说不定哪天又会需要用到其中哪个供应商；或者供应商中的一个CEO跳到了其他公司，而这家公司正是我们目前所依靠的。所以转换供应商的过程尽量做得不伤和气，不损害客户的满意度、公司的利润以及我们的名誉。为此，就要做到： (1)积极的态度：与其面对连续的挫折，不如现在先结束合作，等以后双方情况改变后再寻求合作机会。 (2)平和的语调：不要从专业的或个人的角度去侮辱对方，不要过多地相互指责。 (3)专业的理由：这不是个人的问题，你要告诉供应商，你的职责是为公司创造价值，吸引和留住客户。

供应商的开发和管理是整个采购体系的核心，其表现不仅关系到整个采购部门的业绩，而且其过程包括：分析供应市场竞争，寻找合格供应商，潜在供应商的评估、询价和报价，合同条款的谈判，最终供应商的选择，供应商供货与评价以及与供应商合作终止等。

关键点提示

在供应链环境下进行供应商管理，需要做到以下几方面：

1. 与供应商建立合作关系
2. 尽量采用外包方式
3. 进行新供应商评选
4. 进行供应商的绩效评估
5. 采用供应商的激励机制
6. 采用适当的合作终止策略

8.8 供应链生产管理

典型问题及案例

宝洁如何应对SARS

当年的SARS突发社会事件对宝洁而言并非突如其来的紧急事件，宝洁大中国区个人清洁用品事业部市场总监说："我们在4月之前已经开始多次沙盘演练，以应对可能出现的供求变化。"

3月，香港疫情严重，香港的异常成为一个信号，说明对舒肤佳的需求有可能暴涨。与此同时，宝洁供应链的紧急反应系统已经准备妥当。对舒肤佳的需求一旦增加到一个数值，该系统启动，宝洁的整个生产线就可以根据计划满负荷生产。其下游供应商的材料准备、宝洁生产线的人员和设备只需要1天就可以达到这个要求。

4月，疫情大规模爆发。宝洁的演练并没有白做——应急反应系统启动。在这个月，宝洁舒肤佳的产量创下了历史纪录。

解读与阐述

生产管理是企业管理的主要内容之一，与传统的企业生产计划和控制方法相比，供应链管理模式下的生产管理方法在信息来源、信息的集成方法、计划的决策模式、计划的运行环境和生产控制的手段等许多方面都有明显不同。为了在供应链环境下进行有效的生产管理，需要做到以下几项内容。如表8－8所示：

表8－8　供应链中生产管理规范

条　目	内　容
充分利用Internet进行企业间生产调度	一般来说，生产管理中的生产调度管理是SCM中最难管理的环节，主要原因有： (1)核心企业对产品销售预测的高度不准确性。 (2)缺乏来自供应商的原材料信息。 (3)缺乏供应商的库存水平波动和客户需求波动信息。 而利用Internet，通过改善供应商、核心企业和客户之间的信息沟通方式，可以减少在生产调度管理中所出现的困难。企业使用Internet，就可协调与供应商的JIT程序，协调与供应商之间的生产衔接。另外，Internet在订单处理中的应用能够提供企业有关产品销售和服务的适时信息，在一定程度上会使销售预测变得精确，反过来又会大大改善生产调度管理。

续表

条　目	内　容
充分利用在供应链管理环境下的生产进度信息	(1)生产进度信息是企业检查生产计划执行状况的重要依据，也是滚动制定生产计划过程中用于修正原有计划和制定新计划的重要信息。 (2)在供应链管理环境下，生产进度计划属于可共享的信息。这一信息的作用在于：上游企业可以通过网络和双方通用的软件了解下游企业真实需求信息，并准时提供物资；下游企业可以避免不必要的库存，并依据了解到的上游企业的生产进度，适当调整生产计划，使供应链上的各个环节紧密地联系在一起。
制定供应链管理环境下的生产计划	(1)在供应链管理下，企业的生产计划编制过程有了较大的变化，在原有的生产计划制定过程的基础上增添了新的特点。如具有纵向和横向的信息集成过程，突出能力平衡在计划中的作用以及计划的循环过程突破了企业的限制等特点。 (2)供应链环境下的生产计划不仅要考虑到信息集成过程，如上下游的信息集成以及生产相同或类似产品的企业之间的信息共享，而且要充分发挥供应链环境下信息的作用，扩展原有的生产计划所不具备的功能，如生产计划在上下游企业间的传递。
进行供应链管理环境下的生产控制	(1)在供应链管理环境下，生产管理组织模式和现行生产管理组织模式一个显著的不同点就是，供应链管理环境下生产管理是开放性的、以团队工作为组织单元的多代理制。在供应链联盟中，企业之间以合作生产的方式进行，企业生产决策信息通过EDI/Internet适时地在供应链联盟中由企业代理通过协商决定，企业在Internet上建立一个合作公告栏，适时地和合作企业进行信息交流。 (2)生产进度控制的目的在于依据生产作业计划，检查零部件的投入和出产数量、出产时间和配套性，保证产品能准时装配出厂。因此，必须建立一种有效的跟踪机制进行生产进度信息的跟踪和反馈
建立供应链管理环境下的协调机制	(1)要实现供应链的同步化运作，需要建立一种供应链的协调机制。供应链的协调机制有两种划分方法。 (2)根据协调的职能可划分为两类：一是不同职能活动之间的协调与集成，如生产与供应协调、生产与销售协调和库存与销售协调等协调关系；二是根据同一职能不同层次活动的协调，如多个工厂之间的生产协调。根据协调的内容划分，供应链的协调可划分为信息协调和非信息协调。 (3)供应链上任何一个企业的生产决策都会影响供应链上其他企业的决策，企业须跳出以某个企业物料需求为中心的生产管理局限，充分了解用户需求并与供应商在经营上协调一致，实现信息的共享与集成，以顾客的需求驱动顾客化的生产计划，获得柔性敏捷的市场响应能力。

关键点提示

为了在供应链环境下进行有效的生产管理，应该做到：

1. 充分利用Internet进行企业间生产调度
2. 充分利用在供应链管理环境下的生产进度信息
3. 制定供应链管理环境下的生产计划
4. 进行供应链管理环境下的生产控制
5. 建立供应链管理环境下的协调机制

8.9 在供应链中进行库存管理

典型问题及案例

沃尔玛成功的供应链管理战略

所谓供应链，其实就是由供应商、制造商、仓库、配送中心和渠道商等构成的物流网络。而供应链管理是一种集成的管理思想和方法，是指企业通过改善上下游供应链关系，整合和优化供应链中的信息流、物流和资金流，以获得企业的竞争优势。著名零售企业沃尔玛就是凭借出色的供应链管理逐步成为世界零售业的巨头。

1962 年，山姆·沃尔顿先生在美国中西部的本顿威尔小镇成立了“沃尔玛百货有限公司”，以“售价最低”“保证满意”的经营策略使成千上万的顾客蜂拥而至，获得了巨大成功。1970 年 10 月 1 日，沃尔玛公司的股票在纽约证券交易所上市，沃尔玛正式成为上市公司。截至 1980 年，分店数已达 276 家，总营业面积 117 万平方米，年营业收入 12.48 亿美元，纯收入 4 100 万美元，分别是 10 年前的 40 倍和 35 倍。到了 1990 年，沃尔玛已有 1402 家分店，分布在 29 个州，年销售收入 258 亿美元，净收入 10 亿美元，总营业面积近 1 000 万平方米。在这 10 年间，沃尔玛持续以每 3 年销售收入翻一番的速度增长，从 16.5 亿美元增至 260 亿美元，增长速度位居全美零售业之首。到 2001 年，沃尔玛以 2 189 亿美元的销售额超过埃克森美孚公司成为世界五百强首位，并连续四年蝉联冠军宝座。经过五十余年的发展，沃尔玛百货有限公司已经成为美国最大的私人雇主和世界上最大的连锁零售商。目前，沃尔玛在全球开设了超过 7 000 家商场，员工总数 190 多万人，分布在全球 14 个国家。每周光临沃尔玛的顾客 1.76 亿人次。沃尔玛在中国也取得了较快的发展。1996 年 8 月，沃尔玛在深圳开设了中国第一家沃尔玛购物广场和第一家山姆会员商店，之后陆续在昆明、福州、大连和厦门等 55 个城市开设了 104 家商店，创造了超过 50 000 个就业机会。到 2004 年，沃尔玛以直接和间接的方式从中国采购的产品总额达 180 亿美元，为促进中国经济和外贸发展做出了积极的贡献。沃尔玛从一个名不见经传的小镇杂货店发展成为一个遍布全球，销售总量稳居世界榜首的商业巨人。取得如此辉煌的成功得益于沃尔玛成功的供应链管理战略。

沃尔玛坚信，“顾客第一”是其成功的供应链管理的精髓。沃尔玛的创始人山姆·沃尔顿曾说过：“我们的老板只有一个，那就是我们的顾客。是他付给我们每月的薪水，只有他有权解雇上至董事长的每一个人。道理很简单，只要他改变一下购物习惯，换到别家商店买东西就是了。”沃尔玛的营业场所总是醒目地写着其经营信条：“第一条：顾客永远是对的；第二条：如有疑问，请参照第一条。”沃尔玛一贯重视营造良好的购物环境，经常在商店开展种类丰富且形式多样的促销活动。如社区慈善捐助、娱乐表演、季节商品酬宾、竞技比赛、幸运抽奖、店内特色娱乐、特色商品展览和推介等，吸引广大的顾客。沃尔玛毫不犹豫的退款政策，确保每个顾客都会永无后顾之忧。

解读与阐述

库存是供应链上联结各个链条的要害，因此，库存问题也就显得非常重要了，它给企业带来了极大的风险，一方面是资金的占用，另一方面是货物的折旧贬值。为解决库存问题，需要做到以下几方面。如表 8 -9 所示：

表 8 -9　供应链中库存管理规范

条　目	内　容
认识供应链管理环境下的库存问题	供应链环境下的库存问题和传统的企业库存问题有许多不同之处，这些不同点体现出供应链管理思想对库存的影响。传统的企业库存管理侧重于优化单一的库存成本，从存储成本和订货成本出发确定经济订货量和订货点。但是从供应链整体的角度来看，单一企业库存管理的方法显然是不够的。传统的企业库存管理存在以下问题： (1)没有供应链的整体观念。 (2)对用户服务的理解与定义不恰当。 (3)不准确的交货状态数据。 (4)低效率的信息传递系统。 (5)忽视不确定性对库存的影响。 (6)库存控制策略简单化。 (7)缺乏合作与协调性。 (8)产品的设计过程没有考虑对供应链上库存的影响。
确定库存补给策略	库存控制采用的是订货点控制策略，订货点法库存管理的策略有很多，最基本的策略有4 种： (1)连续性检查的固定订货量、固定订货点策略，即(Q,R)策略。 该策略的基本思想是:对库存进行连续性检查，当库存降低至订货点水平 R 时，即发出一个订货。每次的订货量保持不变，都为固定值 Q。该策略适用于需求量大、缺货费用较高和需求波动性很大的情形。 (2)连续性检查的固定订货点、最大库存策略，即(R，S)策略。该策略和(Q、R)策略一样，都是连续性检查类型的策略，也就是要随时检查库存状态，当发现库存降低至订货点水平 R 时，开始订货。订货后使最大库存保持不变，即为常量 S，若发出订单时库存量为 I，则其订货量即为(S - I)。该策略和(Q，R)策略的不同之处在于其订货量是按实际库存而定，因而订货量是可变的。

续表

条　目	内　容
确定库存补给策略	(3)周期性检查策略，即(T, S)策略。该策略是每隔一定时间检查一次库存，并发出一次订货，把现有库存补充到最大库存水平S，如果检查时库存量为I，则订货量为S－I。该策略不设订货点，只设固定检查周期和最大库存量。该策略适用于一些不很重要的或使用量不大的物资。 (4)综合库存策略，即(T, R, S)策略。该策略是策略(T, S)和策略(R、S)的综合。这种补给策略有一个固定的检查周期T、最大库存量S、固定订货点水平R。当经过一定的周期后，若库存低于订货点，则发出订货，否则，不订货。订货量的大小等于最大库存量减去检查时的库存量。当经过固定的检查时期到达A点时，此时库存已降低到订货点水平线R之下，因而应发出一次订货，订货量等于最大库存量S与当时的库存量Ⅱ的差(S－Ⅱ)。经过一定的订货提前期后在B点订货到达，库存补充到C点，在第二个检查期到来时，此时库存位置在D，比订货点水平位置线高，无须订货。第三个检查期到来时，库存点在E，等于订货点，又发出一次订货，订货量为(S－I3)，如此周期进行下去，实现周期性库存补给。
确定库存控制模型	常见的独立需求库存控制模型根据其主要的参数，如需求量与提前期是否为确定，分为确定型库存模型和随机型库存模型。 (1)确定型库存模型。又分为周期性检查模型和连续性检查模型。周期性检查模型有6种，分不允许缺货、允许缺货和实行补货等三种情况。每种情况又分瞬时到货和延时到货两种情形。连续性检查模型需要确定订货点和订货量两个参数。连续性库存检查模型分6种：不允许缺货、瞬时到货型；不允许缺货、延时到货型：允许缺货、瞬时到货型；允许缺货、延时到货型；补货、瞬时到货型；补货、延时到货型。 (2)随机型库存模型。随机型库存模型要解决的问题是：确定经济订货批量或经济订货期；确定安全库存量；确定订货点和订货后最大库存量。随机型库存模型也分连续性检查和周期性检查两种情形。
供应链管理环境下的库存管理策略	为了适应供应链管理的要求，供应链下的库存管理方法必须做相应的改变，结合国内外企业实践经验及理论研究成果，主要有以下先进的供应链库存管理技术与方法，包括VMI管理系统、联合库存管理和多级库存优化与控制等。 (1)供应商管理用户库存，这种库存管理策略打破了传统的各自为政的库存管理模式，体现了供应链的集成化管理思想，适应市场变化的要求，是一种新的有代表性的库存管理思想。VMI是一种供应链集成化运作的决策代理模式，它把用户的库存决策权授权给供应商，由供应商代理分销商或批发商行使库存决策的权力。 (2)联合库存管理。联合库存管理是一种风险分担的库存管理模式。联合库存管理的思想可以从分销中心的联合库存功能谈起。地区分销中心体现了一种简单的联合库存管理思想。基于协调中心的联合库存管理是一种联邦式供应链库存管理策略，是对供应链的局部优化控制。 (3)多级库存优化与控制。供应链管理的目的是使整个供应链各个阶段的库存最小，但是，现行的企业库存管理模式是从单一企业内部的角度去考虑库存问题，因而并不能使供应链整体达到最优。而要进行供应链的全局性优化与控制，则必须采用多级库存优化与控制方法。多级库存优化与控制是供应链资源的全局性优化。多级库存的优化与控制是在单级库存控制的基础上形成的。

供应链管理模式下的库存管理的最高理想是实现供应链企业的无缝连接，消除供应链企业之间的高库存现象。为了减少企业的库存水平，需要建立协调管理机制，增加企业之间的信息交流与共享，减少不确定性因素对库存的影响，需要增加库存决策

信息的透明性、可靠性和适时性，解决供应链中的需求变异放大与库存波动和供应链的不确定性与库存问题。

关键点提示

在供应链环境下进行库存管理，需要注意以下几方面：

1. 认识供应链管理环境下的库存问题
2. 确定库存补给策略
3. 确定库存控制模型
4. 供应链管理环境下的库存管理策略

8.10 在供应链中进行配送管理

典型问题及案例

跨国公司在全球的配送管理

2014 年 4 月，某跨国公司宣布将在苏州建成亚太区的第一个全球集成配送中心，这也是该公司第三个全球性集成配送中心。其他两个全球配送中心，一个位于芬兰首都赫尔辛基北部的万塔市，另一个位于荷兰的罗森达尔。它的集成配送中心功能就是将基站、交换机等组装成一个完整的系统之后交给区域的运营商。在没有设立亚太区的集成配送中心之前，基站等须运到欧洲去组装成系统再重新发货。

该配送中心的成立标志着中国已经成为其全球物流、供应链的重要组成部分。此前作为对中国市场地位的提升，该公司将中国市场单独提升为全球 5 大区域市场之一。一般只在具备两个条件的时候才会采取集成配送模式——接到数量很大的标准产品的订单、客户要求交货时间比较短。

根据预测，在设立集成配送中心之后，销售额预计每年将增加 30%。

解读与阐述

供应链环节中，配送是供需双方交接的重要环节，能直接体现供方的收益以及服务质量。流通企业经营的大部分物流活动都将在物流配送中心环节完成。物流配送中心的运营情况是整个物流系统运营好坏的标志。供应链环节对配送进行管理时，应该做到以下几项工作如表 8 - 10 所示：

表8－10 供应链中配送管理规范

条 目	内 容
配送类型划分	企业的配送主要有三种类型： 第一种类型，巨型企业内部的供应配送。 第二种类型，企业内部的连锁配送。 第三种类型，企业的销售配送。
配送中心	（1）配送中心是一种末端物流的结点设施，通过有效地组织配货和送货，使资源的最终端配置得以完成。 （2）配送中心定位在整个物流系统中;流通中心是商流、物流、信息流和资金流的综合汇集地，具有非常完善的功能。相比较而言物流中心定位于物流、信息流和资金流的综合设施，其涵盖面较流通中心为低。配送中心是处于末端物流过程的起点，它所处的位置是直接面向用户的，因此，它不仅承担直接对用户服务的功能，而且根据用户的要求，起着指导全物流过程的作用。 （3）配送中心的主要功能是围绕配货和送货而确定的，通过配货和送货完成资源的最终配置，而相关的信息活动、交易活动和结算活动等虽然也是配送中心不可缺的功能，但是它们必然服从和服务于配货和送货这两项主要的功能。
提升配送中心的配送效率	（1）市场价格竞争和顾客追求高质量的服务要求配送中心具有良好的配送效率，但运输环节过多、管理不善等方面的问题会造成配送效率低下。 （2）要想达到配送效用最大化，需要有一套专门的技术知识与之相适应，而且要更新旧的企业物流管理理念与配送技术，做到合理规划，统筹安排。 （3）在仓库发展建设过程当中，如果没有调查未来发展需求和市场环境状况，规划建设不当，会造成仓库区域布局不合理、空间布局不合理、物流环节存在相互重复和冲突现象，会使物品呆滞时间过长、人力资源浪费巨大，造成各个作业环节效率低下。
提升配送中心的现代化程度	（1）提升配送中心的现代化程度，先要提高配送中心计算机的应用程度，使之不仅限于日常事务和业务运作流程的管理，而且对于物流中的许多重要决策问题，如配送中心的选址、货品组配方案、运输的最佳路径和最优库存控制等方面，都有良好的辅助决策功能。还要提高机械化水平程度，现代物流配送中心是以机电一体化、无纸化为特征，而不是几乎所有的物流环节都是人工处理的传统仓库。 （2）需要提升整体物流技术水平，包括运输技术、储存保管技术、装卸搬运技术、物资检验技术、包装技术、流通加工技术以及与物流各环节密切相关的信息处理技术等。
重视配送中心的拣选系统	（1）在配送中心作业的各环节中，分拣作业是非常重要的一环，它是整个配送中心作业系统的核心。 （2）物流经营绩效需要规划合理的拣货系统，拣货系统的选定对日后拣货作业效率的影响很大，为了满足不同的订单需求，衍生出不同的拣货系统。 （3）决定拣货系统的主要因素为分区、订单分割、订单分批及分类。对于高频度、小批量的分拣出货，可以使用自动分拣系统和自动检验系统，从进货检验、入库到分拣、出库和各种装车全部用各种标准化物流条码经电脑终端扫描，由传送带自动进出，人工操作只占其中很小一部分，大大降低出错率。

在包含配送中心的物流系统中，配送中心对整个系统的效率提高起着决定性的作用。所以，需要提升配送中心的效能。

关键点提示

在供应链环节对配送进行管理时，需要注意以下几方面：

1. 配送类型
2. 认识配送中心
3. 提升配送中心的配送效率
4. 提升配送中心的现代化程度
5. 重视配送中心的拣选系统

8.11 供应链分销渠道设计

典型问题及案例

明基完善的分销渠道

从2014年开始，明基大幅削减渠道层次，在全国各地广设分支机构，其分支机构的主要职能为开拓、维护市场以及服务当地经销商，业务与资金由总部集中管理，从2011年到2013年，明基在中国大陆的经销商从535个猛增到1 000个，直接出货城市从130个增加到300个，年订单数量从2.8万笔猛增到16万笔。为了适应如此快速的增长，明基中国营销总部开始加速自己的电子化进程，首先使制造与行销“分家”，营销总部无论从管理到IT建制都开始独立运作；其次放弃了与工厂共同使用的ERP系统，更换了更适合于分销行业的ERP，使订单的处理流程更加简单快速，订单的处理时间由几十分钟缩短到几分钟。

解读与阐述

随着厂商间的竞争日益激烈，终端市场利润空间受到挤压，产品功能同质化明显，功能本身对消费者购买选择的影响逐渐弱化，品牌与增值服务的影响力随之加大，此时，完善的分销渠道有利于企业更有效地销售产品，为此，需要做好如下几点。如表8 -11所示：

表8－11　供应链分销渠道设计规范

条　目	内　容
企业构建自己的核心竞争力	(1)企业如何在众多品牌中脱颖而出，在艰难生存的同时不断谋求新的发展，成为大家关注的焦点。 (2)要战胜对手先要了解市场、了解自己和了解竞争对手，才能做到全方位考虑，选择最适合自己的经营模式与渠道模式。 (3)寻找差异化，并不断扩大与其他竞争对手的差异，使之成为别人难以模仿的企业核心竞争力。
建立扁平化的分销渠道	采用什么样的渠道和方式将自己的产品送到消费者的手中，成为生产厂商不断探讨的问题。一方面，很多大企业在搭建营销渠道方面的投入可谓不惜血本，在全国各地广设分销机构，恨不得将销售的触角延伸到每个角落；另一方面，综合性的分销渠道商，凭借专业化的规模经营和雄厚的资本，正在成为分销渠道的重要力量。
选择分销渠道的合作伙伴	分销渠道的建立首先是选择好合作伙伴，可以从对方的合作期望、行业定位、客户群的状况和其他实力（如资金、技术人员等）进行分析来选择合作伙伴。 (1)合作期望：全力投入的配合是伙伴关系中最重要的方面，合作的期望也就是展开市场活动的动力，就像创业一样，需要激情投入才能把市场做好。 (2)行业定位：不同行业的营销方式是有差异的，利用相同方式操作市场的伙伴更能理解企业的市场目标，效果更为理想。 (3)客户群：合作伙伴的客户群与企业的产品应该是相关联的，这样就可以充分挖掘合作伙伴的客户资源，形成发展上的互补。 (4)其他实力：市场开发需要通过许多努力，投入包括资金、技术和人员等方面。合作伙伴在这些方面的综合实力，决定了他们是否能坚持下去，能否摘取市场果实。
提高分销供应链响应速度	提高分销供应链反应速度主要包含两层含义： (1)提高订单响应速度。随着分销渠道扁平化，企业将面对越来越多的经销商和零售商，他们由于缺乏足够的流动资金，所以大都采用多次小批量的采购，每次订货数量和金额很小，但是增加了订货频率，导致企业日常订单的处理量猛增。如何应对订单数量激增的状况，用最短的时间准确地处理每一笔订单已成为首要问题。充分利用先进的计算机管理系统，可以大大提高处理速度。 (2)提高维修响应速度和服务品质。考虑分销渠道日益扁平化的趋势，生产厂家的维修点逐渐在各地广泛分布，造成产品的售后保修方便了，但维修状况复杂，维修服务的过程难于管制、监控，维修周期较长，维修服务成本较高，产品品质的市场反馈信息也难于收集和分析等一系列的问题。谁能快速提供高质量的维修服务，谁就能在竞争激烈的IT市场赢得更多的客户满意度。
使用电子商务整合分销渠道	(1)随着软件技术和营销手段的成熟，电子商务逐渐成为一种高效的服务手段。电子商务的实践表明，在销售的直销与分销领域，除了可以完全电子化的信息内容之外，直销离不开配送和服务，网络直销也需要物流配送和本地化服务。分销商也可以从直销的服务商中获得利益，分销商利用Internet提供更多的产品组合及促销方案，让经销商进行方便、多样地选择。在电子商务时代，分销企业最终会以服务当作立身之本，通过服务带动产品的销售。 (2)另有专家指出，电子商务时代使直销成为可能，同样也为分销带来了新的机遇。因为互联网是分享的工具，是协作的工具。分销的价值核心就是分享与协作。因此，网络直销不是分销的终结者，它只是与数字化技术一起对分销进行提升，使之成为一种新的商务模式。

续表

条目	内容
调整与渠道巨头的关系	(1)分销渠道的建立过程中，需要协调处理好各种关系，平衡渠道伙伴的利益。在某些领域，商业资本正逐渐获得优势，制造商与渠道巨头间的关系也在进行着调整。面对流通巨头的成长，作为供应商需要适应这种变化。 (2)适应的方法，就是要对流通各种业态的消长作出判断，并采取不同的策略，比较合理的方法是让工业资本与商业资本互相渗透。

建立分销渠道是企业的一种战略性目标，需要把产品销售、品牌形象和客户服务等所有影响企业发展的因素都要考虑进去，分销渠道中的合作伙伴的利益和发展机会也都要考虑进去。实际上，以企业为核心的分销渠道是一个战略联盟圈，这个战略联盟的利益越是趋向一致，产生的效益也就越大。

关键点提示

在供应链企业中建立分销渠道，需要做到以下几点：

1. 企业构建自己的核心竞争力
2. 建立扁平化的分销渠道
3. 选择分销渠道的合作伙伴
4. 提高分销供应链响应速度
5. 使用电子商务整合分销渠道
6. 调整与渠道巨头的关系

8.12 供应链顾客服务管理

典型问题及案例

新老顾客服务管理

企业为了提高市场占有率，都或多或少地把寻找新顾客作为营销管理的重点，因而忽视了老顾客的作用。事实上，这是一个误区。Daniel Charmich 教授曾经用漏桶来形象地比喻企业的这种行为。他在教市场营销学时，在黑板上画了一只桶，然后在桶的底部画了许多洞，并给这些洞标上名字：粗鲁、劣质服务、未经过训练的员工、质量低劣和选择性差等，他把桶中流出的东西比作顾客。他指出，企业为了保住原有的营业额必须从桶顶不断注入“新顾客”来补充流失的顾客，这是一个昂贵的没有尽头的过程。因此，越来越多的企业开始通过提高服务质量来维系老顾客，因为堵住漏桶带来的远不是“顾客数量”，而是“顾客质量”的提高。

解读与阐述

在现代市场竞争中，谁能赢得顾客的倾心和回报，谁就能生存和发展：反之，只能是死路一条。顾客的倾心与回报，取决于企业的客户满意度。因此，从某种程度上来讲，企业经营的出发点和归宿都应归结为一点：顾客满意。要在供应链中提供顾客满意的服务，需要做到以下各点。如表 8 – 12 所示：

表 8 – 12　供应链顾客服务管理规范

条　目	内　容
建立以客户为中心的供应链	客户为中心的供应链要求企业在开发和运用供应链管理时始终重视最终客户。所谓以客户为中心的供应链是指链上的所有企业齐心协力为市场提供共同产品和服务，这样的产品和服务是最终客户需要的，并愿意为产品的整个生命周期付款。也就是说，这个跨职能的多公司集团好比是一个扩大化的企业，它能充分利用共享资源来达到运作目的。
识别顾客的服务需求	没有任何两个顾客在服务需求方面是完全一致的。然而，顾客总是以群体出现，彼此互相影响，最后形成某些共同的特性，所以就这个群体而言，顾客有着相似的服务需求。物流经理的任务之一，就是区分出什么因素使顾客群的服务需求有所不同。这可以通过市场调研来发现，但是在这方面很少有企业认真去做过。在调查之前，有两点是需要强调的： (1)第一，要认识到顾客对服务的感觉是知觉性的。知觉是主观的东西，虽然个体看到的是同样的客体，却会产生不同的认知。所以，无论商业连锁企业内部的绩效考核程序是多么严格，但重要的是看顾客对物流服务的感觉。因此，在物流系统设计时，必须从外部顾客的角度考察物流服务，只有门店、客户和消费者都认为满意的物流服务，才是有意义的物流服务。 (2)第二，要建立完整的服务绩效考核指标体系。商业连锁企业常使用一些绩效指标来衡量物流服务水平。但这些指标都是从内部来衡量供应链服务水平的，它们可能对财务控制等方面是很有用的，但是却反映不出对顾客的价值。因而，商业连锁企业不但要在内部，还要从外部建立一系列对顾客来说有意义的标准。
定义顾客服务目标	(1)顾客服务目标是以最低的供应链成本提供给顾客一定水平和质量的服务。在制定供应链战略时，要达到的目标是以低成本持续提供优质服务。 (2)优质服务目标的定义可以通过“完美订货”来表述。完美订货就是完全满足顾客服务需求。这样的定义一般是针对个别顾客的，其实它也可以用于顾客群，但是必须要识别顾客群所需要的关键服务是什么。只有当顾客对每一项要求的服务都满意时，才是“完美订货”。
通过 Internet 建立顾客服务渠道	(1)核心企业顾客通过 Internet 可以非常方便地进行有关服务问题的联络，核心企业通过 Internet 接受客户投诉、向客户提供技术服务、互发紧急通知和管理服务外包等。 (2)客户可以通过 Internet 随时联系核心企业的服务部门，投诉任何可能发生的服务问题。 (3)Internet 在客户服务中可以缩短对客户服务问题的响应时间。Internet 改善了核心企业和客户之间的双向通信流。 (4)如果客户对反映问题的处理结果满意的话，则很有可能会再次购买该企业所生产的产品。

续表

条目	内容
建立并实施顾客满意战略	建立和实施顾客满意战略包括： (1)创造以“顾客满意”为中心的新的企业经营理念。 (2)促进以“顾客满意”为宗旨的质量管理的创新。 (3)抓好以“顾客满意”为准则的企业营销和服务管理的创新。 (4)重视以“顾客满意”为导向的企业信息管理的创新。 (5)实施以“顾客满意”为主线的企业组织结构的重组。

今天，越来越多的供应链专家要求企业在开发和运用供应链管理时要重视最终客户，顾客服务目标并不仅仅止于顾客满意，这只是营销管理的第一步，而企业往往将顾客满意等同于信任，甚至看作是“顾客忠诚”。事实上，顾客满意只是顾客信任的前提，顾客信任才是结果。

关键点提示

在供应链中提供顾客满意的服务，需要做到以下几点：

1. 建立以客户为中心的供应链
2. 识别顾客的服务需求
3. 定义顾客服务目标
4. 通过 Internet 建立顾客服务渠道
5. 建立并实施顾客满意战略

8.13 跨国供应链管理

典型问题及案例

利丰在香港如此脱颖而出

香港利丰集团已经雄踞香港地区成为第一大贸易集团的霸主，旗下囊括了贸易、物流、OK 便利店和玩具反斗城等国际连锁店以及银行、互联网公司等多种行业，目前它在全世界 38 个国家设有 67 个分公司和办事处，拥有 2 000 名员工，2015 年的营业总额超过 58 亿美元，这在曾经被许多经济学家预言为“夕阳产业”的传统贸易行业中几乎可以算是一个奇迹。

正如著名经济学家吴敬琏教授所说：“利丰集团是香港甚至是世界范围内商贸业的一个典型创新者。它顺应了经济全球化、采购和生产全球化的趋势，使自己从一个传统的中介贸易商逐渐演变成全球商贸供应链的管理者。”

为了能更清楚地解释利丰适应新经济变化的成功转型，冯国经先生举例说，假如利丰从一个欧洲零售商那里接到一张生产1万件成衣的订单，他们会首先综合评估已经掌握的配额、原料价格和劳动力成本等所有信息，然后决定在韩国买纱线，同时定购日本YKK品牌在中国国内生产的拉链，并集中到泰国的5家工厂生产和出口。在收到订单的5个星期后（普通贸易公司也许需要2~3倍的生产时间和价格），1万件衣服就放在欧洲客户的货架上，它们看起来就像是从同一家工厂生产出来的。

“这是一种高增值、真正能做到全球化的产品。”冯国经先生说：“产品的洗涤标上也许会写上‘泰国制造’，但却不完全是泰国的产品。我们并不寻求哪一个国家可以生产出最好的产品，而是对价值链（生产过程）进行分解，对每个步骤进行优化并寻求最佳解决方案，然后在全球范围内进行生产。”

“利丰并不拥有这条供应链中的任何一部分，但是我们从更高的一个层次来管理和协调所有环节和步骤。”正是依靠这种“供应链管理”，利丰能够比竞争对手更快、更准确和更灵活，同时以更低成本为客户提供产品，并在上万家香港贸易商中脱颖而出。

解读与阐述

中国加入WTO后，我国经济不可避免地要纳入全球经济运作的大循环中。我国企业在经济全球化和信息化的新形势下，势必要实施国际化经营战略，在供应链环节涉及国际市场时，需要抓好这样几项工作。如表8－13所示：

表8－13　跨国供应链管理规范

条　目	内　容
根据企业战略目标，制定企业信息化发展战略	企业可以借助互联网等现代信息技术，把市场、生产和销售延伸到世界的每一个角落，使全球经营成为可能。我国供应链企业在信息化建设中，应根据企业整体发展战略目标，制定相应的企业信息化发展战略。 它包括： (1)制定信息化发展规划。 (2)选择合适的信息化解决方案。 (3)寻找合适的电子商务切入点。

续表

条 目	内 容
构建全球营销战略	全球市场营销战略是以协同商务、协同竞争和双赢原则为商业运作模式，跨国公司作为全球规模庞大的营销组织，与一般的中小企业在国际营销方面有明显的不同，而在其推行全球营销战略后，其特征更加明显。 市场营销战略的转变有以下内容： (1)市场营销策略转变为以全球观为导向的整体营销。 (2)市场营销策略从竞争营销走向共生营销，并建立竞争对手之间的战略联盟体。 (3)市场营销战略从“全球扩张”转变为“全球学习”。 (4)全球市场营销策划以品牌为中心。
构建基于 IOS 的跨国战略联盟	(1)现代管理中的供应链，常常是指基于 IQS（Inter Organizational - Systems）之一上的供应链，其运行的效率极大地依赖于这种信息系统的实现。 由于 IOS 是基于计算机与通信技术之上自动地处理各种业务信息的系统，它的建立意味着组织之间的合作与协调已远远超出了传统的定义。 (2)合作各方的关系并非像传统的垂直集成体系中的基于资产所有权的紧密祸合关系，而是基于信息集成之上的独立企业之间的合作。 基于 IOS 之上的跨国供应链的产生，为实现分布在全球各地的多个组织之间的合作，从而为形成战略联盟提供了条件。
关注跨国供应链的风险与冲突	(1)无论跨国供应链是建立在 IOS 之上还是建立在传统技术之上，链中企业之间的合作与协调意味着链中成员企业之间存在一定程度的相互依赖性。 跨国供应链中的相互依赖性属于顺序相互依赖性，即各个企业以串联的方式工作，其中某一企业的输出(产出)是另一个企业的输入(投入)，即企业串联为一条链。 例如，实际中由分布在世界各地的原材料供应商、组件制造商、装配商、分销商和零售商等组成的一条供应链，就体现了这样一种串联式的企业合作关系。 (2)企业之间的相互依赖(或结合程度)决定了一个企业对另一个企业的运作可能产生的影响。 结合越紧密，因有意或无意所产生的影响程度就越大。 在跨国供应链中，各个企业之间有直接的相互依赖性，某一方的退出或因事故产生的问题，都可能引起整个供应链运作的中断，在极端情况下，整个链可能会失去其应有的功能。 因此，关注跨国供应链的风险显得尤为重要。 (3)跨国供应链企业关系中的含糊性会增加企业之间发生冲突的风险。 这种风险是由企业间关系结构定义或理解的模糊性引起的，因此，在跨国供应链中应规范化定义企业间关系以减少风险和冲突。
对跨国供应链中企业之间的相互依赖性进行协调	(1)对于跨国供应链来说，每个伙伴企业的特定作用，需要根据每一个伙伴企业的竞争优势确定，并在伙伴企业中分派相应的任务。 协调就是进行任务与资源的匹配，体现为企业之间的协议、企业之间任务和决策机制。 相对于企业关系而言，跨国供应链中尤其需要定义企业所扮演的角色、义务、权力、责任、过程与信息流。 (2)为了对跨国供应链中企业之间的相互依赖性进行协调，通常用计划作为工具来实现，即链中的企业之间相互交流有关的计划信息，以便进行合作。 这就需要适当的通信、信息共享机制及决策机制来保证。 IOS 可以支持跨国供应链中各个伙伴企业之间的合作与协调。
进行跨国人才培养	(1)在以知识经济为特征的新经济时代，企业与企业的竞争，供应链与供应链的竞争，乃至国家与国家的竞争，归根到底就是人才的竞争。 谁拥有足够的理论知识和实践经验俱全的人才，谁就能创造市场，获取资本，谁就能在激烈的全球化市场竞争中赢得主动权，直至取胜。 (2)对于企业跨国经营的各项变动，应对所有可能因为变动而受影响的人员进行培训，帮助他们重新找到自己正确的位置，并明确自己的责任。 另外，企业应针对其每一个信息项目，事先尽可能广泛地召集相关部门负责人(他们应该在本专业内具有实力且对信息技术感兴趣，并与企业信息项目相关)进行协商，并使今后可能会受信息化影响的部门人员尽可能早地加入项目，以使企业信息化以更高的效率、更好的效果来进行。

实际上，作为一般企业想要确立跨国式的供应链合作关系是十分困难的。为了实现超越国境的SCM，必须建立企业的跨国信息管理，共享与交流作业计划和进度信息，在跨国合作上要提高跨国供应链的初始结构化程度。

关键点提示

企业进行跨国供应链管理，需要做到以下几点：

1. 根据企业战略目标，制定企业信息化发展战略
2. 构建全球营销战略
3. 构建基于IOS的跨国战略联盟
4. 关注跨国供应链的风险与冲突
5. 对跨国供应链中企业之间的相互依赖性进行协调
6. 进行跨国人才培养

8.14 在供应链管理中进行顾客满意评价

典型问题及案例

用7Rs指标对顾客满意度进行评价

广州某公司，对供应链管理服务中客户满意度评价，主要采用7Rs指标。

首先，基于企业的指标体系。这套指标体系的侧重点是在企业现实环境下能够提供何种产品和服务，适用顾客层面，包括响应时间、场合、价格和方式，预计需求满足程度；目的是了解企业顾客服务的现实性与过程性。制定指标的依据是：该类产品服务的市场定位，营销企划诉求及目标，市场占有率、市场覆盖率、投诉抱怨率，投诉抱怨问题的细分与概率，内部职能协调与响应流程和时间，企业对顾客响应时间（最低值与最高值），妥善处理时间（从接到投诉或感知缺憾开始至处理完毕），环境与产品、服务的协调性，价格适度性，员工服务态度和技能水平以及顾客关系管理系统运行性能和状况。

其次，基于顾客的指标体系。这套指标体系侧重顾客对产品和服务、获得时间、场合和方式、需求满足程度等现实状况的评价和愿望汇集，目的是了解顾客感受。这套指标体系的依据是顾客访问信息、巡视员信息（如现场发现员工与顾客关系、顾客现场言行等）、顾客档案信息、员工当日服务记录和顾客关系管理系统汇集信息等。

解读与阐述

“顾客满意”作为一种理念，越来越被众多的不同类型的组织所接受。在供应链企业实施顾客满意战略后，需要对企业提供的服务进行顾客满意评价。

1. 认识顾客服务评价的常见失误

顾客服务评价是一项复杂的系统工程，在进行评价时很容易走入失误区。常见的失误有以下几种。如表 8－14 所示。

表 8－14　供应链中顾客服务评价失误列表

条　目	内　容
方法之误	目前大多数企业对顾客服务的评价是通过顾客满意度调查，计算出顾客满意度来进行的。这种方法是以某一时点的静态结果倒推出顾客对服务过程的整体状况，但顾客满意度不能充分地体现顾客服务的质量。从发展趋势来看，每一个企业都应该根据自己在供应链中所处的层级和地位建立起顾客服务评价系统，使企业能够随时掌握顾客感受，发现问题，解决问题，不能等到问题堆积到一定程度时才开始调研、分析和评价，此时，这些问题可能已经造成了难以挽回的后果。
评价对象之误	不少企业在评价顾客服务时，只是针对终端顾客来进行，忽视了内部顾客和作为顾客的供应链的下游企业。 从供应链角度来看，顾客可以分为终端顾客（如最终消费者）、作为顾客的供应链下游企业（如生产商的销售商、批发商、零售商和物流商）和内部顾客（如生产线的下道工序就是上道工序的顾客，销售部门就是生产部门的顾客）；顾客群体可划分为一般顾客、合适顾客和关键顾客。
点面之误	有些企业习惯于从点上或某个环节中对顾客进行评价，忽视从服务流程上进行评价，如倾向于对售后服务进行评价，而忽视对售前、售中服务进行评价，结果虽然在点上发现了问题，也推出了改进措施，但效果仍不明显、关键还在于服务是一个融合信息流、资金流、物流和工作流的专业化整体性过程，只从点上解决问题只能治标不能治本。 单个企业作为供应链中的一个节点，对它们进行个体分析时也应该在供应链的整体背景中进行定性分析，这样可能使评价全面准确。
过程与结果之误	有些企业重视即时性调研评价，忽视积累性评价和连续性评价，如发现问题后或者感到某些环节有问题后才开始调研和评价，而不是将评价作为一个长期性和经常性的工作来做。即使做了一些调研、评价，也不注重积累，不从发展的过程上来分析。结果导致评价总是阶段性的，从而导致本次评价发现的问题在下次评价时同样存在，旧的问题没有解决，新的问题又出现，使企业失信于员工，失信于合作伙伴，失信于顾客。另一种现象是注重结论，轻视过程。因为对评价缺乏积累和连续性，所以评价只能是就事论事，注重结论，结论出来后，也不知如何去系统地解决相关问题，导致朝令夕改，政策随意性大。有的甚至只喜欢好的结论，或者通过评价来证实结论，都是这种情况的表现。

2. 遵循顾客服务评价原则

在顾客服务评价过程中，有些通用性的准则，我们称之为顾客服务评价的原则，主要有：

（1）准确性原则。在进行顾客服务评价时，首先应明确评价的目标对象是什么（是终端顾客、内部顾客还是作为供应链下游企业的顾客，是一般顾客还是合适顾客或关键顾客以及这些顾客类别中的更小细分，还有相互关系状况）？功能目标是什么（是检验改进方案效果，还是发现问题，或者其他什么目标）？不准确的目标、不准确的对象肯定会得出不准确的结论。

（2）过程化评价原则。把为顾客服务放在供应链运行过程中考察，并且把顾客服务本身作为一个过程考察，从各环节、各要素上发现问题，评价考证。即使是某个环节、某个节点上的专项顾客服务评价，也应如此。

（3）连续性原则。把顾客服务评价作为一个连续性工作来做，每次评价虽然各有侧重，但整个过程、各次评价都应该相互关联。即使对于某一过程的某一环节的顾客服务进行评价时，也应该采用不同方式连续进行，避免结论失真。同时，还要将日常评价与专项评价结合起来，使评价连续地进行，减少随意性。

（4）内部评价与外部评价相结合原则。从方式上来看，顾客服务可由企业内部评价，也可由专业服务机构评价，但最好是将两者结合起来。

从角度上来看，自评有利于不断自我提高，他评有利于发现自评不能发现的问题，因此应将两者结合起来进行。从众多优秀企业间合作的经验来看，现场办公会、协调办公会和专家共评会是将内部与外部评价结合起来的好方式，它不仅能使双方开诚布公地探讨问题，研究解决方案，还能把问题放在未来的发展中去评价，有利于供应链的健康、高效运行。

3. 采用顾客服务的7Rs评价指标

我们将顾客服务定义为在合适的时间（Right Time）和合适的场合（Right Place），以合适的价格（Right Price）和合适的方式（RightChannel or Way），向合适的顾客（Right Customer）提供合适的产品和服务（Right Produce or Right Product or Service），使顾客的个性化需求（Right Want or Wish）得到满足，价值得到提高的活动过程，这就是顾客服务的7Rs，即顾客服务的7个要素，或者称之为7个关键指标。

4. 采用合适的评价方法

作为评价指标的7Rs，首先需要明确回答的问题是7Rs的评价主体、客体过程和内容是什么。顾客服务实际上是一个双向的互动过程，包括顾客服务需求及顾客服务需求的响应和满足。在这个双向的过程中，评价主体（顾客、企业）对评价对象（产品、服务、过程）评价的内容既有相同之处，也有不同之点。如果源于顾客和源于企业的评价过程能够双向统一，评价内容指标是一致的，即企业的评价能够准确地与顾客所关心的指标和评价方法相吻合，那么结果是真实有价值的，就能真实地反映出顾客服务的满意度。在具体的评价过程中，有以下环节：

（1）7Rs 指标细化。7Rs 指标应有两套指标体系：第一套指标体系是基于企业的指标体系。这套指标体系的侧重点是在企业现实环境下能够提供何种产品和服务，适用顾客层面，包括响应时间、场合、价格和方式，预计需求满足程度；目的是了解企业顾客服务的现实性与过程性。第二套指标体系是基于顾客的指标体系。这套指标体系侧重顾客对产品和服务的获得时间、场合、方式和需求满足程度等现实状况的评价和愿望汇集，目的是了解顾客感受。

（2）指标分析对比。将基于企业的指标体系分析结果与基于顾客的指标体系分析结果进行对比，明确以下项目：指标结果的一致性；指标结果的差异性；各层级顾客的稳定性与波动性；现实指标结果与历史指标结果对比的稳定性与波动性；本区指标结果与他区指标结果的一致性与差异性；现实指标满足性与顾客愿望性的差距。

（3）寻找原因。寻找出一致性、稳定性原因；将波动性和差异性指标单列，细化为新的指标体系，采用现场访问法寻找波动性、差异性原因。

（4）改进与完善方案，制定行为准则。坚持一致性、稳定性的鼓励方案与行为准则；针对现实指标满足性与顾客愿望性的差距制订解决方案；针对波动性和差异性制定改进与完善方案，制定行为准则，细化解决。

（5）统一思想，培训落实。将解决方案和行为准则予以公示，统一思想，通过培训提高技能。

5. 关注顾客满意因素

顾客满意是顾客接受了产品或服务及其信息之后所产生的一种心理状态，是一个心理学的概念。在企业顾客满意评价过程中需要关注以下影响顾客满意和不满意的因素。

（1）不满意因素。在产品或服务中明示的或预期提供给顾客的用途或服务，是顾客认为不言而喻的特性，其满足顾客需求的程度，是影响顾客满意的因素，一旦有不到位的方面，就会引起顾客的不满，通常将其称为不满意因素。例如，我们买了一个暖水瓶，它的保温特性（或者说用途）就是一个不满意因素。如果买的一个暖水瓶不保温，我们就会不满意；但即使这些特性都有了，符合我们的要求，我们并不认为就满意，因为我们认为这是应该的。

（2）中性因素。当顾客的某一需求没有得到满足时，会感到很失望；而如果需求得到满足时，也不会有什么强烈的反映；但是，如果组织做得很到位，顾客满意的感觉就会显现出来。我们称这样的因素为中性因素。例如，以约定的时间送物品，如果不能如期送达，就会引发顾客抱怨；如果按时送达，顾客也许不会有什么反应；如果能提前送达，顾客则会很高兴。

（3）满意因素。顾客得到的意外收获，往往会使顾客非常满意，然而，组织不提供这些产品特性，也不会引起顾客不满，我们称这样的因素为满意因素。例如，我们购买产品所得到的超值服务；享受服务时所得到的意外的礼品馈赠等。这些意外的惊喜往往会使顾客感到非常满意。了解了这些影响顾客满意的因素，可以使我们在顾客满意评估后更好地把握如何激发顾客满意的尺度。只有规避形成顾客不满意的因素，努力做好中性因素，尽力策划和实施让顾客满意的因素，才能不断地满足顾客要求，增强顾客满意度，从而实现顾客满意的质量目标，促进企业的发展。

另外，企业在对顾客服务进行评价时，应采用多种方式组合进行，不能总是老一套。同时多种方式进行评价时还应注意各种方式之间的相互关联，便于综合分析和得出准确结论。

关键点提示

对企业提供的服务进行顾客满意评价时，需要：

1. 认识顾客服务评价的常见失误
2. 遵循顾客服务评价原则
3. 采用顾客服务的 7Rs 评价指标
4. 采用合适的评价方法
5. 关注顾客满意因素

8.15 供应链物流成本评价

典型问题及案例

东方药业的物流管理

东方药业有限公司是一个以市场为核心、现代医药科技为先导和金融支持为框架的新型公司，是西南地区经营药品品种较多、较全的医药专业公司。目前，东方虽已形成规模化的产品生产和网络化的市场销售，但其流通过程中物流管理严重滞后，造成物流成本居高不下，不能形成价格优势。这严重阻碍了物流服务的开拓与发展，成为公司业务发展的“瓶颈”，主要表现在：

1. 装卸搬运费用过高

装卸搬运活动是衔接物流各环节活动正常进行的关键，它渗透到物流各个领域，控制点在于管理好储存物品、减少装卸搬运过程中商品的损耗率和装卸时间等。而东方恰好忽视了这一点，由于搬运设备的现代化程度较低，只有几个小型货架和手推车，大多数作业仍处于人工作业为主的原始状态，工作效率低，且易损坏物品。另外，仓库设计不合理，需要长距离的搬运。并且库内作业流程混乱，形成重复搬运，大约有70%的无效搬运，这种过多的搬运次数，损坏了商品，也浪费了时间。

2. 储存费用过高

目前，东方的仓库的平面布置区域安排不合理，只强调充分利用空间，没有考虑前后工序的衔接和商品内的存放，混合堆码的现象严重，造成出入库的复杂性和长期存放，甚至 一些已过有效期发生质变和退回的商品没能得到及时处理，占据库存空间，增加了库存成本。

3. 运输费用没有得到有效控制

运输费用占物流费用比重较大，根据日本通产省六大类货物物流成本的调查表明，运输成本占物流总成本的40%左右，是影响物流费用的重要因素。东方拥有庞大的运输队伍，但由于物流管理缺乏力度，没有独立的运输成本核算方法，该企业只单纯地追求及时送货，因此，不可能做到批量配送，出现不必要的迂回，造成人力、物力上不必要的浪费。而且由于部分员工的工作作风有问题，乘送货之机办自己的私事，影响了工作效率，也增加了运输成本。

4. 物流管理系统不完备

在企业中物流信息的传递依然采用“批条式”或“跑腿式”方式进行，电脑、网络等先进设备与软件基本上处于初级应用或根本不用，使各环节间严重脱离甚至停滞，造成不必要的损失。

综上所述，可以看出，物流成本控制重点在控制运输和储存费用。在运输中可以加强运输的经济核算，合理选择运输路线，有效调配运输车辆和人员，严格监控运输中的差错事故就可以大幅度地降低运输费用。而在储存中，有些费用好比海中的一座冰山，人们只能看到露出水面的那一部分，虽有很大的潜力可挖，却又不容易找到切入点，那么企业现有仓储系统如何进行合理化改造？

（一）企业现有仓储系统的现状和产生的原因

1. 仓库的现代化程度低，设备陈旧落后，不少仍处于人工作业为主的原始状态，人抬肩扛，工作效率低。货物进不来出不去，在库滞留时间过长，或保管不善而破损、霉变、损失严重，增加了物流成本。这与企业的经济实力及远景规划有关。企业建立仓库仅把它作为存放货物的地方，因此，对设备现代化的要求很低，而且廉价的劳动力使得企业放弃改造设备的计划，大量的手工作业使得人员不至于闲置，"不怕慢，只怕站"的思想在人们的心中根深蒂固，降低了工作效率。

2. 仓库的布局不合理。由于企业业务的不确定性，导致不同品种的零散物品占据很大的仓库面积，大大降低仓库的利用率；而且堆码、分区都很混乱，给出入库、盘点等带来诸多不便，往往是提货员拿着一张提货单在仓库里来回寻找，影响了工作效率，也影响了配送，降低了服务质量。

3. 库存成本过大。企业目前没有一套库存控制策略，包括经济订货批量、订货间隔期、订货点和安全或保险库存等。当某些物品的供大于求时就造成积压，浪费人力、物力和财力；当供小于求，发生缺货时，妨碍了企业的正常生产和销售，不仅带来经济损失，也使企业失去信誉。另外是破损、质变及退回商品没能及时处理所形成的库存。企业的仓储部与质检科联系不紧密，信息传递缓慢，对破损、质变等商品的单据处理及层层上报批复的过程复杂，甚至是责任不明确形成的互相推卸，这一切造成了库存的增大和库存成本的提高。

4. 仓库管理信息系统不完备，其信息化和网络化的程度低。这是受企业的经济实力、人员素质及现代化意识等因素的影响。现在，企业的储运部只有一台计算机，接收订单、入账、退货单处理、报损、退厂和查询等工作都只能由它完成，工作量大而繁，易出错，同时也影响了整个管理链条中的信息传递和库存管理控制。

针对这些现状，企业如何在广泛的空间充分发挥自己的潜力，以不被淘汰呢？企业除了引进先进技术和人才，整合营销，树立全球竞争理念，开拓国际市场，走国际化经营之路外，更重要的是根据企业的特色优势，实行内部改革，在完善管理和引进技术的同时，加强企业的文化建设，这样才能推进东方的快速发展。

（二）企业仓储系统合理化改造的建议和方法

1. 重视对原有仓库的技术改造，加快实现仓储的现代化目前，医药行业的仓库类型主要分为生产物流中的制药原料及成品库和销售物流中的战略仓库，大多数的企业比较倾向于采用高位货架结合窄通道高位驾驶三向堆垛叉车的立体仓库模式，如西安杨森、通化东宝、奇化顿制药和中美史克等。在此基础上，根据实际需要，尽可能引进国外先进的仓储管理经验和现代化物流技术，有效地提高仓库的储存、配送效率和服务质量。

2. 完善仓库功能逐步实现仓库的社会化

加快实现仓库功能多元化是市场经济发展的客观要求，也是仓库增加服务功能，提高服务水平，增强竞争力，实现仓库社会化的重要途径。在市场经济条件下，仓库不应该再仅仅是存储商品的场所，更要承担商品分类、挑选、整理、加工、包装和代理销售等职能，还应成为集商流、物流和信息流于一身的商品配送中心、流通中心。现在在美国、日本等发达国家，基本上都把原来的仓库改成商品的流通加工配送中心。基于东方目前的规模及企业实力，企业应实现现有仓库向共同配送的库存型配送中心转化，商品进入配送中心后，先是分类储存，再根据用户的订货要求进行分拣、验货，最后配送到各连锁店和医疗单位。这种配送中心作业简单，只需将进货商品解捆后，每个库区都与托盘为单位进行存放即可。

3. 建立完备的仓库管理系统

最近美国凯玛特的破产再一次警示那些在库存管理上有问题的公司最终难以避免破产的命运。东方药业收购的众多子公司也同样存在不同程度的存货管理不善问题，各种过期和滞销存货以及应收款项使得这些国有商业公司步履维艰。所以，东方物流管理的建设必须解决存货管理的低效率现状，降低库存成本和存货滞销风险，解决它在整个管理链条中信息传递问题。

4. 减少作业环节

每一个作业环节都需要一定的活劳动和物化劳动消耗，采用现代技术手段和实行科学管理的方法，尽可能地减少一些作业环节，既有利于加速作业的进度，又利于降低成本。

解读与阐述

企业考虑物流成本问题，目的是控制费用。对供应链物流成本进行评价，需要把握以下各点。如表 8－15 所示：

表8－15　供应链物流成本评价规范

条　目	内　容
了解企业物流成本分析的难处	物流成本的各个项目分散在企业成本核算的不同会计账户中，造成物流系统涉及成本方面的基础数据难以进行完整有效的统计，致使物流成本的专题分析存在很大的困难。主要表现在： (1)现行企业会计核算制度中没有单独考虑到物流成本的因素。 (2)物流成本的各个项目分散在企业成本核算的不同会计账户中。 (3)从现行的会计系统中无法直接得到各个物流成本项目的金额。
分析物流成本的构成	流通领域中的物流成本一般包括库存/运送成本、运输成本、货代方面的费用(货主费用)和管理费用，其中： (1)库存/运送成本:包括利息、仓储、税收、折旧、残损、人力和保险费用。 (2)运输成本:包括货运成本(公路、铁路、水运、空运和管道)。 (3)货代方面的费用(货主费用):如货主方面的包装费。 (4)管理费用:A ×(库存成本＋运输成本)，A 为常量，其取值范围视具体情况而定。
使用成本性态分析	一般进行成本研究常用的办法是成本性态分析，它是将成本按其性态进行分类，即根据各项成本与业务量(如产量或销售量)的依存关系将成本分为三类： (1)固定成本。指在相关范围内，与业务量变动无关的成本。 在企业物流成本中，固定成本存在于运输、仓储、装卸、搬运、配送、流通加工和信息传递等具体的基础设施、设备资源和运作过程中。 (2)变动成本。指在相关范围内，与业务量变动成正比例关系的成本。在企业物流成本中，变动成本存在于由于物流运作不畅导致的库存费用增加所形成的资金利息成本、库存资金占用的机会成本和市场反应慢的损失及管理不善造成的货物损失和损坏的成本。 (3)半变动成本(或混合成本)。它们虽会随着业务量的变动而变动，但不构成正比例关系。在企业物流成本中，半变动成本有库存/运送成本中的人力和保险费用、管理费用等。成本性态分析由于具有计算简便、结果直观等特点，所以广泛应用于企业管理的各种分析方法中。
使用成本可控性分析	(1)成本可控性即将成本按可控性分类，指的是将成本项目按其在一定期间内是否可以为管理者所控制分为可控成本和不可控成本。其中，可控成本是指在一个期间内为负责该项成本的管理人员所能控制的成本;与此相反的，即为不可控成本。 (2)对企业的物流成本进行一可控性分析首先需要划分出项目，而作为项目管理者，需要衡量该项目在一段时期内的各成本项目的可控性。对项目管理者来说，大部分企业的物流成本项目是可控成本，如库存成本、运输成本和货代方面的费用，不可控成本如原材料价格等。

通过对供应链物流企业的成本分析，可以对下一年度的成本情况进行预测；也可以计算企业的各项决策变化对企业总成本的影响程度，便于企业进行更有效的决策并找出当年成本控制工作的关键所在。另外，在物流成本分析时，要注意物流成本效益背反原理对成本控制的影响，也要注意机会成本对决策的影响。

关键点提示

对供应链物流成本进行评价时，需要注意以下几点：

1. 了解企业物流成本分析的难处
2. 分析物流成本的构成
3. 使用成本性态分析
4. 使用成本可控性分析

8.16 供应链绩效评价

典型问题及案例

联想的供应链绩效评价

联想巨额的利润来自对供应链的有效管理和销售渠道。在“双渠道”模式下，新联想的供应链早已变成一个纯市场导向和客户导向的体系，不再以公司内部的营销计划为导向。

1. 联想的供应链结构

在IT行业中联想可谓是屈指可数的公司，联想公司的供应链主要有以下特征：

首先，联想供应链高度集成。联想运作体系是整体化的。联想集团是把生产、采购、分销以及物流组合成一个统一的系统，在整个联想集团负责生产的管控包括生产制造一些系统的管理，从战略层、执行层在整个集团有统一的策略和统一的协调。

其次，联想供应链的结构是呈现多级层次性。联想集团目前生产的主要产品除了台式电脑、笔记本和服务器之类的产品，还有MP4等其他的数码产品，可以说联想拥有一个非常复杂的供应链体系。

此外，联想供应链的模式是动态发展的。从目前看，联想主要是按订单生产，联想目前主要的客户60%~70%来自于个人和中小型企业。所以，联想的运作模式也是采取一种安全库存结合按订单生产的方式，会有1~2天成品的安全库存，更多的是会根据用户的订单来快速地响应客户和市场的需求。

2. 联想的核心优势分析研究

联想的“黄金供应链”

“黄金供应链”是联想集团渠道管理模式的王牌，“黄金供应链”就是以最短的端对端、最低的成本来实现供应链的运营。联想集团早在2000年就开始采用黄金供应链，在这种供应链下，供应链成本占营业额的比重仅为1.4%，而戴尔为3%，惠普为4.5%，这个数据是联想在2000年实施“双渠道”模式取得的优秀成果。

联想集团的双渠道是按客户分类的，联想把客户分为“关系型客户”和“交易型客户”两种，根据客户的实际情况，对不同的客户分别采取不同的供应链管理模式。联想集团的“交易型客户”主要的客户群是针对消费者和中小企业的零散采购，联想集团采取传统的分销。联想设立分销商，使渠道结构和销售网络更加完善，并在两年间形成了以北京、上海和广东三大市场为主的区域发散中心，渠道开始走向专业化。联想集团还在分销渠道内部实行分销商分区总经理负责制。明确分销商的定位，清晰界定分销商的产品、地域和客户，避免分销商之间的矛盾。建立网格业务代表和渠道的“锁定关系”，明确职责等。以便于贴近客户，扩大地盘。

联想的VMI

联想还采用了VMI（供应商管理库存）的采购模式。按照联想集团VMI项目要求，联想根据生产要求定期向库存管理者即作为第三方物流的伯灵顿全球货运物流有限公司发送发货指令，由第三方物流公司完成对生产线的配送，该项目将实现供应商、第三方物流与联想之间货物信息的共享与及时传递，保证生产所需物料的及时配送。VMI为联想的生产与发展带来可观的效益：一是精简了联想内部业务流程；二是使库存更接近生产地，增强供应弹性，在市场需求发生变化时可以做出积极的响应；三是改善库存，保证库存量的最佳化，因库存量降低，减少了企业占压资金；四是通过可视化库存管理，能够在线上监控供应商的交货能力。最终使联想物流速度加快，时效缩短，及时保证生产所需物料的配送；同时使联想供应链大大缩短，成本降低，灵活性增强。

解读与阐述

企业竞争环境的变化迫切要求企业更新现行的经营管理理念，从供应链的整体角度出发加强对企业内部和外部各个经营环节的管理，并建立与之相适应的绩效评价体系，来判断整个供应链是否有能力适应竞争环境的变化，是否有能力满足市场顾客的需求。为此，需要把握以下各原则。如表8-16所示：

表8－16 供应链绩效评价规范

条目	内容
认识企业绩效评价指标体系的构建原则	以供应链管理理论为依托的企业绩效评价指标体系的构建原则有： (1)对关键绩效评价指标进行重点分析。 (2)应重视对供应链业务流程的动态评价，而不仅仅是对静态经营结果的考核。 (3)评价指标应能反映整个供应链的运营情况，而不是仅仅反映单个节点企业的运营情况。 (4)要能反映供应链各节点和部门间的关系，注重相互间的利益相关性。 (5)定性衡量和定量衡量相结合，内部评价和外部评价相结合，并注意相互间的协调。 (6)重视对企业长期利益和长远发展潜力的评价。
建立供应链企业业务流程的评价指标	(1)产销率指标。产销率是指在一定时期内已销售出去的产品和已生产的产品数量的比值。供应链企业产销率是指一定时期内供应链各节点已销售出去的产品和已生产的产品数量的比值。该指标可反映供应链各节点在一定时期内的产销经营状况。该指标值越接近1，说明供应链节点的资源利用程度和成品库存越小。 (2)产需率指标。产需率是指在一定时期内，供应链各节点已生产的产品数或提供的服务与其下游节点或用户对该产品或服务的需求量的比值。该指标反映供应链各节点间的供需关系。产需率越接近1，说明上下游节点间的供需关系越协调，准时交货率高，反之，则说明上下游节点间的准时供应率低或供应链综合管理水平较低。 (3)产品生产或服务循环期指标。供应链产品生产或服务循环期是指供应链各节点产品生产或服务的生产间隔时间。该指标可反映各节点对其下游节点需求的响应程度。循环期越短，说明该节点对其下游节点的快速响应性越好。在实际评价中，可以以各节点的循环期总值或循环期最长的节点指标值作为整个供应链的产品生产或服务循环期。 (4)供应链总运营成本指标。供应链总运营成本包括以下几项：①供应链信息系统成本。包括供应链信息系统的开发与维护费及EDI、因特网的建设和使用费等通信费用。②供应链总库存费用。包括各节点企业在制品库存和成品库存费用、各节点之间运输储存费用。③各节点企业外部运输费用。该费用为供应链的所有节点企业之间运输费用之和。
建立对供应链上下节点间关系的评价指标	(1)准时交货率指标。准时交货率是指在一定时期内供应链各节点准时交货或服务次数占其总交货次数的百分比。准时交货率低，说明其协作配套的生产、服务能力达不到要求，或对生产、服务过程的组织管理能力跟不上供应链运行的要求。反之，则说明供应链的生产、服务能力强，生产管理水平高。 (2)成本利润率指标。成本利润率是指供应链各节点单位产品(或服务)净利润占单位产品(或服务)总成本的百分比。产品(或服务)成本利润率越高，说明供应链的盈利能力越强，企业的综合管理水平越高。 (3)产品质量合格率指标。产品质量合格率是指供应链各节点提供的质量合格的产品(或服务)数量占产品(或服务)总产量的百分比，它反映供应链节点提供货物的质量水平。 (4)售后服务质量指标。售后服务质量指标定性地评价供应链各节点在销售产品或提供服务后，对产品进行跟踪服务的质量。在竞争激烈的市场环境下，售后服务成为竞争对手间非价格竞争、留住客户和挖掘客户潜在需求的主要手段。售后服务质量评价指标主要有客户售后服务响应时间、一定时期内客户访问次数、产品(或服务)、返修率和客户抱怨投诉次数等。

续表

条 目	内 容
建立供应链经济效益评价指标	(1)供应链经济效益评价可采用传统关键性的财务评价指标，如销售利润率、可比产品成本降低率、存货周转率、应收账款周转率、总产值增长率和利润增长率等，各指标的含义均很明显，应用也很广泛。 (2)对企业经济效益的评价应从收益性、安全性、流动性和成长性四个方面全面衡量；另外，应从企业的远景目标和发展战略出发选取关键性的财务评价指标，并注意与其他层次评价指标间的相容性，避免相互间的冗余、冲突。
建立供应链创新与学习能力评价指标	(1)智力资本比率指标。智力资本比率是指供应链企业总资产中无形资产和人力资源资本所占的比重。智力资本比率指标可在一定程度上反映企业是否重视智力资本以及智力资本对其生产经营活动的作用大小，在一定程度上是企业在新经济条件下能否适应市场，在竞争中求得生存、发展的能力体现。 (2)新产品(或服务)收入比率指标。新产品(或服务)收入比率是指供应链企业在一定时期内由于提供新型产品或服务所获得的收入占总收入的百分比。该指标反映的是企业的产品(或服务)的研发能力和对新产品(或服务)的综合营销能力。新产品(或服务)收入比率指标值越大，说明供应链企业的新产品(或服务)设计、开发能力越强，对新产品(或服务)的综合营销能力越强。 (3)雇员建议增长率指标。雇员建议增长率是指一定时期内供应链企业雇员向公司提交的合理化建议数量与上一评价期相比的增长率。该指标值越高，说明企业内民主管理意识强、员工的参与意识强。在一定程度上，雇员建议增长率指标也是供应链企业管理活力强弱的具体表现之一。

确定了绩效评价指标后，可选择一定的评价方法对本企业的供应链经营管理绩效进行定量和定性评价。需要首先确定各层次指标的相对重要性权重，再运用一定的方法得到一个反映企业的供应链整体绩效的综合指标值。另外，企业绩效的评价和指标应根据具体的发展远景和战略而定，因而不同企业的供应链其评价侧重点和具体评价指标也会不同。

关键点提示

对供应链企业进行绩效评价时需要注意以下几点：

1. 认识企业绩效评价指标体系的构建原则
2. 建立供应链企业业务流程的评价指标
3. 建立对供应链上下节点间关系的评价指标
4. 建立供应链经济效益评价指标
5. 建立供应链创新与学习能力评价指标